Sicily in Celebration / Sicilia in Festa

Experience the Magic of Sicily's History, Art & Timeless Cultural Celebrations, English-Italian Dual Language Edition

Katerina Ferrara

Immersion Travel Publishing

ISBN: (Paperback) 978-1-966874-06-5

ISBN: (eBook) 978-1-966874-05-8

DISCLAIMER

The author is not a travel agent. All opinions, experiences, and views expressed in this book are based on personal travel experiences.

Festival and event dates are set by local comuni and may change with little or no notice due to weather, logistics, or local decisions. Some festivals follow variable calendars tied to religious feasts or seasonal events. For this reason, it is strongly advised to confirm dates directly with official sources before booking travel.

Businesses and websites recommended in this book may also change, change ownership, rebrand, or close. The author has received no compensation or sponsorship for any recommended businesses.

L'autrice non è un'agente di viaggio. Tutte le opinioni, esperienze e considerazioni espresse sono frutto dell'esperienza personale dell'autrice. Le attività commerciali e i siti web consigliati in questo libro possono cambiare gestione, modificare il proprio nome o chiudere. L'autrice non ha ricevuto alcun compenso o sponsorizzazione da parte delle attività menzionate. Le date e gli eventi dei festival sono stabiliti dal comune locale, pertanto si consiglia di verificare i programmi aggiornati prima di prenotare il viaggio.

Contents

Explore More and Stay Connected!

Thank you for joining me on this journey through the wonders of Italy.

Unlock the Secrets of Italy with Insider Expertise!

Allow me to be your personal guide, sharing exclusive insider tips, handpicked experiences, and essential travel insights to help you uncover Italy's hidden gems, iconic landmarks, and cultural treasures like never before.

Whether you're dreaming of strolling through ancient ruins, indulging in authentic cuisine, or immersing yourself in Italy's vibrant festivals, I've got you covered! https://katerinaferrara.com/

KaterinaFerrara.
com

Sign up for my free monthly newsletter today and receive your FREE downloadable guides, packed with:

- Curated itineraries for unforgettable journeys

- Expert travel advice to maximize your time and budget

- Practical tips for stress-free planning

- Hidden gems and must-visit spots beyond the tourist trail

Join a community of passionate travelers and start planning your next Italian adventure with confidence! Sign up now and get instant access to your exclusive guides:

https://katerinaferrara.com/

Let's make your trip to Italy extraordinary! Sign Up Today!

Travel Italy Book Series

Available now:
Book 1: *Ultimate Festival and Travel Guide Sicily (Available in English, Italian, and Sicily in Celebration Dual-Language)*
Book 2: *Rome 2025 Jubilee Year Travel Guide*
Book 3: *Ultimate Festival and Travel Guide Rome and Beyond*
Book 4: *Ultimate Festival and Travel Guide Puglia*
Book 5: *Ultimate Festival and Travel Guide Venice and the Veneto*
Book 6: *Ultimate Festival and Travel Guide Milan and Lombardy*
Arriving in 2026
Book 7: *Ultimate Festival and Travel Guide The Italian Lakes*
Arriving in 2027
Book 8: *Ultimate Festival and Travel Guide Florence and Tuscany*
Book 9: *Ultimate Festival and Travel Guide Naples, Amalfi, Campania*

1
Welcome

Welcome to *Sicily in Celebration / Sicilia in Festa,* a book designed to ignite your curiosity, celebrate the vibrant spirit of Sicily, and help you deepen your understanding of both Italian and English. Whether you are a language learner, a lover of Sicilian culture, or an armchair traveler longing for a taste of the island's magic, this book was made for you.

How to Use This Book: Each left-hand page is in English and the facing right-hand page is the Italian translation. This format allows you to easily compare the two languages and follow along at your own pace.

Benvenuti in *Sicily in Celebration / Sicilia in Festa*, un libro pensato per accendere la tua curiosità, celebrare lo spirito vibrante della Sicilia e aiutarti ad approfondire la conoscenza sia dell'italiano che dell'inglese. Che tu sia uno studente di lingue, un amante della cultura siciliana o un viaggiatore da poltrona desideroso di assaporare la magia dell'isola, questo libro è stato creato per te.

Come usare questo libro: Ogni pagina a sinistra è in inglese, mentre la pagina corrispondente a destra è la traduzione in italiano. Questo formato ti permette di confrontare facilmente le due lingue e leggere con il tuo ritmo.

This unique edition was inspired by my many friends and readers who are learning Italian and asked for something more engaging than a traditional textbook. I couldn't find many adult-focused bilingual books that felt exciting, meaningful, and educational, so I created one.

Inside, you'll find captivating stories about Sicily's rich traditions, centuries-old festivals, and timeless celebrations, written side-by-side in both English and Italian. This format allows you to immerse yourself in the rhythm of the language while following along with vivid tales from across the island.

Each chapter is a window into a different part of Sicilian life, its saints and legends, music and processions, joyful feasts and sacred rituals. You'll explore hidden mountain villages, coastal towns, and historic cities, all while building your vocabulary and appreciation for the cultural context of what you're reading.

This book includes a carefully selected subset of chapters from my larger work, *Ultimate Festival and Travel Guide Sicily*, part of my Travel Italy Book Series. The full edition is designed as a comprehensive travel guide for those planning trips to Sicily, while this version focuses on the cultural and linguistic experience. If this book leaves you wanting more, you'll find expanded itineraries, city walking tours, restaurant suggestions, and transportation tips in the full guide.

Whether you're here to learn, to dream, or to relive the joy of a Sicilian festa you once experienced, I'm so glad you're joining me. May this journey deepen your connection to Italy's language, traditions, and heart.

Buon viaggio e buona lettura!
Katerina Ferrera

Questa edizione speciale è nata grazie a molti amici e lettori che stanno imparando l'italiano e mi hanno chiesto qualcosa di più coinvolgente rispetto ai soliti libri di testo. Non riuscivo a trovare molti libri bilingue per adulti che fossero al tempo stesso entusiasmanti, significativi ed educativi, così ho deciso di crearne uno io stessa.

All'interno troverai storie affascinanti sulle ricche tradizioni siciliane, sui festival secolari e sulle celebrazioni senza tempo, scritte fianco a fianco in inglese e in italiano. Questo formato ti permette di immergerti nel ritmo della lingua mentre segui racconti vividi da tutta l'isola.

Ogni capitolo è una finestra su un diverso aspetto della vita siciliana, i suoi santi e le sue leggende, la musica e le processioni, le feste gioiose e i riti sacri. Esplorerai villaggi nascosti tra le montagne, città costiere e centri storici, il tutto arricchendo il tuo vocabolario e approfondendo il contesto culturale di ciò che stai leggendo.

Questo libro include una selezione accurata di capitoli tratti dalla mia opera più ampia, *Ultimate Festival and Travel Guide Sicily*, che fa parte della collana *Travel Italy Book Series*. L'edizione completa è pensata come guida di viaggio completa per chi sta pianificando un viaggio in Sicilia, mentre questa versione si concentra sull'esperienza culturale e linguistica. Se questo libro ti lascia con il desiderio di scoprire ancora di più, troverai itinerari ampliati, passeggiate guidate nelle città, consigli sui ristoranti e suggerimenti pratici per gli spostamenti nella guida completa.

Che tu stia leggendo per imparare, per sognare, o per rivivere la gioia di una festa siciliana che hai vissuto in passato, sono felice che tu sia qui con me. Che questo viaggio possa rafforzare il tuo legame con la lingua, le tradizioni e il cuore dell'Italia.

Buon viaggio e buona lettura!
Katerina Ferrera

2
The Joy of Festival Travel

Discovering Hidden Sicily

Imagine standing in a medieval piazza as the evening air fills with the sound of drums. Locals in brilliant traditional dress sweep past, carrying centuries-old banners. The scent of festival specialties wafts from nearby stalls, offering treats made only for this celebration. This isn't just tourism; this is being part of a living tradition that's been celebrated the same way for hundreds, even thousands of years. This is **Festival Travel**, where you don't just visit a destination, you become part of its story.

Welcome to a side of Italy that many travelers overlook, one of ancient traditions and unforgettable cultural heritage. As someone who has traveled to Italy for over 25 years and immersed myself in its vibrant culture, I've discovered that Italy's heart beats the strongest during its festivals.

Whether small or large, every town comes alive with celebrations that unite history, local pride, and community spirit. These festivals are more than just events; they are living connections to the past, deeply woven into the identity of the people who celebrate them.

Introduzione al Viaggio delle Feste

Scoprire la Sicilia Nascosta

Immagina di trovarti in una piazza medievale mentre l'aria serale si riempie del suono dei tamburi. Gli abitanti del luogo, in splendidi costumi tradizionali, sfilano portando stendardi secolari. L'aroma di specialità gastronomiche si diffonde dai vicini stand, offrendo prelibatezze preparate esclusivamente per questa celebrazione. Questo non è solo turismo, è partecipare ad una tradizione viva, celebrata nello stesso modo da centinaia, persino migliaia di anni. Questo è il **Viaggio delle Feste**, dove non si visita semplicemente una destinazione: si diventa parte della sua storia.

Benvenuti in un lato d'Italia che molti viaggiatori trascurano: quello delle antiche tradizioni e del patrimonio culturale indimenticabile. Come qualcuno che viaggia in Italia da oltre 25 anni immergendosi nella sua cultura vivace, ho scoperto che il cuore dell'Italia batte più forte durante le sue feste.

Che siano piccole o grandi, ogni paese prende vita con celebrazioni che uniscono storia, orgoglio locale e spirito di comunità. Queste feste non sono solo eventi, ma connessioni vive con il passato, profondamente intrecciate con l'identità delle persone che le celebrano.

Cefalu

Finding Festival Culture

I didn't always know about this incredible world of Italian festivals. My husband and I started our international travels on our honeymoon in 1997, and we've made it a priority to return to Europe each year. But if I had my way, we'd always travel to Italy. There's something about it that draws me back, a deep connection that goes beyond the usual reasons to travel.

Like many travelers, my prior visits to Italy were filled with ticking off famous landmarks, tasting delicious food, and exploring beautiful sights. The rich culture, timeless art, and incredible depth of history drew me in. I was captivated by the warmth and kindness of the people, their traditions, and the stunning architecture that can be found in every corner of the country, from the northern Alps to the southern shores.

While each of these destinations left its mark, it was a journey to the southernmost reaches of Italy that would change everything. Sicily, with its unique blend of cultures, incredible festivals (the Feast of Saint Agatha in Catania is one of the largest festivals in Europe), and cherished traditions, truly captivated my heart. The vibrant energy of its celebrations, the warmth of its people, and the island's timeless beauty inspired this book–the first in my series of Festival and Travel Guides that will eventually cover all 20 regions of Italy. Sicily's beautiful architecture, deep-rooted history, and diverse cultural influences make it the ideal starting point for exploring the heart and soul of Italy's festivals.

Provinces of Sicily

Alla scoperta della cultura delle feste

Non sono sempre stata a conoscenza di questo incredibile mondo delle feste italiane. Mio marito ed io abbiamo iniziato i nostri viaggi internazionali in luna di miele nel 1997, ed è sempre stata una priorità per noi tornare in Europa ogni anno. Ma, se dipendesse da me, viaggeremmo sempre in Italia. C'è qualcosa che mi richiama indietro, una connessione profonda che va oltre le solite motivazioni di viaggio.

Come molti viaggiatori, i miei primi viaggi in Italia erano incentrati sulla visita dei famosi monumenti, sull'assaggio di deliziosi piatti e sull'esplorazione di luoghi incantevoli. La ricca cultura, l'arte senza tempo e l'incredibile profondità storica mi hanno affascinato. Sono stata colpita dalla cordialità e dalla gentilezza delle persone, dalle loro tradizioni e dall'architettura stupefacente che si trova in ogni angolo del Paese, dalle Alpi settentrionali alle coste meridionali.

Mentre ogni destinazione ha lasciato il segno, è stato un viaggio verso le estremità meridionali dell'Italia a cambiare tutto. La Sicilia, con la sua miscela unica di culture, incredibili feste (la Festa di Sant'Agata a Catania è una delle più grandi feste d'Europa) e tradizioni preziose, ha veramente conquistato il mio cuore. L'energia vivace delle sue celebrazioni, il calore della sua gente e la bellezza senza tempo dell'isola hanno ispirato questo libro, il primo della mia serie di Guide a Feste e Viaggi, che tratterà tutte le 20 regioni italiane. La splendida architettura della Sicilia, la storia radicata e le influenze culturali diversificate la rendono il punto di partenza ideale per esplorare il cuore e l'anima delle feste italiane.

Sicilia in festa

Your Key to Sicily

This book was born from my experience attending these extraordinary events. It's more than just a travel guide; it's a key to unlocking the heart of Sicily. While it includes all the essentials you'd expect, this guide offers something more. It invites you to feel the pulse of the island as you stand among locals during their most treasured celebrations, to connect with Sicily on a deeper level, discovering not just its sights, but its soul.

Sicily's rich tapestry of cultures, woven over millennia, is evident in every corner of the island. The ancient Greek temples of Agrigento and Selinunte stand in silent testimony to the island's classical past, while the Norman-Arab architecture of Palermo speaks to Sicily's unique position at the crossroads of civilizations. In Syracuse, layers of history unfold before your eyes, from Greek amphitheaters to Baroque piazzas.

But Sicily is more than its monuments. The island's vibrant traditions and festivals infuse every corner with energy, turning its streets into stages for celebrations that have been cherished for centuries.

Understanding Feste and Sagre

What Sets a Festa Apart from a Sagra?

As you explore this guide, you'll pick up some Italian along the way, starting with the words 'festa' and 'sagra.'

A festa (plural: feste) often stems from Roman Catholic traditions, like the Festival of Saint Lucy in Syracuse or Saint Agatha in Catania. However, not all feste (plural of festa) are religious; events such as the Jazz Festival in Palermo and the Art Festival in Taormina also fall under this category. Other notable feste include the Infiorata festival in Noto, where streets are decorated with intricate floral designs, and the Palio dei Normanni in Piazza Armerina, a historical re-enactment celebrating the Norman conquest of Sicily. These diverse celebrations showcase the rich cultural tapestry of Sicily, ranging from religious observances to artistic displays and historical commemorations.

La tua chiave per la Sicilia

Questo libro nasce dalle mie esperienze partecipando a questi straordinari eventi. E' più di una guida di viaggio, è una chiave per svelare il cuore della Sicilia. Oltre a includere tutti gli elementi essenziali che ci si aspetta, questa guida offre qualcosa di più. Ti invita a sentire il battito dell'isola mentre ti trovi tra i suoi abitanti durante le loro celebrazioni più care, per connetterti con la Sicilia a un livello più profondo, scoprendo non solo i suoi luoghi, ma la sua anima.

Il ricco tessuto culturale della Sicilia, intrecciato nei millenni, è evidente in ogni angolo dell'isola. Gli antichi templi greci di Agrigento e Selinunte testimoniano silenziosamente il passato classico dell'isola, mentre l'architettura arabo-normanna di Palermo testimonia la posizione unica della Sicilia al crocevia delle civiltà. A Siracusa, strati di storia si svelano davanti ai tuoi occhi, dagli anfiteatri greci alle piazze barocche.

Ma la Sicilia è qualcosa di più dei suoi monumenti. Le tradizioni vivaci e le feste dell'isola infondono ogni angolo di energia, trasformando le sue strade in palcoscenici per celebrazioni che sono state custodite per secoli.

Capire le feste e le sagre

Cosa distingue una festa da una sagra?

Man mano che esplori questa guida, imparerai un po' di italiano lungo il percorso, a partire dalle parole "festa" e "sagra."

Una festa spesso trae origine da tradizioni cattoliche romane, come la festa di Santa Lucia a Siracusa o quella di Sant'Agata a Catania. Tuttavia, non tutte le feste sono religiose; anche eventi come il Jazz Festival di Palermo o il Festival Taormina Arte rientrano in questa categoria. Altre celebri feste includono l'Infiorata di Noto, dove le strade sono decorate con intricati disegni floreali, e il Palio dei Normanni a Piazza Armerina, una rievocazione storica che celebra la conquista normanna della Sicilia. Queste diverse celebrazioni mostrano la ricca trama culturale della Sicilia, spaziando da osservanze religiose a manifestazioni artistiche e commemorazioni storiche.

While many of the festivals in Sicily are rooted in Catholic traditions, these celebrations are enjoyed by people from all walks of life, regardless of their religious background. You don't have to be Catholic, or even Christian, to immerse yourself in the vibrant atmosphere, cultural experiences, and communal joy that these events bring. Festivals in Sicily are a celebration of history, tradition, and the shared human experience, and all are welcome to join in the festivities and make unforgettable memories.

Sunset Sicily

On the other hand, a sagra (plural: sagre) is an ancient tradition celebrating the harvest. The word comes from "sacro," Latin for "sacred." In ancient times, these events would take place in front of the temple yard to thank the Roman gods for the harvest. This tradition of celebrating the harvest has lived on in small towns and villages, often bringing money into the community for schools or other needs. All the citizens volunteer, making it a genuine community effort.

Sebbene molte feste in Sicilia abbiano radici nelle tradizioni cattoliche, queste celebrazioni sono apprezzate da persone di ogni estrazione, indipendentemente dal loro credo religioso. Non è necessario essere cattolici, e nemmeno cristiani, per immergersi nella vivace atmosfera, nelle esperienze culturali e nella gioia comunitaria che questi eventi portano con sé. Le feste in Sicilia sono una celebrazione della storia, della tradizione e dell'esperienza umana condivisa, e tutti sono i benvenuti a unirsi alle festività e a creare ricordi indimenticabili.

Dall'altra parte, una sagra è una tradizione antica che celebra il raccolto. La parola deriva da "sacro". In tempi antichi, questi eventi si svolgevano nel cortile del tempio per ringraziare gli dei romani per il raccolto. Questa tradizione di celebrare il raccolto è sopravvissuta nei piccoli paesi e borghi, portando spesso risorse economiche per scuole o altri bisogni della comunità. Tutti i cittadini partecipano come volontari, rendendolo uno sforzo comunitario genuino.

L'infiorata di Noto

While a festa can celebrate various aspects of culture, a sagra is specifically focused on the culinary traditions of a town or region. From the Sagra delle Fragole (Strawberry Festival) in Maletto, where strawberries thrive in the rich soils of Mt. Etna, to festivals dedicated to chestnuts, sausages, gnocchi, wild rabbit, fish, wine, and other local delicacies, there's truly an event for every taste.

Recommendation number one: come to the sagra hungry. It's all about the food. When you arrive, you buy a ticket at the booth for the event, lunch or dinner. For between 12 and 15 euros, you'll enjoy an amazing zero kilometro meal, including local wine. "Zero kilometro" in Italy refers to food grown within approximately 150 kilometers (about 93 miles) of where you're eating it, emphasizing freshness and local production.

For feste, I always suggest a minimum two or three-night stay, as events often continue late into the evening (I list my recommendation by city/festival in the Accommodations section of the text of each chapter). However, overnight stays are not strictly necessary for sagre, which frequently occur in very small towns. In fact, some of these towns are so small they may not even have a single hotel. Many visitors choose to attend sagre as day trips, enjoying the local flavors and festivities before returning to their accommodations in larger nearby towns or cities.

Whether you're traveling solo, with family, or planning a multi- generational trip, Sicily's festivals offer something for everyone. Photographers will find endless opportunities to capture stunning moments, from colorful processions to intimate cultural celebrations.

Music and dance festivals showcase Sicily's vibrant performing arts, while craft fairs spotlight local artisans creating unique souvenirs. Many festivals feature interactive experiences where visitors can try traditional crafts or cooking techniques firsthand.

Families particularly enjoy the kid-friendly atmosphere of many celebrations, where children can witness puppet shows, participate in workshops, or sample special festival treats. Best of all, many of these events promote sustainable tourism practices and directly support local communities, ensuring these cherished traditions continue for generations to come. This guide serves as your exclusive festival planner, helping you create memorable experiences that go far beyond typical tourist attractions.

Mentre una festa può celebrare vari aspetti culturali, una sagra si concentra specificamente sulle tradizioni culinarie di un paese o di una regione. Dalla Sagra delle Fragole a Maletto, dove le fragole prosperano sui fertili terreni del Monte Etna, alle feste dedicate a castagne, salsicce, gnocchi, coniglio selvatico, pesce, vino e altre delizie locali, c'è davvero un evento per ogni palato.

Raccomandazione numero uno: vieni alla sagra affamato. È tutto incentrato sul cibo. Quando arrivi, acquisti un biglietto presso la cassa dell'evento, a pranzo o a cena. Con circa 12-15 euro, ti aspetta un incredibile pasto a chilometro zero, comprensivo di vino locale. Il termine "chilometro zero" in Italia si riferisce a cibi coltivati entro circa 150 chilometri (circa 93 miglia) da dove li consumi, sottolineando freschezza e produzione locale.

Per le feste, consiglio sempre un soggiorno minimo di due o tre notti, poiché gli eventi spesso continuano fino a tarda sera (ho fatto una lista delle mie raccomandazioni per ogni città/festa nella sezione Dove Dormire di ciascun capitolo). Tuttavia, non è strettamente necessario pernottare per le sagre, che si svolgono frequentemente in piccoli borghi. In effetti, alcuni di questi paesini sono così piccoli da non avere neanche un hotel. Molti visitatori scelgono di partecipare alle sagre come gite di un giorno, godendosi i sapori e le festività locali per poi tornare ai loro alloggi in città o paesi vicini.

Che tu stia viaggiando da solo, in famiglia o pianificando un viaggio intergenerazionale, le feste siciliane offrono qualcosa per tutti. I fotografi troveranno infinite opportunità per catturare momenti spettacolari, da colorate processioni a celebrazioni culturali meno affollate.

Le feste di musica e danza mettono in mostra le vivaci arti dello spettacolo della Sicilia, mentre le fiere dell'artigianato mettono in luce gli artigiani locali che creano souvenir unici. Molte feste sono caratterizzate da esperienze interattive dove i visitatori possono provare i mestieri tradizionali o tecniche di cucina in prima persona.

Alle famiglie in particolare piace l'atmosfera adatta ai bambini di molte celebrazioni, dove quest'ultimi possono assistere a spettacoli di burattini, partecipare a laboratori, o assaggiare speciali prelibatezze della festa. Soprattutto molti di questi eventi promuovono pratiche di turismo sostenibile e sostengono direttamente le comunità locali, garantendo che queste preziose tradizioni continuino per generazioni in futuro. Questa guida serve da pianificatore di feste esclusive, aiutandoti a realizzare esperienze memorabili che vanno oltre le tipiche attrazioni turistiche.

An Insider's Perspective

Because of my love for Italy and our goal to move there one day, I started studying Italian in 2020 when our son Augustus left for university. I don't do anything halfway, so when I decided to learn Italian, I really committed myself to it and became fluent quickly (somewhat thanks to lockdowns). What began as a personal challenge soon opened up a whole extra dimension of Italian culture to me.

Every morning, I tune into Di Buon Mattino on TV2000, originally just to immerse myself in a few hours of Italian. What began as a language exercise quickly turned into a passion. The show, based in Rome, does more than just report the news; it travels across Italy, uncovering festivals, traditions, and local specialties. Between watching Italian TV series, talking to Italian friends, reading Italian newspapers and watching Di Buon Mattino, I stumbled upon festival after festival, each more enchanting than the last. Still today, almost every day, the show transports me to a new celebration somewhere in Italy, showcasing a different region's unique culture. It is like being invited into the heart of Italy itself.

As I explored deeper, I realized these festivals are a genuine reflection of Italian culture, a vibrant celebration of community, history, folklore, and tradition. This sparked an idea: why not experience these festivals firsthand? I began planning our travels around them several years ago, and fortunately, my husband, son, cousins, and friends were just as excited to join me on this adventure.

In the U.S., we have cultural festivals, but they are not quite like these. Italian festivals are more than celebrations; they are lifelong commitments, drawing people back year after year, even from far away. The festivals are a time to reconnect with family and friends.

Not surprisingly, a significant part of the allure in attending these festivals lies in savoring the special dishes and desserts prepared exclusively for these events, flavors that elude the menus of typical restaurants for the rest of the year. As I delved into researching these festivals in preparation for our trips, the cuisine quickly emerged as an integral part of the experience, intricately woven into local lore and eagerly anticipated firsthand encounters.

Un punto di vista da esperto

A causa del mio amore per l'Italia e del nostro obiettivo di trasferirci lì un giorno, ho iniziato a studiare l'italiano nel 2020, quando nostro figlio Augusto è partito per l'università. Non faccio mai le cose a metà, così quando ho deciso di imparare l'italiano, mi ci sono dedicata completamente e sono diventata fluente in fretta (anche grazie ai lockdown). Quella che era iniziata come una sfida personale si è trasformata presto in una dimensione culturale italiana tutta nuova per me.

Ogni mattina mi sintonizzo su Di Buon Mattino su TV2000, inizialmente solo per immergermi in qualche ora di italiano. Quello che era nato come un esercizio linguistico è rapidamente diventato una passione. Il programma, con sede a Roma, non si limita a riportare le notizie, ma viaggia per l'Italia alla scoperta di feste, tradizioni e specialità locali. Guardando serie TV italiane, parlando con amici italiani, leggendo quotidiani italiani e guardando Di Buon Mattino, ho scoperto feste una più affascinante dell'altra. Ancora oggi, quasi ogni giorno, il programma mi trasporta in una nuova celebrazione da qualche parte in Italia, mostrando la cultura unica di ogni regione. È come essere invitati nel cuore stesso dell'Italia.

Quando ho esplorato più in profondità, ho realizzato che queste feste sono un riflesso genuino della cultura italiana, una vivace celebrazione di comunità, storia, folclore e tradizione. Questo ha suscitato un'idea: perchè non sperimentare queste feste in prima persona? Ho iniziato a pianificare i nostri viaggi intorno ad esse diversi anni fa, e fortunatamente mio marito, mio figlio, i cugini e gli amici erano anche loro emozionati di seguirmi in questa avventura.

Negli Stati Uniti, abbiamo feste culturali, ma non assomigliano, a queste. Le feste italiane sono più che celebrazioni; sono un impegno per la vita, richiamando le persone anno dopo anno, anche da lontano. Le feste sono un momento per riconnettersi con la famiglia e gli amici.

Non sorprende che una parte significativa del fascino di partecipare a questi eventi risieda nel gustare i piatti e i dolci speciali preparati esclusivamente per queste occasioni, sapori che sfuggono dai menu dei ristoranti tradizionali durante il resto dell'anno. Mentre approfondivo la ricerca su queste feste in preparazione per i nostri viaggi, la cucina è affiorata velocemente come parte integrale di questa esperienza intessuta nella tradizione locale e negli incontri in prima persona attesi con entusiasmo.

I vividly recall searching out the Testa del Turco at the Festa della Madonna delle Milizie in Scicli. The anticipation built as I navigated the centro storico (historic center), following tantalizing aromas to their source. When I finally took my first bite, the delicate, crisp pastry harmoniously paired with its luscious, creamy filling offered a sensory experience unlike any I had encountered before. That inaugural taste didn't just please my palate; it transported me deeper into the festival's vibrant atmosphere, a flavor that encapsulated the very essence of celebration and tradition, leaving an indelible mark on my memory.

I'll never forget a conversation I had with my friend Annalisa. Like many Italians, she had moved to Rome for work, but every year, she returns to her hometown for the festival of her patron saint. When I asked if I could join her for one year, she laughed and said, "Katerina, you wouldn't be able to keep up! I run all over town just to see the procession of Sant'Ambogio at every important viewpoint!" Like that of so many other locals, her passion showed me just how deeply ingrained these festivals are in the lives of Italians.

Why Festival Travel?

- Experience cities at their most vibrant

- Participate in traditions rarely seen by tourists

- Taste foods made only for these special celebrations

- Immerse yourself in the history and culture behind each celebration

- Connect with local communities authentically

- Create unique photo opportunities

- Enjoy multigenerational activities

- Support local traditions and economies

What to Expect in This Book

In the chapters that follow, we'll delve deep into Sicily's most captivating festivals, exploring their origins, significance, and the best ways to experience them.

Ricordo chiaramente di aver scoperto la Testa del Turco alla festa della Madonna delle Milizie a Scicli. La tensione cresceva mentre giravo per il centro storico, seguendo aromi invitanti fino alla loro origine. Quando ho finalmente dato il mio primo morso, la delicata, croccante sfoglia abbinata armoniosamente con il suo ripieno succulento e cremoso ha offerto un'esperienza sensoriale come nessun'altra incontrata prima. Quel primo assaggio non ha solamente soddisfatto il mio palato; mi ha trasportato più in profondità nella vivace atmosfera della festa, un sapore che riassumeva la stessa essenza della celebrazione e della tradizione, lasciando un segno indelebile nella mia memoria.

Non dimenticherò mai una conversazione che ho avuto con la mia amica Annalisa. Come molti italiani, si è trasferita a Roma per lavoro, ma ogni anno, lei ritorna nella sua città natale per la festa del santo patrono. Quando le ho chiesto se potevo unirmi a lei un anno, lei ha riso e ha detto, "Katerina non saresti in grado di tenere il passo! Io corro tutto intorno alla città solo per vedere la procesione di Sant'Ambrogio in ogni importante punto panoramico!". Come quella di tanti altri locali, la sua passione mi ha mostrato proprio quanto profondamente siano radicate queste feste nelle vite degli italiani.

Perché un viaggio delle feste?

- Vivi le città nel loro momento più vivace

- Partecipi a tradizioni raramente viste dai turisti

- Assaggi cibi preparati solo per queste celebrazioni speciali

- Ti immergi nella storia e nella cultura di ogni celebrazione

- Ti connetti autenticamente con le comunità locali

- Crei opportunità fotografiche uniche

- Ti godi attività per tutte le età

- Supporti le tradizioni e le economie locali

Cosa aspettarsi da questo libro

Nei capitoli che seguono, approfondiremo le feste più affascinanti della Sicilia, esplorando le loro origini, il loro significato e il modo migliore per viverle.

Whether you're planning a trip or simply armchair traveling, this book will be your guide to the heart of Sicilian culture through its vibrant celebrations.

Maximize Your Festival Experience with FestaFusion

Why see just one festival when you can experience several during one visit? I've coined the term FestaFusion to help you discover the magic of timing your visit to catch multiple celebrations. There are so many festivals in Sicily that you can visit more than one during your trip with a little planning. For example:

- FestaFusion in Palermo with the Palermo Jazz Festival and the Festa di Santa Rosalia.

- Visit Catania for the Parade of Giants and then move the same week to Piazza Armerina for the Palio (medieval festival).

- Combine the Infiorata flower festival in Noto with the Festa della Madonna delle Millizie in Scicli, just 30 minutes south.

- During harvest season, experience multiple sagre (food festivals) along Mount Etna's slopes.

These festival combinations aren't just convenient, they're transformative. Each celebration adds new layers to your understanding of Sicilian culture, and the transitions between festivals often reveal hidden connections in traditions, food, and customs. With a bit of planning, this guide makes it easy to experience several events in one trip, exactly what my husband and I plan to do in our retirement, una festa ogni settimana, a festival every week!

If you're concerned about crowds, don't be. While major events like the Festival of Saint Agatha in Catania, Santa Rosalia, Easter and Holy Week, Carnivale, and the Festival of Santa Lucia in Syracuse draw large numbers, most festivals featured in this book are more intimate, attended primarily by locals. These are relaxed, laid-back celebrations where you can soak in the culture without the hustle and bustle. Yes, I hope to inspire more travelers to join in and become Festival Followers, but rest assured, you won't find yourself in wall-to-wall crowds. In fact, many of these festivals are far less crowded than a typical morning inside St. Peter's Basilica in Rome, and they offer a much more authentic and personal experience.

Che tu stia pianificando un viaggio o semplicemente viaggiando con l'immaginazione, questo libro sarà la tua guida al cuore della cultura siciliana attraverso le sue vivaci celebrazioni.

Ottimizza la tua esperienza delle feste con FestaFusion

Perché partecipare a una sola festa quando puoi viverne diverse durante lo stesso viaggio? Ho coniato il termine FestaFusion per aiutarti a scoprire la magia di programmare la tua visita in modo da assistere a più celebrazioni. In Sicilia ci sono così tante feste che, con un po' di pianificazione, è possibile visitarne più di una durante il tuo viaggio. Per esempio:

- FestaFusion a Palermo con il Palermo Jazz Festival e la Festa di Santa Rosalia.

- Visita Catania per la Parata dei Giganti e poi spostati la stessa settimana a Piazza Armerina per il Palio (festa medievale).

- Combina l'Infiorata a Noto con la Festa della Madonna delle Milizie a Scicli, a soli 30 minuti a sud.

- Durante la stagione del raccolto, vivi diverse sagre (feste del cibo) lungo le pendici del Monte Etna.

Queste combinazioni di festività non sono solo pratiche, ma anche trasformative. Ogni celebrazione aggiunge nuovi livelli di comprensione della cultura siciliana e il passare tra una festa e l'altra rivela spesso connessioni nascoste nelle tradizioni, nei cibi e nei costumi. Con un po' di pianificazione, questa guida rende facile vivere più eventi in un unico viaggio, esattamente ciò che mio marito ed io programmiamo di fare durante la pensione, una festa ogni settimana!

Se sei preoccupato per la folla, non temere. Mentre gli eventi più importanti come la Festa di Sant'Agata a Catania, Santa Rosalia, la Pasqua e la Settimana Santa, il Carnevale e la Festa di Santa Lucia a Siracusa attirano molte persone, la maggior parte delle feste descritte in questo libro è più tranquilla, frequentata principalmente da locali. Si tratta di celebrazioni informali e tranquille dove puoi immergerti nella cultura senza il trambusto delle folle. Sì, spero di ispirare più viaggiatori a partecipare e diventare "Followers delle Feste", ma stai tranquillo, non ti troverai in mezzo a folle fitte. In realtà, molte di queste feste sono molto meno affollate di una tipica mattina dentro la Basilica di San Pietro a Roma, e offrono un'esperienza molto più autentica e personale.

At many events, we have been the only tourists in attendance, which made me feel like I was discovering something special.

This guide to Sicily's festivals is just the beginning of an exciting journey through Italy's rich cultural landscape. It is the first book in the Travel Italy series, which aims to explore the festivals and traditions of all 20 regions of Italy. Each book in the series will delve deep into a different region, uncovering its unique celebrations, local customs, and hidden gems. By starting with Sicily, we set the stage for a grand tour of Italy's diverse cultural heritage, inviting readers to discover the heart of each region through its most cherished traditions.

Festival Travel transforms ordinary tourism into extraordinary experiences. Instead of viewing Sicily through the lens of a guidebook, you'll experience it through the joy of its celebrations, the warmth of its communities, and the depth of its traditions.

Join me in discovering the real Sicily, one festival at a time. Let's embark on this journey together, where every cobblestone street echoes with history, every local dish tells a story, and every celebration invites you to become part of Sicily's living heritage.

How to Use This Book

Sicily, with its rich tapestry of history, culture, and natural beauty, offers an abundance of treasures for travelers. Recognizing that most visitors have limited vacation time, this guide is designed to help you make the most of your Sicilian adventure, focusing specifically on **Festival Travel**. This book introduces a distinctive way to experience Sicily: through its vibrant sagre and feste. By timing your visit with local celebrations, you'll gain unparalleled insights into the culture, traditions, and community life.

The chapters in this book are organized chronologically by festival date, providing a year-round journey through Sicily's celebratory calendar. This structure allows you to find festivals that align with your intended travel dates. A comprehensive festival calendar is included to further assist your planning, offering a quick overview of events throughout the year.

In molti eventi, siamo stati gli unici turisti presenti, il che mi ha fatto sentire come se stessi scoprendo qualcosa di speciale.

Questa guida alle feste della Sicilia è solo l'inizio di un emozionante viaggio attraverso il ricco paesaggio culturale dell'Italia. È il primo libro della serie Viaggi in Italia, che si propone di esplorare le feste e le tradizioni di tutte e 20 le regioni italiane. Ogni libro della serie approfondirà una regione diversa, svelando le sue celebrazioni uniche, le tradizioni locali e i tesori nascosti. Partendo dalla Sicilia, prepariamo il terreno per un grande tour del patrimonio culturale variegato dell'Italia, invitando i lettori a scoprire il cuore di ogni regione attraverso le sue tradizioni più care.

Il Viaggio delle Feste trasforma il turismo ordinario in esperienze straordinarie. Invece di vedere la Sicilia attraverso le pagine di una guida turistica, la vivrai attraverso la gioia delle sue celebrazioni, il calore delle sue comunità e la profondità delle sue tradizioni.

Unisciti a me nel scoprire la vera Siciliauna festa alla volta. Iniziamo insieme questo viaggio, dove ogni strada acciottolata echeggia di passato, ogni piatto locale racconta una storia, e ogni celebrazione ti invita a diventare parte del patrimonio vivente della Sicilia.

Come usare questo libro

La Sicilia, con il suo ricco intreccio di storia, cultura e bellezze naturali, offre una moltitudine di tesori ai viaggiatori. Consapevole che la maggior parte dei visitatori ha un tempo limitato per le vacanze, questa guida è pensata per aiutarti a sfruttare al meglio la tua avventura siciliana, concentrandosi in particolare sul **Viaggio delle Feste**. Questo libro presenta un modo unico per vivere la Sicilia: attraverso le sue vivaci sagre e feste. Pianificando la tua visita in coincidenza con le celebrazioni locali, avrai un'opportunità unica di scoprire la cultura, le tradizioni e la vita della comunità.

I capitoli di questo libro sono organizzati cronologicamente in base alla data delle festività, offrendo un viaggio annuale attraverso il calendario delle celebrazioni siciliane. Questo sistema ti permette di trovare facilmente le feste che corrispondono alle date del tuo viaggio. È incluso un calendario completo delle festività per aiutarti ulteriormente nella pianificazione, con una panoramica degli eventi di tutto l'anno.

To use this guide effectively, start by considering your travel dates. Consult the festival calendar to see which events coincide with your visit. Once you've identified festivals of interest, you can turn to the relevant chapters for detailed information about each celebration and its location. Each chapter provides not only festival details but also detailed descriptions of the host cities, including must-see attractions, local customs, and authentic experiences beyond the tourist track.

The guide offers more than just festival information. It provides historical context for each event, explaining their origins and why they remain crucial to Sicilian identity today. You'll also find practical advice on transportation, accommodation suggestions during peak festival periods, and language tips to enhance your interactions during these special events.

Embrace the spontaneity of Sicilian travel, particularly during festive seasons. While this guide offers well-researched information, the dynamic nature of festivals means schedules can evolve. To enhance your experience, we've included a variety of options and activities for each destination. This way, you're guaranteed an enriching adventure, with plenty of room for delightful surprises along the way.

Cloister at Monreale

Per utilizzare questa guida in modo efficace, inizia considerando le date del tuo viaggio. Consulta il calendario delle feste per vedere quali eventi coincidono con la tua visita. Una volta identificate le feste di tuo interesse, puoi consultare i capitoli relativi per informazioni dettagliate su ciascuna celebrazione e sulla sua località. Ogni capitolo fornisce non solo i dettagli della festività, ma anche descrizioni approfondite delle città ospitanti, comprese le attrazioni da non perdere, le tradizioni locali e le esperienze autentiche al di là del circuito turistico.

La guida offre di più che semplici informazioni sulle feste. Fornisce un contesto storico per ogni evento, spiegando la sua origine e il motivo per cui continua ad essere fondamentale per l'identità siciliana odierna. Troverai anche consigli pratici sui trasporti, suggerimenti per il pernottamento durante i periodi di punta delle festività e indicazioni linguistiche per migliorare le tue interazioni durante questi eventi speciali.

Abbraccia la spontaneità del viaggio siciliano, in particolare durante le stagioni festive. Sebbene questa guida offra informazioni ben ricercate, la natura dinamica delle feste implica che gli orari possono evolvere. Per arricchire la tua esperienza, abbiamo incluso una varietà di opzioni e attività per ogni destinazione. In questo modo, sarai sicuro di vivere un'avventura gratificante, con ampio spazio per piacevoli sorprese lungo il cammino.

It's important to note that festivals in Sicily fall into two main categories: fixed-date events that occur on the same date each year, and moveable feasts that are tied to specific weekends, religious calendars, or other variable factors. This guide indicates the timing for each festival to aid in your planning.

For those looking to create more comprehensive itineraries, visit the author's website. There, you'll find sample itineraries that can help you plan a trip combining multiple festivals or balancing festival experiences with general sightseeing across Sicily.

Light show in Messina

While this book emphasizes festival travel, it's also a valuable resource for general Sicily exploration. The city profiles, cultural insights, and practical tips are useful for any type of visit to this captivating island, whether or not you plan your trip around specific events.

As you embark on your Sicilian adventure, remember that this guide is your gateway to experiencing the island's vibrant soul. Whether you're drawn to the excitement of festivals or simply wish to explore Sicily's diverse offerings, you'll find a wealth of information to enrich your journey.

È importante notare che le feste in Sicilia rientrano in due categorie principali: eventi a data fissa che si svolgono ogni anno nella stessa data, e feste a data variabile legate a weekend specifici, calendari religiosi o altri fattori variabili. Questa guida indica la tempistica di ciascun evento per aiutarti nella pianificazione.

Per chi desidera creare itinerari più completi, visita il sito web dell'autore. Qui troverai itinerari esemplificativi che ti aiuteranno a pianificare un viaggio combinando più festività o bilanciando le esperienze delle feste con la visita delle principali attrazioni della Sicilia.

Anche se questo libro mette in evidenza i viaggi legati alle feste, è anche una risorsa preziosa per un'esplorazione generale della Sicilia. I profili delle città, le informazioni culturali e i consigli pratici sono utili per qualsiasi tipo di visita in questa affascinante isola, che tu decida di concentrare il tuo viaggio su eventi specifici o meno.

Mentre intraprendi la tua avventura siciliana, ricorda che questa guida è la tua porta d'ingresso per vivere l'anima vivace dell'isola. Che tu sia attratto dall'entusiasmo delle feste o desideri semplicemente esplorare le varie offerte della Sicilia, troverai un patrimonio di informazioni per arricchire il tuo viaggio.

Teatro Romano di Palermo

Allow yourself to be swept up in the warmth of Sicilian hospitality, savor the flavors of local cuisine, and immerse yourself in the island's millennia-old traditions. With this book as your companion, you're well-equipped to venture beyond the typical tourist path and create lasting memories in one of Italy's most captivating regions.

Festival Chapters — What's Included

Each Festival Chapter features the following elements:

1. Where, When, Festival Website, and Average Festival Temperatures

2. Town Snapshot

3. Festival Overview: Origin, Description, Events, Special Festival Treats

4. Festivals Throughout the Year: Additional celebrations worth experiencing

Planning Your Festival Travel

When planning your trip to a festival, timing is crucial. It's recommended to arrive the evening before the festival begins. This early arrival serves multiple purposes: it allows you to explore the town at a leisurely pace, familiarize yourself with its layout, and secure a prime spot for the upcoming festivities. Take the time to locate the main piazza and the central church, whether it's a cattedrale, duomo, or chiesa madre, as these are often focal points of major events.

For major festivals, stay two or three nights. Hotels outside of the major cities in Sicily are not expensive (we stayed in Piazza Duomo in Ragusa for $100 a night). This lets you enjoy late-night events, especially in summer, without driving worries. It also helps you adjust to schedule changes. For food festivals, a night stay isn't always needed. These can be day trips, often in small towns with few hotels.

Arrive early? Use the time to explore. Follow my walking tour to visit the sites around town. Try local restaurants for regional dishes. Visit cafes to chat with locals, as they often share helpful festival tips.

Lasciati travolgere dalla calda ospitalità siciliana, gusta i sapori della cucina locale e immergiti nelle tradizioni millenarie dell'isola. Con questo libro come compagno, sarai ben preparato a uscire dai percorsi turistici tradizionali e a creare ricordi duraturi in una delle regioni più affascinanti d'Italia.

I capitoli delle Festività – Cosa è incluso

Ogni capitolo delle festività include i seguenti elementi:

1. **Dove, Quando, Sito Web della festa e Temperature Medie durante la festa**

2. **Panoramica della Città**

3. **Presentazione della Festa**: Origine, Descrizione, Eventi, Piatti Tipici della Festa

4. **Feste Durante l'Anno**: Celebrazioni aggiuntive da non perdere

Organizzare il Tuo Viaggio delle Feste

Quando pianifichi il tuo viaggio in funzione di una festività, il tempismo è fondamentale. Si consiglia di arrivare la sera prima dell'inizio della festa. Questo arrivo anticipato ha molteplici vantaggi: ti permette di esplorare la città con calma, familiarizzare con la sua struttura e trovare un punto privilegiato per gli imminenti festeggiamenti. Approfitta del tempo a disposizione per individuare la piazza principale e la chiesa centrale, che sia una cattedrale, un duomo o una chiesa madre, poiché questi spesso sono i punti focali degli eventi principali.

Per le feste più importanti, soggiorna due o tre notti. Gli hotel al di fuori delle grandi città in Sicilia non sono costosi (abbiamo soggiornato a Piazza Duomo a Ragusa per 100 dollari a notte). Questo ti permette di goderti gli eventi notturni, soprattutto in estate, senza preoccuparti di dover guidare. Inoltre, ti aiuta ad adattarti ai cambiamenti di programma. Per le feste gastronomiche, una notte di soggiorno non è sempre necessaria. Possono essere escursioni giornaliere, spesso in piccoli paesi con pochi hotel.

Sei arrivato presto? Approfitta del tempo per esplorare. Segui il mio giro a piedi per visitare i luoghi intorno alla città. Prova i ristoranti locali per assaporare i piatti regionali. Visita i caffè per chiacchierare con i locali, che spesso condividono utili consigli sulle feste.

As the festival approaches, it's wise to get a program of events if available (in my experience, they are posted on the doors of the cathedral and other important sites in town). This will help you plan which activities you want to attend and ensure you don't miss out on any highlights. Check if there's any traditional dress or color scheme for attendees.

Taking part in these customs can enhance your experience and show respect for local traditions. Don't forget to pack essentials like comfortable shoes, water, and any items specific to the festival, such as a picnic blanket for outdoor events or sun protection for daytime festivities.

During the festival, immerse yourself fully in the experience. Take part in activities, try local foods, and engage with the community. While it's natural to want to capture memories through photography, be mindful of local customs and any restrictions on taking pictures during certain events. Remember to stay flexible, some of the best experiences at festivals can be spontaneous and unplanned.

It's important to remember that each festival and town in Italy is unique. While this guide provides a general framework for planning your trip, always be prepared to adapt to the specific character and customs of your chosen destination. Embracing the local culture and going with the flow are key to fully enjoying the rich tapestry of Italian festivals.

Not Just Festivals: A Complete Guide to Sicily's Top Cities and Experiences

While festivals are a vibrant part of Sicilian culture, this guide offers much more than just a festival calendar. It serves as a comprehensive introduction to the key cities and experiences of Sicily, from the westernmost islands to Syracuse on the eastern coast.

Whether you're drawn by the allure of local celebrations or simply wish to explore this captivating island at your own pace, you'll find valuable insights to enhance your journey.

What This Guide Offers:

- **City Highlights:** Discover the unique character of Sicily's major cities and towns, from bustling Palermo to charming Taormina.

Man mano che la festività si avvicina, è consigliabile procurarsi un programma degli eventi, se disponibile (secondo la mia esperienza, vengono affissi sulle porte della cattedrale e in altri luoghi importanti della città). Questo ti aiuterà a pianificare le attività a cui desideri partecipare e a non perdere i momenti salienti. Controlla se è previsto un abbigliamento tradizionale o uno schema di colori per i partecipanti.Prendere parte a queste tradizioni può arricchire la tua esperienza e mostra rispetto per le usanze locali. Non dimenticare di mettere in valigia le cose essenziali come scarpe comode, acqua e qualsiasi oggetto specifico per la festa, come una coperta da picnic per gli eventi all'aperto o protezione solare per le feste diurne.

Durante la festa, immergiti completamente nell'esperienza. Partecipa alle attività, prova i piatti tipici e interagisci con la comunità. Sebbene sia naturale voler catturare i ricordi con la fotografia, fai attenzione alle usanze locali e alle eventuali restrizioni sulla possibilità di scattare foto durante determinati eventi. Ricorda di rimanere flessibile: alcune delle esperienze migliori nelle feste possono essere spontanee e non pianificate. È importante ricordare che ogni festività e ogni città in Italia sono unici. Sebbene questa guida fornisca un quadro generale per pianificare il tuo viaggio, sii sempre pronto ad adattarti al carattere specifico e alle tradizioni della destinazione scelta. Abbracciare la cultura locale e lasciarsi andare sono la chiave per godere appieno della ricca varietà delle feste italiane.

Non solo feste: una guida completa alle migliori città ed esperienze della Sicilia

Anche se le feste sono una parte vivace della cultura siciliana, questa guida offre molto più di un semplice calendario di eventi. Essa si propone come una panoramica completa delle principali città ed esperienze in Sicilia, dalle isole più occidentali fino a Siracusa, sulla costa orientale. Che tu sia attratto dall'incanto delle celebrazioni locali o desideri semplicemente esplorare questa affascinante isola al tuo ritmo, troverai preziosi consigli per arricchire il tuo viaggio.

Cosa offre questa guida:

- **Attrazioni delle città:** Scopri il carattere unico delle principali città e dei paesi della Sicilia, dalla frenetica Palermo all'affascinante Taormina.

- **Cultural Insights**: Delve into Sicily's rich history, influenced by Greek, Roman, Arab, and Norman cultures, and learn how it shapes modern Sicilian life.

- **Natural Wonders:** Explore Sicily's diverse landscapes, from the imposing Mount Etna to pristine beaches and lush nature reserves.

- **Local Experiences**: Uncover authentic Sicilian experiences, from bustling markets to quiet, off-the-beaten-path locations.

- **Festival Focus:** While not exclusively about festivals, this guide does spotlight key celebrations across the island, helping you time your visit to coincide with these cultural events if desired.

Cefalu

- **Approfondimenti culturali:** Immergiti nella ricca storia della Sicilia, influenzata dalle culture greca, romana, araba e normanna, e scopri come questa si riflette nella vita siciliana moderna.

- **Meraviglie naturali:** Esplora i paesaggi diversificati della Sicilia, dal maestoso Monte Etna alle spiagge incontaminate e alle riserve naturali lussureggianti.

- **Esperienze locali:** Scopri esperienze autentiche siciliane, dai mercati vivaci ai luoghi tranquilli fuori dai sentieri battuti.

- **Attenzione sulle feste:** Pur non essendo esclusivamente incentrata sulle feste, questa guida mette in evidenza alcune delle principali celebrazioni di tutta l'isola, aiutandoti a pianificare la tua visita in modo che possa coincidere con questi eventi culturali, se lo desideri.

3

Map of Sicily's Must-See Celebrations

Each city highlighted on this map is explored in a dedicated chapter, designed to provide everything you need for an unforgettable visit. Each chapter dives into the rich tapestry of local festivals, offering detailed information about their history, traditions, and unique appeal. You'll also find a curated walking tour of the city's top sights, helping you navigate its must-see landmarks and hidden gems. Beyond the major festivals, each chapter highlights other notable events and celebrations in the area, so you can make the most of your trip no matter the time of year. To enhance your experience, I've included carefully selected recommendations for restaurants and accommodations, ensuring your stay is as enjoyable as the journey itself. Plus, you'll discover ideas for nearby day trips and essential logistics information, from transportation tips to parking suggestions, making your travel planning seamless.

For a comprehensive Alphabetical Listing, refer to Chapter 28 for quick and easy reference. If the map appears difficult to read due to the 6x9 size, visit the book's page on my website at katerinaferrara.com. There, you'll find the same map in full color and with zoom functionality for a closer look at your chosen destinations. Thank you for understanding! https://katerinaferrara.com/ultimate-festival-and-travel-guide-sicily/

Mappa delle feste e delle Attrazioni Imperdibili della Sicilia

Ogni città evidenziata in questa mappa è approfonditain un capitolo dedicato, pensato per fornirti tutto ciò di cui hai bisogno peruna visita indimenticabile. Ogni capitolo esplora il ricco intreccio dellefestività locali, offrendo informazioni dettagliate sulla loro storia, letradizioni e il loro fascino unico. Troverai anche un giro a piedi dettagliatodei luoghi principali della città, che ti aiuterà ad orientarti tra i monumentiimperdibili e i tesori nascosti. Oltre alle grandi festività, ogni capitolomette in evidenza altri eventi e celebrazioni degni di nota nella zona, cosìpotrai sfruttare al massimo il tuo viaggio in qualsiasi periodo dell'anno. Perarricchire la tua esperienza, ho incluso raccomandazioni attentamenteselezionate per ristoranti e alloggi, garantendo che il tuo soggiorno siapiacevole quanto il viaggio stesso. Inoltre, scoprirai idee per gitegiornaliere nei dintorni e informazioni logistiche essenziali, dai consigli suitrasporti alle indicazioni sul parcheggio, rendendo la pianificazione del tuoviaggio impeccabile.

Per un indice alfabetico completo delle città e dellefeste, consulta il Capitolo Alfabetico Completo per una consultazione rapida e facile. Se la mappa risulta difficile da leggere a causa delle dimensioni 6x9, visita lapagina del libro sul mio sito web all'indirizzo katerinaferrara.com. Lìtroverai la stessa mappa a colori e con la funzionalità dello zoom perun'osservazione più dettagliata delle destinazioni che hai scelto. Grazie perla comprensione! https://katerinaferrara.com/ultimate-festival-and-travel-guide-sicily/

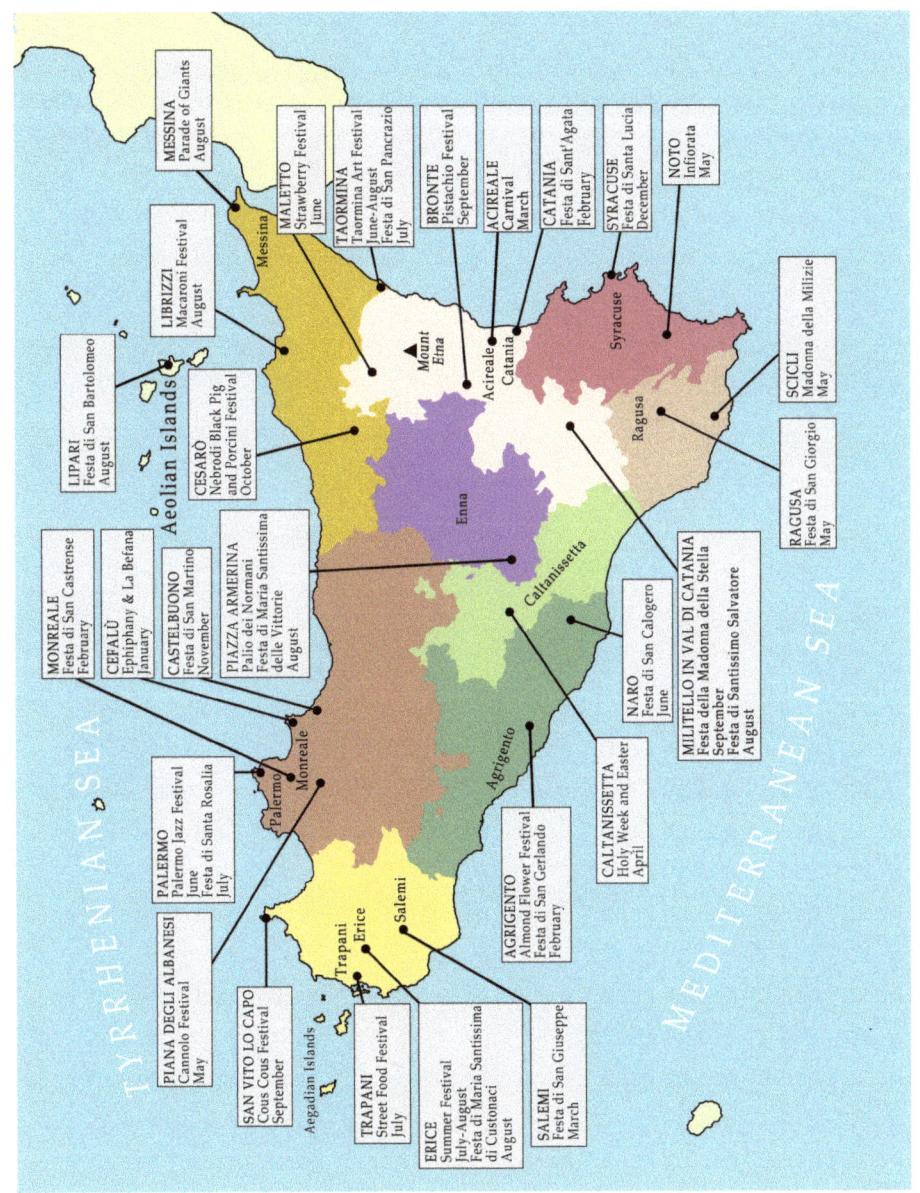

Summer Celebrations
Celebrazioni Estive

4

The Cannolo Craze of Piana degli Albanesi

Sagra del Cannolo

Where: Piana degli Albanesi

When: 2nd weekend in May, Saturday, and Sunday

Average Festival Temperatures: High: 21°C (70°F). Low: 13°C (55°F).

Discovering Piana degli Albanesi

Nestled in the verdant mountains just 24 kilometers (14 miles) southwest of Palermo, Piana degli Albanesi is a town where history, culture, and culinary traditions blend as seamlessly as the ricotta in their famous cannoli. This picturesque comune (village), with its population of around 6,000 residents, is a hilltop town that offers visitors a unique glimpse into a lesser-known facet of Sicily's rich multicultural tapestry. The story of Piana degli Albanesi begins in 1488, amidst the turbulent times of the Ottoman expansion into the Balkans. As the Ottoman Empire advanced, a group of Albanian refugees fled their homeland, seeking sanctuary across the Adriatic Sea.

La Mania del Cannolo di Piana Degli Albanesi

Sagra del Cannolo

Dove: Piana degli Albanesi

Quando: Secondo fine settimana di maggio, sabato, e domenica.

Temperature medie durante la festa: Massima: 21°C (70°F). Minima: 13°C (55°F).

Scoprire Piana degli Albanesi

Immersa tra le verdi montagne a soli 24 chilometri (14 miglia) a sud-ovest di Palermo, Piana degli Albanesi è una città dove storia, cultura e tradizioni culinarie si fondono in modo armonioso, proprio come la ricotta nei suoi famosi cannoli. Questo pittoresco comune, con una popolazione di circa 6.000 abitanti, è un borgo collinare che offre ai visitatori uno sguardo unico su un aspetto meno noto del ricco intreccio multiculturale della Sicilia. La storia di Piana degli Albanesi inizia nel 1488, durante l'epoca turbolenta dell'espansione ottomana nei Balcani. Con l'avanzata dell'Impero Ottomano, un gruppo di profughi albanesi fuggì dalla loro patria cercando rifugio oltre il Mar Adriatico.

Cannoli

They found a safe haven in Sicily, where the local authorities granted them permission to settle in this mountainous area, then known as Piana dei Greci (Plain of the Greeks).

These Albanian émigrés, known as Arbëreshë, brought with them their language, customs, and Eastern Orthodox Christian faith. Over the centuries, they've maintained their distinct identity while simultaneously embracing Sicilian culture, creating a fascinating fusion that persists to this day.

Perched at an elevation of 740 meters (2427 feet) above sea level, Piana degli Albanesi enjoys a commanding view of the surrounding countryside. At the foot of the town lies the azure expanse of Lake Piana, an artificial reservoir that not only adds to the area's scenic beauty but also plays a crucial role in the local economy.

The Cannoli Festival

While the town's Albanian heritage is evident in many aspects of daily life, it's in the realm of cuisine where Piana degli Albanesi has truly made its mark on Sicilian culture. The town is renowned throughout Sicily and beyond for its cannoli–crisp, golden tubes of fried pastry filled with creamy sheep's milk ricotta.

It's said that the nuns of the town's Monastery of the Basilian Sisters were the first to perfect the recipe for cannoli filling, using fresh ricotta from local sheep. Over time, this sweet treat has become synonymous with Piana degli Albanesi, drawing food lovers from far and wide to taste what many consider to be the best cannoli in Sicily.

Picture this: It's the second weekend of May, and you find yourself on the bustling Piazza Vittorio Emanuele in Piana degli Albanesi. The air is filled with excitement, and everywhere you look, people are indulging in one of Sicily's most beloved culinary treasures: the cannolo. During this weekend, the town becomes the epicenter of this celebrated Sicilian pastry, with nearly 50,000 sold over the course of two days.

This festival, which began in 1998, celebrates not only the town's mastery of cannoli but also its unique cultural heritage. Started by local pastry chefs and the town administration, the festival showcases their exceptional cannoli and attracts visitors to this picturesque mountain town. Piana degli Albanesi is known for its particularly crispy cannoli shells and fresh, creamy ricotta filling, often garnished with candied fruit, chocolate chips, or pistachios.

Trovarono un porto sicuro in Sicilia, dove le autorità locali concessero loro il permesso di stabilirsi in questa zona montuosa, allora nota come Piana dei Greci.

Questi emigrati albanesi, conosciuti come Arbëreshë, portarono con sé la loro lingua, le loro usanze e la loro fede cristiana ortodossa orientale. Nei secoli hanno mantenuto la loro identità distinta, abbracciando al contempo la cultura siciliana, creando una fusione affascinante che persiste ancora oggi.

Situata ad un'altitudine di 740 metri sul livello del mare, Piana degli Albanesi gode di una vista spettacolare sulla campagna circostante. Ai piedi del paese si trova la distesa azzurra del Lago di Piana, un bacino artificiale che non solo aggiunge bellezza paesaggistica all'area, ma svolge anche un ruolo cruciale nell'economia locale.

La Sagra del Cannolo

Sebbene l'eredità albanese della città sia evidente in molti aspetti della vita quotidiana, è nel campo della cucina che Piana degli Albanesi ha davvero lasciato il segno nella cultura siciliana. La città è rinomata in tutta la Sicilia e oltre per i suoi cannoli: croccanti tubi dorati di pasta fritta ripieni di ricotta cremosa di latte di pecora.

Si dice che le monache del Monastero delle Suore Basiliane della città siano state le prime a perfezionare la ricetta del ripieno del cannolo, utilizzando la ricotta fresca delle pecore locali. Nel tempo, questo dolce è diventato sinonimo di Piana degli Albanesi, attirando amanti del cibo da ogni dove per assaggiare quello che molti considerano il miglior cannolo della Sicilia.

Immagina questo: è il secondo fine settimana di maggio e ti trovi nella vivace Piazza Vittorio Emanuele a Piana degli Albanesi. L'aria è piena di entusiasmo e ovunque tu guardi, le persone si deliziano con uno dei tesori culinari più amati della Sicilia: il cannolo. Durante questo fine settimana, la città diventa l'epicentro di questo celebre dolce siciliano, con quasi 50.000 cannoli venduti in soli due giorni.

Questa festa, che è nata nel 1998, celebra non solo la maestria del cannolo, ma anche il patrimonio culturale unico della città. Fondata da pasticceri locali e dall'amministrazione comunale, la festa mette in mostra i suoi eccezionali cannoli e attira visitatori in questo pittoresco borgo montano. Piana degli Albanesi è nota per le sue sfoglie di cannolo particolarmente croccanti e il ripieno di ricotta fresca e cremosa, spesso guarnito con frutta candita, gocce di cioccolato o pistacchi.

The Making of the Perfect Cannolo

Cannoli may be enjoyed globally, but to truly understand the depth of their significance, let's take a moment to break down the making of this Sicilian masterpiece:

The Exterior: The Shell

The magic begins with the shell. Made from a dough of flour, sugar, and sometimes a splash of wine or vinegar for extra crispiness, the shell is rolled into thin circles and wrapped around metal or wooden tubes to form its signature cylindrical shape. It's then deep-fried to a golden brown, resulting in a crispy, slightly blistered texture that provides the perfect contrast to the soft, creamy filling inside.

The Filling: Sweetened Ricotta

Ah, the filling, the true heart of the cannolo. Traditionally, this creamy delight is made from sheep's milk ricotta, sweetened and often flavored with a touch of vanilla, cinnamon, or citrus zest. In some versions, you'll find bits of chocolate chips or candied fruit folded in, adding bursts of flavor. The balance of sweetness and richness makes every bite memorable.

Toppings and Garnishes

As if the crispy shell and creamy filling weren't enough, cannoli are often topped with crushed pistachios, chocolate chips, or candied fruit. Before serving, a light dusting of powdered sugar adds the finishing touch.

The Festival Experience

The Cannoli Festival is an immersive experience that goes beyond the pastry. As you stroll through the festival, you'll witness the pride of Piana degli Albanesi, a town that cherishes its heritage. Cannoli are more than a dessert here; they're a symbol of local identity and craftsmanship.

Visitors can watch skilled pastry chefs demonstrate the art of cannoli-making, join cannoli-eating contests, and enjoy performances celebrating the town's Albanian roots.

La Realizzazione del Cannolo Perfetto

I cannoli sono apprezzati in tutto il mondo, ma per capire davvero la loro importanza, prendiamoci un momento per analizzare la creazione di questo capolavoro siciliano:

L'esterno: L'involucro

La magia inizia con l'involucro. Realizzato con un impasto di farina, zucchero e a volte un tocco di vino o aceto per renderla più croccante, l'involucro viene arrotolato in cerchi sottili e avvolto intorno a tubi metallici o di legno per ottenere la caratteristica forma cilindrica. Poi viene fritto fino a diventare dorato, ottenendo una consistenza croccante e leggermente rigonfia, perfetta per contrastare il morbido e cremoso ripieno all'interno.

Il ripieno: La Ricotta Zuccherata

Ah, il ripieno, il vero cuore del cannolo. Tradizionalmente, questa delizia cremosa è fatta con ricotta di latte di pecora, zuccherata e spesso aromatizzata con un tocco di vaniglia, cannella o scorza di agrumi. In alcune versioni si trovano gocce di cioccolato o frutta candita, che aggiungono esplosioni di sapore. L'equilibrio tra dolcezza e ricchezza rende ogni morso indimenticabile.

Decorazioni e guarnizioni

Come se l'involucro croccante e il ripieno cremoso non bastassero, i cannoli sono spesso guarniti con pistacchi tritati, gocce di cioccolato o frutta candita. Prima di servirli, una leggera spolverata di zucchero a velo dà il tocco finale.

L'Esperienza della Sagra

La Sagra del Cannolo è un'esperienza coinvolgente che va oltre il dolce. Passeggiando per la festa, si percepisce l'orgoglio di Piana degli Albanesi, una città che custodisce con cura la propria eredità. Qui i cannoli non sono solo un dessert, ma un simbolo di identità locale e maestria artigianale.

I visitatori possono osservare pasticceri esperti mentre mostrano l'arte della preparazione del cannolo, partecipare a concorsi di chi mangia più cannoli e godersi spettacoli che celebrano le radici albanesi della città.

Local bakers compete to create the largest or most unique cannolo. Meanwhile, families share treats in the piazza, with musicians playing Sicilian tunes.

Cannoli are not just for dessert in Piana degli Albanesi. People often enjoy them with morning coffee or as an afternoon snack. Locals say there's no wrong time for a fresh cannolo, especially during the festival.

During the Cannolo Festival (Sagra del Cannolo), several cultural sites can be visited for free, including guided walking tours.

This annual celebration not only honors the town's culinary expertise but also serves as a testament to Sicily's rich, multicultural history and the enduring traditions of its diverse communities. The event has grown from a local celebration to a significant attraction, drawing food enthusiasts and cultural tourists from across Italy and beyond.

Local women in traditional dress

I panettieri locali competono per creare il cannolo più grande o più particolare. Nel frattempo, le famiglie condividono dolci in piazza, con musicisti che suonano melodie siciliane.

I cannoli non sono solo un dessert a Piana degli Albanesi. La gente li gusta spesso con il caffè del mattino o come spuntino pomeridiano. I locali dicono che non c'è mai un momento sbagliato per un cannolo fresco, specialmente durante la sagra.

Durante la Sagra del Cannolo, diversi siti culturali possono essere visitati gratuitamente, compresi tour guidati a piedi.

Questa celebrazione annuale non solo onora l'esperienza culinaria della città, ma rappresenta anche un testamento per la ricca storia multiculturale della Sicilia e per le tradizioni durature delle sue diverse comunità. L'evento è diventato da festa locale ad attrazione significativa, attirando appassionati di cucina e turisti culturali da tutta Italia e oltre.

Cattedrale di San Demetrio

Piana degli Albanesi Festivals and Sagre Throughout the Year

Ricotta Cheese Festival

Typically held on a weekend in late March or early April (exact dates vary yearly)

This sagra celebrates one of Sicily's most beloved ingredients: ricotta cheese. Local artisans and farmers take part, showcasing the importance of dairy production in the local economy. Visitors can taste fresh ricotta in various forms, from traditional cannoli to innovative dishes.

The event often includes cheese-making demonstrations, cooking contests, and cultural performances that highlight the town's Arbëreshë heritage. Local shepherds bring their flocks to the town square, adding to the festive atmosphere.

Feast of Saint George the Great Martyr

April 23rd (or the nearest Sunday if it falls on a weekday)

This feast celebrates Saint George, revered in both Western and Eastern Christian traditions. In Piana degli Albanesi, the celebration blends Albanian and Sicilian customs. The day typically begins with a solemn liturgy in the Byzantine rite at the Church of San Giorgio.

A procession through the town follows, with participants often dressed in traditional Arbëreshë costumes. The feast includes special foods, music, and sometimes reenactments of Saint George's legendary battle with the dragon.

Feste e Sagre a Piana degli Albanesi Durante l'Anno

Sagra della Ricotta

Solitamente un weekend tra la fine di marzo e l'inizio di aprile (le date esatte variano ogni anno).

Questa sagra celebra uno degli ingredienti più amati della Sicilia: la ricotta. Artigiani e agricoltori locali partecipano, mettendo in mostra l'importanza della produzione casearia per l'economia locale. I visitatori possono gustare la ricotta fresca in varie forme, dai cannoli tradizionali a piatti innovativi.

L'evento include spesso dimostrazioni di produzione del formaggio, concorsi di cucina e spettacoli culturali che evidenziano l'eredità Arbëreshë del paese. I pastori locali portano le loro greggi nella piazza della città, arricchendo l'atmosfera festosa.

Festa di San Giorgio Megalomartire

23 aprile (o la domenica più vicina se cade in un giorno feriale).

Questa festa celebra San Giorgio, venerato sia nelle tradizioni cristiane occidentali che orientali. A Piana degli Albanesi, la celebrazione fonde usanze albanesi e siciliane. La giornata inizia solitamente con una liturgia solenne secondo il rito bizantino nella Chiesa di San Giorgio.

Segue una processione per il paese, con partecipanti spesso vestiti in costumi tradizionali Arbëreshë. La festa include cibi speciali, musica e talvolta rievocazioni della leggendaria battaglia di San Giorgio con il drago.

Feast of Saint Demetrius the Great Martyr

October 26th

Saint Demetrius, known as a powerful protector and military saint, is celebrated with great devotion in Piana degli Albanesi. The day begins with a Divine Liturgy at the Cathedral of San Demetrio Megalomartire. A procession follows, carrying the saint's icon through the streets.

The celebration often includes Byzantine chants, traditional Arbëreshë music and dance performances, and a communal meal featuring local specialties. This feast also marks the beginning of the autumn season in the town's cultural calendar.

Procession during the Festa di San Demetrio

Festa di San Demetrio Megalomartire (Feast of Saint Demetrius the Great Martyr)

October 26th

Saint Demetrius, known as a powerful protector and military saint, is celebrated with great devotion in Piana degli Albanesi. The day begins with a Divine Liturgy at the Cathedral of San Demetrio Megalomartire. A procession follows, carrying the saint's icon through the streets.

The celebration often includes Byzantine chants, traditional Arbëreshë music and dance performances, and a communal meal featuring local specialties. This feast also marks the beginning of the autumn season in the town's cultural calendar.

Processione dal Cattedrale

5

Blooming Streets: The Art of the Infiorata of Noto

The Infiorata of Noto

Where: Noto, in Val di Noto, on the Via Corrado Nicolaci

When: Celebrated the 3rd weekend in May. Open to the public on Sunday and Monday.

Festival Website: https://www.infioratadinoto.it/

Average Festival Temperatures: High: 24°C (75°F). Low: 18°C (64°F).

Discovering Noto: The Baroque Jewel of Sicily

Perched on a plateau overlooking the Asinaro valley in southeastern Sicily, Noto is a masterpiece of Baroque architecture and a testament to human resilience. This "stone garden," as it's often called, is home to approximately 24,000 residents and stands as one of the finest examples of Sicilian Baroque urbanism, earning it UNESCO World Heritage status.

Le Strade Fiorite: L'Arte dell'Infiorata di Noto

L'Infiorata di Noto

Dove: Noto, nella Val di Noto, lungo Via Corrado Nicolaci

Quando: Celebrata il terzo fine settimana di maggio. Aperta al pubblico la domenica e il lunedì.

Sito Web del Festa: https://www.infioratadinoto.it/#google_vignette

Temperature medie durante la festa: Massima: 24°C (75°F). Minima: 18°C (64°F).

Scoprire Noto: Il Gioiello Barocco della Sicilia

Situata su un altopiano che domina la valle dell'Asinaro nel sud-est della Sicilia, Noto è un capolavoro di architettura barocca e un simbolo di resilienza umana. Questo "giardino di pietra," come viene spesso chiamata, ospita circa 24.000 residenti ed è uno dei migliori esempi di urbanistica barocca siciliana, tanto da essere riconosciuta come Patrimonio dell'Umanità dall'UNESCO.

L'Infiorata

Noto lies 32 kilometers southwest of Syracuse and 50 kilometers north of Italy's southern tip. Spanning 551 square kilometers, it's among Italy's largest municipalities. Despite its size, Noto's population density is low. Most residents live in the historic center and nearby areas.

Noto's modern story starts with disaster. On January 11, 1693, an earthquake devastated eastern Sicily, destroying Noto Antica. However, this tragedy paved the way for a new beginning. The city was rebuilt about 10 kilometers away, beside the River Asinaro. The Duke of Camastra, the Spanish Viceroy's top aide, led the effort.

The reconstruction of Noto became a grand urban project, attracting the finest architects, artists, and artisans of the time. They envisioned and created a city that would be a harmonious blend of urban planning and architectural beauty, adhering to the late Baroque style that was then in vogue.

The Infiorata Festival

The Infiorata is a festival of art demonstrated by a carpeted street artwork "painted" with flower petals. Each year, the event organizers hold the Infiorata along the Via Corrado Nicolaci, which is a narrow street on an uphill slant from the city center. They are on display only briefly because the flower petal scenes are vulnerable to wind and rain.

Art, religion, mythology, or Italian culture inspire the theme of the festival, which changes annually. Themes in the past have included Dante's Inferno, Italian Cinema, The Prince of Noto, and the last trip we made was a Tribute to Sicily that included a section of White Lotus and Montelbano images from the popular TV show and book series.

The idea of the Infiorata was first organized in 1625 in Rome by Benedetto Drei, the Vatican's head florist, and his son, Peter. They began using flower petals to create mosaics on the floors of churches during religious festivals, particularly on the feast of Corpus Domini. This idea later spread to other parts of Italy.

In Noto, the art festival was introduced in the early 1980s as a way to combine the town's Baroque artistic traditions with religious celebrations. Noto, renowned for its Baroque architecture, saw the Infiorata as a natural way to showcase its rich artistic and cultural heritage.

Noto si trova a 32 chilometri a sud-ovest di Siracusa e a 50 chilometri a nord della punta meridionale dell'Italia. Con una superficie di 551 chilometri quadrati, è uno dei comuni più grandi d'Italia. Nonostante le sue dimensioni, la densità di popolazione a Noto è bassa. La maggior parte dei residenti vive nel centro storico e nelle aree circostanti.

La storia moderna di Noto inizia con un disastro. L'11 gennaio 1693, un terremoto devastò la Sicilia orientale, distruggendo Noto Antica. Tuttavia, questa tragedia aprì la strada a un nuovo inizio. La città fu ricostruita circa 10 chilometri più a valle, accanto al fiume Asinaro. La ricostruzione fu guidata dal Duca di Camastra, il principale consigliere del Viceré spagnolo.

La ricostruzione di Noto divenne un grande progetto urbano, attirando i migliori architetti, artisti e artigiani dell'epoca. Essi immaginarono e crearono una città che rappresenta una fusione armoniosa di pianificazione urbana e bellezza architettonica, rispettando lo stile barocco tardo allora in voga.

La Festa dell'Infiorata

L'Infiorata è una festa artistica caratterizzata da un tappeto di opere d'arte "dipinte" con petali di fiori. Ogni anno, gli organizzatori dell'evento allestiscono l'Infiorata lungo Via Corrado Nicolaci, che è una stretta strada in salita dal centro della città. Essi rimangono in esposizione per poco tempo, poiché le scene fatte con i petali di fiori sono vulnerabili al vento e alla pioggia.

Arte, religione, mitologia o cultura italiana ispirano il tema della festa, che cambia ogni anno. Temi passati hanno incluso "L'Inferno di Dante," "Il Cinema Italiano," "Il Principe di Noto" e l'ultimo viaggio che abbiamo fatto prevedeva un tributo alla Sicilia che ha incluso immagini di *White Lotus* e *Montalbano*, dalla popolare serie TV e di libri.

L'idea dell'Infiorata fu organizzata per la prima volta a Roma nel 1625 da Benedetto Drei, il fiorista capo del Vaticano, e da suo figlio Pietro. Iniziarono a utilizzare petali di fiori per creare mosaici sui pavimenti delle chiese durante le festività religiose, in particolare per la festa del Corpus Domini. Quest'idea si diffuse successivamente in altre parti d'Italia.

A Noto, la festa artistica fu introdotta nei primi anni '80 come modo per unire le tradizioni artistiche barocche della città con le celebrazioni religiose. Rinomata per la sua architettura barocca, Noto ha visto nell'Infiorata un modo naturale per mostrare il suo ricco patrimonio artistico e culturale.

The locals pick and store the flower petals for months, organizing them by color in hundreds of barrels used in the designs and creations. They also collect other types of plants, like rosemary branches, basil leaves, as well as seeds, piles of sand, and grass.

In the days leading up to the Infiorata, locals dedicate two full days to sketching intricate designs and filling them with flower petals. This cherished tradition has made Noto famous worldwide. The result is a stunning work of art covering 7,500 square feet of pavement, crafted from 400,000 flower petals gathered from the local countryside.

You will need a ticket to enter the Infiorata on Via Corrado Nicolaci. I recommend purchasing your tickets in advance because the entries are timed, and when I purchased ours, the only available entry times were early in the morning.

The art exhibit begins at the bottom of the hill. The exit is at the top of the street.

Also, at the top of the street, is the Chiesa di Montevergine. We entered the church, paid a small fee, and climbed the circular staircase to the top of the church tower. This spot offers a stunning view of the Infiorata along the alley and the historic center. We found the aerial view of the images to be just as vivid and interesting as walking next to the artworks in the alleyway.

But wait, this festival has more to offer! Everyone in the community is involved. There is a Baroque Parade with locals in period dress, local bands, and the tamburi (drummer groups) my favorite fill the street with the heartbeat of Sicily! Other events on Sunday include a market, flag throwing throughout the streets, bands, and other celebrations. I recommend 3 days in Noto for the event, with some time to visit nearby sites.

Arriving in Noto

The first piazza you will find when you enter from the Porta Reale gate (built in 1838 for the occasion of the arrival of King Ferdinand II of Bourbon) is the Piazza dell'Immacolata, and the Church of Saint Francis built between 1704 and 1745. When you continue straight, you will find the Piazza del Duomo. This is the central, most important square of the city, with the Cathedral, constructed between 1700 and 1776, and the Palazzo Ducezio, city hall. Palazzo Landolina serves as both the bishop's palace and the Cathedral Museum.

I locali raccolgono e conservano i petali di fiori per mesi, organizzandoli per colore in centinaia di botti utilizzate per i disegni e le creazioni. Raccolgono anche altri tipi di piante, come rami di rosmarino, foglie di basilico, oltre a semi, mucchi di sabbia ed erba.

Nei giorni che precedono l'Infiorata, gli abitanti dedicano due giornate intere a disegnare intricati bozzetti e riempirli con petali di fiori. Questa preziosa tradizione ha reso Noto famosa in tutto il mondo. Il risultato è un'opera d'arte straordinaria che copre 700 metri quadrati di strada, realizzata con 400.000 petali di fiori raccolti nella campagna locale.

Per accedere all'Infiorata su Via Corrado Nicolaci è necessario un biglietto. Consiglio di acquistare i biglietti in anticipo, poiché l'ingresso è a orari programmati, e quando acquistai i nostri, gli unici orari disponibili erano al mattino presto.

L'esposizione inizia ai piedi della salita. L'uscita è in cima alla strada. Inoltre, in cima alla strada c'è anche la Chiesa di Montevergine. Entrammo nella chiesa, pagammo una piccola quota e salimmo la scala a chiocciola fino alla sommità del campanile. Questo punto offre una vista mozzafiato sull'Infiorata lungo la strada e sul centro storico. Secondo noi la vista dall'alto delle immagini è altrettanto vivida e interessante quanto camminare accanto alle opere floreali lungo la strada.

Ma aspetta, questa festa ha altro da offrire! Tutti nella comunità sono coinvolti. C'è una parata barocca con residenti in abiti d'epoca, bande locali e i tamburi, i miei preferiti, che riempiono le strade con il battito del cuore della Sicilia. Altri eventi di domenica includono un mercato, sbandieratori lungo le strade, bande e altre celebrazioni. Per tale evento io consiglio 3 giorni a Noto, così da avere un pò di tempo per visitare le città vicine.

Arrivare a Noto

La prima piazza che troverai entrando da Porta Reale (costruita nel 1838 in occasione dell'arrivo di Re Ferdinando II di Borbone) è Piazza dell'Immacolata, con la Chiesa di San Francesco costruita tra il 1704 e il 1745. Proseguendo dritto, troverai Piazza del Duomo. Questa è la piazza centrale e più importante della città, con la Cattedrale, costruita tra il 1700 e il 1776, e Palazzo Ducezio, sede del municipio. Palazzo Landolina funge sia da palazzo vescovile che da Museo della Cattedrale.

During the festival, reenactments take place here. This is also where the bands and drum groups will begin their parade. There will most likely be a bandstand setup and bleachers for seating.

The locals will be milling around in period dress, waiting for their time to shine in the reenactment. From here, if you glance at Noto Cathedral, you'll spot a terrace beside the facade. A delightful spot for watching people and events as they unfold at Palazzo Ducezio, where parades gather and begin.

Flower art of the Infiorata

Durante la festa, qui si svolgono le rievocazioni storiche. È anche il luogo dove le bande musicali e i gruppi di tamburi inizieranno la loro parata. È probabile che venga allestito un palco e delle tribune per il pubblico.

L'arte dell'infiorata

I locali si aggireranno in abiti d'epoca, aspettando il loro momento per risplendere durante la rievocazione. Da qui, se guardi la Cattedrale di Noto, potrai vedere una terrazza accanto alla facciata. Un posto incantevole per osservare la gente e gli eventi che si svolgono a Palazzo Ducezio, dove le parate si radunano e cominciano.

Noto Festivals and Sagre Throughout the Year

Festa di San Corrado Confalonieri (Feast of Saint Conrad of Piacenza)

February 19th

In the Pizzoni Valley near Noto, San Corrado, a 14th-century hermit, passed away in 1351 in the cave he called home for many years. Today, the "Chiesa dell'Eremo fuori le mura" (Church of the Hermitage outside the walls) stands here, incorporating the saint's cave. On February 19th, the anniversary of his death, Noto celebrates its patron saint with great devotion.

The day begins with a solemn Mass at Noto Cathedral, followed by a grand procession through the city streets. The silver urn containing the saint's relics is carried on the shoulders of the faithful, accompanied by traditional music and prayers. Reaching the Church of the Hermitage, the procession allows pilgrims to visit San Corrado's cave.

The celebration also features food stalls offering local specialties, craft markets, and often concerts or theatrical performances depicting the life of San Corrado. This feast day not only honors the patron saint but also serves as a reminder of Noto's deep religious roots and the enduring connection between the city and its surrounding landscape.

Fiera del Crocifisso (Pentecost Fair)

50 days after Easter (date varies annually).

The historic Pentecost Fair, first held in Noto in 1427, takes place in the upper part of the city. This longstanding tradition celebrates local products, antiques, and crafts, offering a vibrant showcase of Noto's cultural and economic heritage.

Feste e Sagre a Noto Durante l'Anno

Festa di San Corrado Confalonieri (Festa di San Corrado di Piacenza)

19 febbraio

Nella Valle dei Pizzoni vicino a Noto, San Corrado, un eremita del XIV secolo, morì nel 1351 nella grotta che aveva chiamato casa per molti anni. Oggi, la "Chiesa dell'Eremo fuori le mura" sorge qui, incorporando la grotta del santo. Il 19 febbraio, anniversario della sua morte, Noto celebra il suo santo patrono con grande devozione.

La giornata inizia con una Messa solenne nella Cattedrale di Noto, seguita da una grande processione per le vie della città. L'urna d'argento contenente le reliquie del santo viene portata sulle spalle dei fedeli, accompagnata da musica tradizionale e preghiere. Arrivando alla Chiesa dell'Eremo, la processione permette ai pellegrini di visitare la grotta di San Corrado.

La celebrazione include anche bancarelle di cibo che offrono specialità locali, mercatini di artigianato e spesso concerti o spettacoli teatrali che ritraggono la vita di San Corrado. Questo giorno di festa non solo onora il santo patrono, ma serve anche a ricordare le profonde radici religiose di Noto e il legame duraturo tra la città e il paesaggio circostante.

Fiera del Crocifisso (Fiera di Pentecoste)

50 giorni dopo Pasqua (la data varia ogni anno)

La storica Fiera di Pentecoste, che ha avuto inizio a Noto nel 1427, si tiene nella parte alta della città. Questa tradizione di lunga data celebra i prodotti locali, l'antiquariato e l'artigianato, offrendo una vivace vetrina del patrimonio culturale ed economico di Noto.

The fair features:

- Stalls selling traditional Sicilian food products, including local cheeses, olive oil, wine, and sweets.

- Artisans showing and selling their crafts, from ceramics to lace-making.

- Antique dealers offering a range of collectibles and historical items.

- Cultural events such as folk music performances and traditional dance exhibitions.

- Agricultural displays showcasing the region's farming traditions.

The Pentecost Fair not only provides a bustling marketplace but also serves as a living museum of Noto's traditions, allowing visitors to experience the city's rich cultural tapestry.

Festa della Madonna del Carmine (Feast of Our Lady of Mount Carmel)

July 16th

Every year, Noto celebrates the Feast of Our Lady of Mount Carmel with a solemn procession. The venerated image of the Blessed Virgin of Mount Carmel is carried from her church through the city streets, accompanied by the faithful, clergy, and often a marching band. The streets along the procession route are decorated with lights and flowers, and many residents place candles in their windows as a sign of devotion. This feast day is not only a religious observance but also a community event that brings together residents and visitors in a shared expression of faith and tradition.

Festa dell'Immacolata (Feast of the Immaculate Conception)

December 8th

Noto celebrates the Feast of the Immaculate Conception with a procession carrying the image of the Immaculate Virgin throughout the town. The route alternates each year between the lower and upper parts of the city, ensuring that all neighborhoods take part in this important celebration.

La fiera presenta:

- Bancarelle che vendono prodotti alimentari tipici siciliani, tra cui formaggi locali, olio d'oliva, vino e dolci.

- Artigiani che espongono e vendono le loro creazioni, dalla ceramica alla lavorazione del pizzo.

- Commercianti di antiquariato che offrono una varietà di oggetti da collezione e articoli storici.

- Eventi culturali come spettacoli di musica popolare ed esibizioni di danza tradizionale.

- Mostre agricole che celebrano le tradizioni contadine della regione.

La Fiera di Pentecoste non solo offre un mercato vivace, ma funge anche da museo vivente delle tradizioni di Noto, permettendo ai visitatori di sperimentare il ricco tessuto culturale della città.

Festa della Madonna del Carmine (Festa di Nostra Signora del Monte Carmelo)

16 luglio

Ogni anno, Noto celebra la Festa di Nostra Signora del Monte Carmelo con una solenne processione. L'immagine venerata della Beata Vergine del Monte Carmelo viene portata dalla sua chiesa attraverso le strade della città, accompagnata dai fedeli, dal clero e spesso da una banda musicale. Le strade lungo il percorso della processione vengono decorate con luci e fiori, e molti residenti pongono candele alle finestre come segno di devozione. Questo giorno di festa non è solo una celebrazione religiosa, ma anche un evento comunitario che unisce residenti e visitatori in una comune espressione di fede e tradizione.

Festa dell'Immacolata (Festa dell'Immacolata Concezione)

8 dicembre

Noto celebra la Festa dell'Immacolata Concezione con una processione che porta l'immagine della Vergine Immacolata per la città. Il percorso alterna ogni anno tra le zone basse e alte della città, garantendo che tutti i quartieri partecipino a questa importante celebrazione.

This feast day, which marks the beginning of the Christmas season in many parts of Italy, takes on a special significance in Noto. The city's Baroque architecture provides a stunning backdrop for the religious procession, creating a harmonious blend of spiritual devotion and artistic beauty.

Each of these festivals showcases a different aspect of Noto's rich cultural and religious heritage, offering visitors a chance to experience the city's traditions throughout the year.

The Infiorata

Cattedrale di Noto

Questa festa, che segna l'inizio della stagione natalizia in molte parti d'Italia, assume un significato speciale a Noto. L'architettura barocca della città fornisce uno sfondo straordinario per la processione religiosa, creando una fusione armoniosa di devozione spirituale e bellezza artistica.

Ognuna di queste feste rappresenta un aspetto diverso del ricco patrimonio culturale e religioso di Noto, offrendo ai visitatori l'opportunità di vivere le tradizioni della città durante tutto l'anno.

6

Honoring the Dragon Slayer in Ragusa

Festa di San Giorgio

Where: Ragusa

When: Events throughout the third week of May with the festival on the third Sunday.

Comune Website: https://www.comune.ragusa.it/it

Average Festival Temperatures: High: 87°F (26°C). Low: 53°F (12°C).

Discovering Ragusa: A Tale of Two Cities

Perched atop the Hyblaean Mountains in southeastern Sicily, Ragusa is a city of striking contrasts and breathtaking beauty. Known for its distinctive split personality, Ragusa is effectively two towns in one - the ancient Ragusa Ibla and the more modern Ragusa Superiore. Together, they form a UNESCO World Heritage Site that captivates visitors with its blend of medieval charm and Baroque splendor.

Onorare il Cacciatore del Drago a Ragusa

Festa di San Giorgio

Dove: Ragusa

Quando: Eventi durante la terza settimana di maggio con la festa principale la terza domenica.

Sito del Comune: https://www.comune.ragusa.it/it/eventi/639848

Temperature Medie durante la Festa: Massima: 87°F (26°C). Minima: 53°F (12°C).

L'Arco di San Giorgio

Scoprire Ragusa: Un Racconto di Due Città

Arroccata sui Monti Iblei, nel sud-est della Sicilia, Ragusa è una città di contrasti sorprendenti e di bellezza mozzafiato. Nota per la sua doppia personalità, Ragusa è di fatto due città in una: l'antica Ragusa Ibla e la più moderna Ragusa Superiore. Insieme, formano un Sito Patrimonio dell'Umanità UNESCO che incanta i visitatori con il suo misto di fascino medievale e splendore barocco.

Ragusa spans an area of approximately 442 square kilometers, making it one of the larger municipalities in Sicily. The city is dramatically situated across two hills separated by a deep valley, the Valle dei Ponti, which adds to its picturesque appeal.

As of the latest data, Ragusa has a total population of around 73,000 inhabitants. The population is distributed between the two main urban centers:

1. Ragusa Superiore: The "Upper Town" is home to about 50,000 residents. This newer part of the city, developed after the 1693 earthquake, sprawls across the higher of the two hills and serves as the modern administrative and commercial center.

2. Ragusa Ibla: The "Lower Town" has a population of approximately 3,000 people. This ancient core of Ragusa, with its maze of narrow streets and stunning Baroque architecture, is where most of the city's historical sites are located.

The remaining population is spread across the surrounding rural areas and smaller frazioni (hamlets) within the municipality.

History

Ragusa's history stretches back to the 2nd millennium BC, with evidence of early Sicilian settlements. The city flourished under various rulers, including the Greeks, Romans, Byzantines, Arabs, and Normans, each leaving their mark on its culture and architecture.

The defining moment in Ragusa's history came on January 11, 1693, when a catastrophic earthquake devastated southeastern Sicily. This natural disaster reshaped not only the physical landscape of Ragusa but also its urban development and social fabric.

In the earthquake's aftermath, a significant debate arose among the citizens about how to rebuild their city. The aristocracy and wealthier inhabitants constructed a new town on the higher plateau, which became Ragusa Superiore. They designed it with wide, straight streets and elegant Baroque buildings, embodying the urban planning ideals of the 18th century.

Ragusa si estende per una superficie di circa 442 chilometri quadrati, rendendola uno dei comuni più grandi della Sicilia. La città è situata in maniera scenografica su due colline separate da una profonda valle, la Valle dei Ponti, che aggiunge ulteriore fascino alla sua bellezza paesaggistica.

Secondo i dati più recenti, Ragusa ha una popolazione totale di circa 73.000 abitanti. La popolazione è distribuita tra i due principali centri urbani:

1. Ragusa Superiore: La "Città Alta" ospita circa 50.000 residenti. Questa parte più moderna della città, sviluppatasi dopo il terremoto del 1693, si estende sulla collina più alta e funge da centro amministrativo e commerciale.

2. Ragusa Ibla: La "Città Bassa" ha una popolazione di circa 3.000 abitanti. Questo antico nucleo di Ragusa, con il suo dedalo di stradine e la straordinaria architettura barocca, ospita la maggior parte dei siti storici della città.

La popolazione restante si distribuisce nelle aree rurali circostanti e nelle frazioni all'interno del comune.

Storia di Ragusa

La storia di Ragusa risale al II millennio a.C., con testimonianze di antichi insediamenti siciliani. La città prosperò sotto vari dominatori, tra cui Greci, Romani, Bizantini, Arabi e Normanni, ognuno dei quali lasciò un segno sulla cultura e sull'architettura locali.

Il momento più significativo nella storia di Ragusa avvenne l'11 gennaio 1693, quando un devastante terremoto colpì il sud-est della Sicilia. Questo disastro naturale cambiò non solo il paesaggio fisico della città, ma anche il suo sviluppo urbano e il tessuto sociale.

Dopo il terremoto, un importante dibattito sorse fra i cittadini su come ricostruire la città. L'aristocrazia e i cittadini più ricchi costruirono una nuova città sull'altopiano superiore, che divenne Ragusa Superiore. Questa zona fu progettata con ampie strade rettilinee ed eleganti edifici barocchi, rappresentando gli ideali urbanistici del XVIII secolo.

In contrast, many common people rebuilt Ragusa Ibla on the old town's ruins. They embraced the Baroque style for homes and churches but kept the medieval layout. This blend of architectural periods was captivating. This division created the unique dual nature of Ragusa that persists to this day.

For nearly 300 years, Ragusa Superiore and Ragusa Ibla developed as separate towns, each with its own administration. It wasn't until 1926 that they were officially united into a single municipality.

Duomo di San Giorgio

Today, Ragusa stands as a testament to resilience and artistic brilliance. Ragusa Superiore, with its grid-like streets and more modern amenities, contrasts beautifully with Ragusa Ibla's winding alleys and Baroque treasures. The two parts of the city are connected by three bridges and a series of scenic steps, offering breathtaking views of the Hyblaean Mountains and the surrounding countryside.

Al contrario, molte persone comuni ricostruirono Ragusa Ibla sulle rovine della vecchia città. Abbracciarono lo stile barocco per case e chiese, ma mantennero la configurazione medievale. Questa fusione di periodi architettonici è stata avvincente. Questa divisione creò la duplice natura unica di Ragusa che persiste fino ad oggi.

Per quasi 300 anni, Ragusa Superiore e Ragusa Ibla si svilupparono come due città separate, ciascuna con una propria amministrazione. Solo nel 1926 furono ufficialmente unite in un unico comune.

Oggi, Ragusa rappresenta un simbolo di resilienza e brillantezza artistica. Ragusa Superiore, con le sue strade a griglia e i suoi servizi moderni, contrasta magnificamente con i vicoli tortuosi e i tesori barocchi di Ragusa Ibla. Le due parti della città sono collegate da tre ponti e una serie di scalinate pittoresche, offrendo viste mozzafiato sui Monti Iblei e sulla campagna circostante.

The Festival of St. George

Religious festivals in Italy and Sicily, like the Festival of St. George, are deeply intertwined with local folklore, making them far more than solemn religious events; they are vibrant expressions of community spirit that unite people of all backgrounds. These festivals blend faith, culture, and tradition, becoming a shared celebration of local identity.

St. George

The Story of St. George

In 1063, the Normans defeated the Arabs in Sicily in a pivotal battle, where, according to tradition, St. George on horseback appeared by divine intervention to aid the Norman soldiers. Recognizing this heavenly sign, the Norman commander declared St. George the protector of Ragusa, and the city adopted him as its patron. In his honor, the townspeople built a grand Gothic-Catalan church in the lower part of town. Though the 1693 earthquake caused severe damage, the church's remarkable side portal, depicting St. George's victory over the dragon, still stands as a testament to his legend.

The tale of St. George and the dragon is a beloved story that has captured imaginations for centuries. According to the legend, a fearsome dragon terrorized a city in Libya, demanding sacrifices to appease its hunger.

La Festa di San Giorgio

Le feste religiose in Italia e in Sicilia, come la Festa di San Giorgio, sono profondamente intrecciate con il folklore locale, rendendole molto più che eventi religiosi solenni, sono vivaci espressioni dello spirito comunitario che uniscono persone di ogni estrazione sociale.

Queste feste fondono fede, cultura e tradizione, diventando celebrazioni condivise dell'identità locale.

La Storia di San Giorgio

Nel 1063, i Normanni sconfissero gli Arabi in Sicilia in una battaglia cruciale, durante la quale, secondo la tradizione, San Giorgio apparve a cavallo per aiutare i soldati normanni. Riconoscendo questo segno divino, il comandante normanno dichiarò San Giorgio protettore di Ragusa, e la città lo adottò come santo patrono. In suo onore, gli abitanti costruirono una grande chiesa gotico-catalana nella parte bassa della città. Sebbene il terremoto del 1693 causò gravi danni, il notevole portale laterale della chiesa, che raffigura la vittoria di San Giorgio sul drago, rimane come testimonianza della sua leggenda.

La leggenda di San Giorgio e il drago è una storia amata che ha catturato l'immaginazione per secoli. Secondo il racconto, un feroce drago terrorizzava una città in Libia, esigendo sacrifici umani per placare la sua fame.

When the king's daughter was chosen as the next offering, St. George, a Roman soldier, happened upon the scene. Moved by the princess's plight and the city's suffering, he vowed to slay the dragon.

Armed with his lance and protected by his faith, St. George engaged in a fierce battle with the monstrous creature. Despite the dragon's terrifying size and strength, St. George's courage and divine assistance prevailed. He struck the dragon with his lance, subduing the beast. Using the princess's girdle, he led the now-docile dragon into the city, where he slew it before the astonished citizens.

This act of bravery not only saved the princess but also led to the conversion of the entire city to Christianity. The people witnessing this miracle abandoned their pagan beliefs and embraced the faith that had given St. George such strength and courage.

The story of St. George and the dragon became a powerful symbol of good triumphing over evil, faith overcoming fear, and the protection offered to the faithful. This same St. George was the one to save Sicily. It's this legendary tale that is commemorated in the side portal of Ragusa's church, serving as a constant reminder of the city's patron saint and his miraculous intervention in their history.

The Days Leading Up to the Festival

A few days before the official festivities begin, the organizers display the Holy Ark inside the Duomo di Ragusa. This marks the start of the preparations for the festival, and the town becomes infused with excitement. The Holy Ark, which symbolizes Saint George's triumph over the dragon, remains on display for devotees and visitors to admire.

The Day Before the Festival

On the day before the main event, a grand parade kicks off the celebrations. The parade features the banners of the Iblean brotherhoods, with participants dressed in traditional medieval costumes. They march through the streets, accompanied by lights, music, bands, and fireworks, bringing a lively atmosphere to the town. This festive parade highlights the start of the three-day event, as people gather to honor St. George.

Quando la figlia del re fu scelta come vittima successiva, San Giorgio, un soldato romano, si imbatté nella scena. Mosso dalla sofferenza della principessa e della città, promise di sconfiggere il drago.

Armato della sua lancia e protetto dalla sua fede, San Giorgio ingaggiò una feroce battaglia contro la mostruosa creatura. Nonostante le dimensioni e la forza terrificanti del drago, il coraggio e l'assistenza divina di San Giorgio prevalsero. Colpì il drago con la sua lancia, sottomettendo la bestia. Usando la cintura della principessa, condusse l'ormai docile drago in città, dove lo uccise davanti ai cittadini attoniti.

Questo atto di eroismo non solo salvò la principessa, ma portò anche alla conversione dell'intera città al cristianesimo. Il popolo, testimone di questo miracolo, abbandonò le proprie credenze pagane e abbracciò la fede che aveva dato a San Giorgio tanta forza e coraggio.

La storia di San Giorgio e il drago divenne un potente simbolo del trionfo del bene sul male, della fede che vince la paura e della protezione offerta ai fedeli. Lo stesso San Giorgio fu colui che salvò la Sicilia. È proprio questa leggenda che viene commemorata nel portale laterale della chiesa di Ragusa, servendo come costante ricordo del santo patrono della città e del suo intervento miracoloso nella sua storia.

I Giorni Precedenti la Festa

Qualche giorno prima dell'inizio ufficiale delle festività, gli organizzatori espongono l'Arca Santa all'interno del Duomo di Ragusa. Questo segna l'inizio dei preparativi per la festa, e la città si riempie di entusiasmo. L'Arca Santa, che simboleggia il trionfo di San Giorgio sul drago, rimane esposta per la venerazione dei fedeli e l'ammirazione dei visitatori.

Il Giorno Prima della Festa

Il giorno precedente l'evento principale, una grande parata inaugura le celebrazioni. La parata include gli stendardi delle confraternite iblee, con partecipanti vestiti in tradizionali costumi medievali. Sfilano per le strade accompagnati da luci, musica, bande e fuochi d'artificio, creando un'atmosfera vivace nella città. Questa parata festosa segna l'inizio dei tre giorni di celebrazioni, mentre le persone si radunano per onorare San Giorgio.

The Iblean Brotherhoods

The Iblean brotherhoods, or "confraternite" in Italian, are religious lay organizations that play a crucial role in preserving and celebrating local traditions in Ragusa and the surrounding Iblea region. These brotherhoods have deep historical roots, often dating back centuries, and are named after various saints or religious concepts.

In the context of the Festa di San Giorgio, several brotherhoods take part in the celebrations, each representing different aspects of Ragusa's religious and cultural heritage. Some of the prominent brotherhoods involved in the festival include:

1. The Brotherhood of San Giorgio: Dedicated to St. George himself, this brotherhood often takes a leading role in the festival.

2. The Brotherhood of the Holy Sacrament: One of the oldest and most respected brotherhoods in many Italian towns.

3. The Brotherhood of Maria SS. Addolorata: Devoted to the Virgin Mary in her aspect as the Sorrowful Mother.

4. The Brotherhood of San Giovanni Battista: Honoring John the Baptist.

These brotherhoods serve multiple functions in the community:

Religious devotion: They organize prayers, processions, and other religious activities throughout the year.

Charitable works: Many brotherhoods engage in charitable activities, helping the poor and needy in their communities.

Cultural preservation: They play a crucial role in maintaining local traditions, costumes, and rituals.

Community: Brotherhoods provide a sense of community and belonging for their members.

Le Confraternite Iblee

Le confraternite iblee sono organizzazioni religiose laiche che svolgono un ruolo cruciale nella preservazione e celebrazione delle tradizioni locali a Ragusa e nella regione circostante degli Iblei. Queste confraternite hanno radici storiche profonde, spesso risalenti a secoli fa, e prendono il nome da vari santi o concetti religiosi.

Nel contesto della Festa di San Giorgio, diverse confraternite partecipano alle celebrazioni, ognuna rappresentando diversi aspetti del patrimonio religioso e culturale di Ragusa. Alcune delle principali confraternite coinvolte nella festa sono:

1. La Confraternita di San Giorgio: Dedicata proprio a San Giorgio, questa confraternita svolge spesso un ruolo guida nella festa.

2. La Confraternita del Santissimo Sacramento: Una delle confraternite più antiche e rispettate in molte città italiane.

3. La Confraternita di Maria SS. Addolorata: Devota alla Vergine Maria nella sua veste di Madre Addolorata.

4. La Confraternita di San Giovanni Battista: In onore di San Giovanni Battista.

Queste confraternite svolgono molteplici funzioni nella comunità:

Devozione religiosa: Organizzano preghiere, processioni e altre attività religiose durante tutto l'anno.

Opere di carità: Molte confraternite si dedicano ad attività caritatevoli, aiutando i poveri ed i bisognosi nelle loro comunità.

Conservazione culturale: Svolgono un ruolo cruciale nel mantenere tradizioni locali, costumi e rituali.

Comunità: Le confraternite offrono un senso di appartenenza e comunità ai loro membri.

During the Festa di San Giorgio, each brotherhood marches with its own distinctive banner, often centuries old and intricately decorated. Members wear traditional robes or costumes that distinguish them from other groups. Their participation in the parade not only adds to the spectacle but also shows the deep-rooted communal nature of the festival, linking present-day celebrations with centuries of tradition.

The presence of these brotherhoods in the parade symbolizes the unity of the community in honoring St. George and highlights the enduring importance of religious and cultural traditions in Ragusa's social fabric.

Special Festival Treat Celebrating San Giorgio
Scaccia / Scacce (plural)

A regional delicacy featured prominently during the Festa di San Giorgio is the scacce, a type of savory pastry. These beloved treats are made especially for the celebrations of Saint George's feast day. The name "scacce" is derived from the Sicilian word "scacciata," meaning flattened or pressed, which aptly describes its preparation method.

The process of preparing scacce involves using a dough similar to pizza dough. Bakers roll it out thinly and fill it with savory ingredients. Common fillings include tomato sauce, cheese (often caciocavallo or pecorino), and sometimes vegetables. The preparation begins by rolling the dough into thin sheets. Then, the baker spreads the filling evenly on one half of the dough and folds it over, sealing the edges. Finally, they bake the scacce until it turns golden brown and serve it warm.

While the classic version features tomato, cheese, and vegetable fillings, various iterations of this dish exist. Some variations include fillings such as sausage or ricotta cheese. For those with a sweet tooth, there are even versions filled with chocolate or honey, offering a delightful contrast to the savory options.

During the Festa di San Giorgio, the aroma of freshly baked scacce fills the air as local bakeries and food stalls offer this traditional treat to festival-goers. The scacce serves not only as a tasty snack but also as a tangible connection to Ragusa's culinary heritage, making it an integral part of the festival's gastronomic experience.

Durante la Festa di San Giorgio, ogni confraternita sfila con il proprio stendardo distintivo, spesso secolare e decorato in modo intricato. I membri indossano abiti tradizionali o costumi che li distinguono dagli altri gruppi. La loro partecipazione alla parata non solo arricchisce lo spettacolo, ma evidenzia anche la natura profondamente comunitaria della festa, collegando le celebrazioni odierne a secoli di tradizione.

La presenza di queste confraternite nella parata simboleggia l'unità della comunità nell'onorare San Giorgio e sottolinea l'importanza duratura delle tradizioni religiose e culturali nel tessuto sociale di Ragusa.

Un Dolce Speciale della Festa che celebra San Giorgio
Le Scacce

Un'eccellenza gastronomica regionale protagonista durante la Festa di San Giorgio sono le *scacce*, una sorta di focaccia ripiena. Questi amati piatti vengono preparati appositamente per le celebrazioni del giorno della festa di San Giorgio. Il nome "scacce" deriva dal termine siciliano *scacciata*, che significa "schiacciata", descrivendo il metodo di preparazione.

La preparazione delle *scacce* utilizza un impasto simile a quello della pizza. I panettieri stendono l'impasto in una sfoglia sottile e lo farciscono con ingredienti saporiti. I ripieni più comuni includono salsa di pomodoro, formaggio (spesso caciocavallo o pecorino) e talvolta verdure. La preparazione inizia stendendo l'impasto in un foglio sottile. Poi il panettiere distribuisce il ripieno su metà della sfoglia, che viene ripiegata e sigillata ai bordi. Infine, le *scacce* vengono cotte al forno fino a ottenere una doratura perfetta e servite calde.

Mentre la versione classica prevede pomodoro, formaggio e ripieni di verdure, esistono diverse varianti di questo piatto. Alcune versioni includono ripieni come salsiccia o ricotta. Per chi ha un debole per il dolce, ci sono anche versioni ripiene di cioccolato o miele, offrendo un contrasto delizioso con le opzioni salate.

Durante la Festa di San Giorgio, il profumo delle *scacce* appena sfornate pervade l'aria, mentre panifici e bancarelle locali offrono questa delizia tradizionale ai partecipanti. Le *scacce* rappresentano non solo uno spuntino gustoso, ma anche un collegamento tangibile con il patrimonio culinario di Ragusa, rendendole una parte integrante dell'esperienza gastronomica della festa.

The Day of the Festival

The official feast day of St. George is celebrated on April 23rd, though the main festivities in Ragusa occur on the last Sunday of May, blending religious devotion with the warmth of late spring.

- **Morning Preparations:** As dawn breaks over Ragusa, the city stirs with anticipation. The air is filled with the scent of incense and freshly cut flowers as devotees gather near Piazza San Giorgio. The statue of Saint George, a masterpiece of local craftsmanship, is meticulously adorned with intricate floral arrangements and glittering ornaments. Participants, including clergy in their ornate robes, local dignitaries in formal attire, and musicians tuning their instruments, assemble to lead the solemn procession.

- **The Procession Begins:** The deep, resonant tolling of church bells signals the start of the procession. As prayers echo through the streets, the procession begins its journey through Ragusa's winding pathways. Clergy members carry ancient religious symbols and beautifully embroidered banners, while musicians play haunting devotional hymns that have been passed down through generations. The centerpiece of the procession is the statue of St. George and the Holy Ark, borne aloft on an ornate platform. As they wind their way through significant streets and landmarks, the air becomes thick with emotion. Bystanders, their faces etched with reverence, offer hushed prayers and blessings as the statue passes, many reaching out to touch the platform in a gesture of faith.

- **Evening Festivities**: As the sun sets, painting the Baroque facades of Ragusa in golden hues, the festival reaches its crescendo. The statue of San Giorgio is carried to Piazza Duomo, where an expectant crowd has gathered, their excitement palpable. The air crackles with anticipation as the bearers prepare for the most dramatic moment of the celebration.

Suddenly, to the thunderous cry of "Tutti Truonu!" (All Thunder!), the bearers make the statue "dance." This is no mere movement but a symbolic and electrifying display of faith and tradition. The statue seems to come alive, swaying and turning in a mesmerizing spectacle that leaves the crowd in awe. It's a moment of pure magic, where the line between the physical and spiritual worlds seems to blur.

Il Giorno della Festa

La festa ufficiale di San Giorgio si celebra il 23 aprile, ma le principali festività a Ragusa hanno luogo l'ultima domenica di maggio, mescolando la devozione religiosa e la calda atmosfera della tarda primavera.

- **Preparativi del mattino**: Mentre l'alba sorge su Ragusa, la città si risveglia in un clima di attesa. L'aria è pervasa dal profumo dell'incenso e dei fiori appena tagliati, mentre i devoti si radunano vicino a Piazza San Giorgio. La statua di San Giorgio, un capolavoro di artigianato locale, viene adornata con elaborati addobbi floreali e ornamenti scintillanti. I partecipanti, incluso il clero nelle sue vesti elaborate, i dignitari locali in tenuta formale e i musicisti che accordano i loro strumenti, si preparano per la solenne processione.

- **La Processione inizia**: Il profondo e risonante suono delle campane della chiesa segna l'inizio della processione. Mentre le preghiere echeggiano per le strade, la processione inizia il suo cammino attraverso i sentieri tortuosi di Ragusa. I membri del clero portano antichi simboli religiosi e stendardi magnificamente ricamati, mentre i musicisti suonano inni devozionali suggestivi tramandati di generazione in generazione. Il fulcro della processione è la statua di San Giorgio e l'Arca Sacra, sollevata su una base decorata. Mentre essi si snodano attraverso le strade e i luoghi più significativi, l'aria si carica di emozione. I passanti, con i volti segnati dalla devozione, offrono preghiere e benedizioni a bassa voce mentre la statua passa, molti allungando la mano per toccare la base in un gesto di fede.

- **Festeggiamenti serali**: Quando il sole tramonta, dipingendo le facciate barocche di Ragusa di tonalità dorate, la festa raggiunge il suo culmine. La statua di San Giorgio viene portata in Piazza Duomo, dove la folla in attesa si è radunata, la sua emozione è palpabile. L'aria vibra di attesa mentre i portatori si preparano per il momento più drammatico della celebrazione.

All'improvviso, al fragoroso grido di "Tutti Truonu!" (Tutto Tuono!), i portatori fanno "ballare" la statua. Non si tratta di un semplice movimento, ma di una manifestazione simbolica ed elettrizzante di fede e tradizione. La statua sembra prendere vita, oscillando e girando in uno spettacolo ipnotico che lascia la folla senza fiato. È un momento di pura magia, dove la linea tra il mondo fisico e quello spirituale sembra sfumare.

As night fully descends, the festival culminates in a breathtaking fireworks display. The sky above Ragusa erupts in a symphony of light and color, perfectly synchronized to music that ranges from traditional Sicilian melodies to classical compositions.

The spectacular show illuminates the Baroque splendor of the city, casting an ethereal glow over the gathered crowds. As the final sparks fade and the music dies away, there's a moment of hushed reverence, a collective acknowledgment of the beauty and significance of this centuries-old tradition.

Duomo di San Giorgio

Quando la notte cala completamente, la festa culmina in un'impressionante spettacolo di fuochi d'artificio. Il cielo sopra Ragusa esplode in una sinfonia di luce e colore, perfettamente sincronizzata con una musica che spazia dalle melodie siciliane tradizionali a composizioni classiche.

Il suggestivo spettacolo illumina lo splendore barocco della città, diffondendo una luce eterea sulle folle radunate. Quando gli ultimi fuochi si spengono e la musica svanisce, c'è un momento di silenziosa reverenza, un riconoscimento collettivo della bellezza e del significato di questa tradizione secolare.

La cupola

Ragusa Festivals and Sagre Throughout the Year

Festival of San Giovanni Battista

June 24th

The Festa di San Giovanni Battista (Feast of St. John the Baptist) is an important religious and cultural celebration held annually in Ragusa Superiore. This festival typically takes place on June 24th, which is the feast day of St. John the Baptist in the Catholic calendar. The celebration honors St. John the Baptist, who is the patron saint of Ragusa Superiore.

The festivities include a solemn procession through the streets of Ragusa Superiore, where a statue of St. John the Baptist is carried by the faithful. This procession is often accompanied by music, prayers, and the participation of local clergy and community members.

Besides the religious aspects, the festa often features cultural events, including traditional Sicilian music and dance performances, food stalls offering local specialties, and fireworks displays in the evening.

Sagra del Cinghiale (Wild Boar Celebration)

October/November

This festival is typically held in autumn, usually between October and November, in various towns throughout the Ragusa province. The exact dates and locations can vary from year to year.

Key features of the Sagra del Cinghiale include:

- **Culinary focus:** As the name suggests, wild boar (cinghiale) is the star of this festival. Various dishes featuring wild boar meat are prepared and offered to visitors.

- **Traditional recipes:** You can expect to find classic Sicilian preparations of wild boar, such as wild boar ragù, wild boar stew, and sausages made from wild boar meat.

- **Local produce:** While wild boar is the principal attraction, the festival often showcases other local products like cheeses, wines, and seasonal vegetables.

Feste e Sagre a Ragusa Durante l'Anno

Festa di San Giovanni Battista

24 giugno

La Festa di San Giovanni Battista è una celebrazione religiosa e culturale di grande importanza che si svolge ogni anno a Ragusa Superiore. Questa festa si tiene il 24 giugno, giorno dedicato a San Giovanni Battista nel calendario cattolico. La celebrazione è in onore di San Giovanni Battista, che è il santo patrono di Ragusa Superiore.

Le celebrazioni includono una solenne processione per le strade di Ragusa Superiore, durante la quale una statua di San Giovanni Battista viene portata dai fedeli. Questa processione è spesso accompagnata da musica, preghiere e dalla partecipazione del clero locale e della comunità.

Oltre agli aspetti religiosi, la festa comprende eventi culturali come spettacoli di musica e danza tradizionale siciliana, stand gastronomici con specialità locali e fuochi d'artificio serali.

Sagra del Cinghiale

Ottobre/Novembre

Questa sagra si tiene tipicamente in autunno, solitamente tra ottobre e novembre, in vari comuni della provincia di Ragusa. Le date e i luoghi precisi possono variare di anno in anno. Caratteristiche principali della Sagra del Cinghiale sono:

- **Focus culinario:** Come suggerisce il nome, il cinghiale è il protagonista della sagra. Vengono preparati vari piatti con la carne di cinghiale e offerti ai visitatori.

- **Ricette tradizionali:** Puoi aspettarti di trovare piatti classici siciliani con il cinghiale, come il ragù di cinghiale, lo spezzatino e le salsicce di cinghiale.

- **Prodotti locali:** Anche se il cinghiale è la principale attrazione, la sagra spesso include altri prodotti locali come formaggi, vini e verdure di stagione.

- **Cultural events:** Many of these sagre (food festivals) also include cultural elements such as folk music performances, traditional dances, or historical reenactments.

- **Community gathering:** These events are important social occasions for local communities, bringing together residents and attracting visitors from neighboring areas.

- **Hunting tradition:** The festival often highlights the hunting traditions of the region, as wild boar hunting has been a part of Sicilian culture for centuries.

Some towns in the Ragusa province that have hosted this festival include Giarratana and Chiaramonte Gulfi, although the specific locations can change.

Ibla Buskers Festival

October

An international street artist festival that transforms the streets and squares of Ragusa Ibla into open-air stages. You'll find jugglers, acrobats, musicians, and performers from around the world. The festival creates a magical atmosphere, making it one of the most popular cultural events in the city.

Scale del Gusto (Stairs of Taste)

October

The Scale del Gusto is a delightful gastronomic festival held annually. It takes place over a weekend in mid-October; this event transforms the famous Santa Maria delle Scale, the staircase connecting Ragusa Superiore to Ragusa Ibla, into a vibrant food and wine-tasting route. Visitors can ascend the 242 steps, stopping at various points to sample a wide array of local Sicilian delicacies, from traditional street food to gourmet creations, all paired with excellent regional wines.

The festival showcases the rich culinary heritage of the Val di Noto area, featuring products like Ragusano DOP cheese, Cerasuolo di Vittoria wine, and local olive oils.

- **Eventi culturali:** Molte di queste sagre includono anche eventi culturali come spettacoli di musica popolare, danze tradizionali e rievocazioni storiche.

- **Ritrovo comunitario:** Questi eventi rappresentano un'importante occasione sociale per le comunità locali, radunando i residenti e attirando anche visitatori dai dintorni.

- **Tradizione venatoria:** La sagra celebra spesso le tradizioni di caccia della regione, poichè la caccia al cinghiale è stata parte della cultura siciliana per secoli.

Alcune città della provincia di Ragusa che hanno ospitato questa sagra comprendono Giarratana e Chiaramonte Gulfi, anche se i luoghi specifici possono cambiare.

La Festa degli Artisti di Strada a Ibla

Ottobre

Una festa internazionale di artisti di strada che trasforma le vie e le piazze di Ragusa Ibla in palcoscenici a cielo aperto. Troverai giocolieri, acrobati, musicisti e artisti provenienti da tutto il mondo. La festa crea un'atmosfera magica, rendendo questo evento uno dei più popolari della città.

Scale del Gusto

Ottobre

Le Scale del Gusto è una festa gastronomica annuale. Si svolge a metà ottobre durante un weekend; questo evento trasforma la famosa Santa Maria delle Scale, la scalinata che collega Ragusa Superiore a Ragusa Ibla, in un percorso vivace di degustazione enogastronomica. I visitatori possono salire i 242 gradini, fermandosi in vari punti per assaporare una vasta gamma di prelibatezze siciliane locali, dal cibo di strada tradizionale alle creazioni gourmet, il tutto abbinato a eccellenti vini regionali.

La festa mette in mostra il ricco patrimonio culinario della zona della Val di Noto, con prodotti come il formaggio Ragusano DOP, il vino Cerasuolo di Vittoria e gli oli d'oliva locali.

Beyond the gastronomic offerings, the event includes cooking demonstrations, cultural tours, and music performances, all set against the stunning backdrop of Ragusa's UNESCO-listed baroque architecture. The Scale del Gusto not only tantalizes the taste buds but also offers a unique way to explore the town's history and culture, making it a must-visit for food enthusiasts and culture seekers alike.

Sagra della Scaccia

December

The sagra celebrates scaccia, a traditional Ragusan specialty that's deeply rooted in the local culinary culture and described above. Key aspects of the festival include tastings, cooking demonstrations, and a sciaccia showcase with a variety of flavors.

Oltre alle offerte gastronomiche, l'evento include dimostrazioni di cucina, tour culturali e performance musicali, il tutto ambientato nel magnifico scenario dell'architettura barocca di Ragusa, patrimonio UNESCO. Le Scale del Gusto non solo stuzzicano il palato, ma offrono anche un modo unico per esplorare la storia e la cultura della città, rendendolo un evento imperdibile per gli appassionati di gastronomia e per chi cerca esperienze culturali.

Sagra della Scaccia

Dicembre

La sagra celebra la scaccia, una specialità tradizionale ragusana che è profondamente radicata nella cultura culinaria locale e descritta in precedenza. Gli aspetti principali della sagra includono degustazioni, dimostrazioni di cucina e un'esposizione della scaccia in una varietà di gusti.

La cupola blu del Duomo

7

From Milk to Masterpiece

Immersion Experience: Ragusa

Cheese Factory Experience on a farm close to Ragusa, Azienda Bussello

We thoroughly enjoyed immersing ourselves in the local farm life. Cows filled the field while we worked and observed in the cheese factory.

The tour begins with a brief introduction to the factory, its history, and the types of cheese they produce. This includes a presentation outlining the cheese-making process and the company heritage.

The experience lasts for two hours and includes:

Milk Collection and Preparation

During the first part of the visit, the guide will show the area where they collect and store fresh milk. The owner explained the importance of the quality and type of milk used, whether it is from cows, goats, or sheep. He explains pasteurization, homogenization, and other processes the milk undergoes before cheese-making begins.

Dal Latte al Capolavoro

Esperienza di Immersione: Ragusa

Esperienza in un Caseificio in una fattoria vicino a Ragusa, Azienda Bussello

Abbiamo completamente amato immergerci nella vita contadina locale. Mentre lavoravamo e osservavamo l'interno del caseificio, il campo era pieno di mucche al pascolo.

Il tour inizia con una breve introduzione alla struttura, alla sua storia e ai tipi di formaggi prodotti. Questo include una presentazione che illustra il processo di produzione del formaggio e il patrimonio aziendale.

L'esperienza dura due ore e include:

Raccolta e Preparazione del Latte

Durante la prima parte della visita, la guida mostra l'area dove viene raccolto e conservato il latte fresco. Il proprietario spiega l'importanza della qualità e del tipo di latte utilizzato, sia esso di mucca, capra o pecora. Spiega i processi come la pastorizzazione, l'omogeneizzazione e altre fasi a cui il latte viene sottoposto prima della lavorazione.

I formaggi

Cheese-Making Process

Curdling and Cutting: As you step into the heart of the factory, you'll see large vats of heated milk where the magic begins. Here, the guide will show how coagulants like rennet are added to transform the milk into curds. This process requires precision—timing and temperature are key to achieving the desired consistency. You'll hear about how these techniques have been passed down through generations, blending artisanal traditions with modern equipment.

Draining and Pressing: Witness the next stage, where the curds are cut, stirred, and drained to remove whey. You'll see how these curds are carefully pressed into molds to shape the cheese, each one destined for a unique texture and flavor. The owner will explain how factors like pressing time and the weight used during pressing can create anything from soft, creamy cheeses to firm, dense varieties. You'll also get to handle some tools used in this step, adding a tactile layer to the experience and perhaps taste some fresh, warm ricotta at this step (we did!)

Aging and Curing

During the tour, they will guide you to the aging rooms where cheeses mature. This area is often cool and humid, with shelves lined with wheels or blocks of cheese. The guide will explain the aging process, including the environmental controls and how factors like time, humidity, and temperature affect the flavor and texture.

Packaging and Quality Control

The tour includes a look at the packaging and labeling area. Here, you will see how they wrap, seal, and prepare cheeses for shipping. The guide discusses how quality control measures are important to ensure the cheese meets specific standards before selling it.

Cheese Tasting

A highlight of the tour is undoubtedly the tasting session. Gather around as the guide and his family present a beautifully arranged platter of cheeses made on-site.

Processo di Produzione del Formaggio

Cagliatura e Taglio: Entrando nel cuore del caseificio, si possono osservare grandi vasche di latte riscaldato dove inizia la magia. Qui, la guida illustra come vengono aggiunti coagulanti come il caglio per trasformare il latte in cagliata. Questo processo richiede precisione: tempismo e temperatura sono fondamentali per ottenere la consistenza desiderata. Ascolterete come queste tecniche siano state tramandate di generazione in generazione, combinando tradizioni artigianali con attrezzature moderne.

Scolare e Pressare: Si passa poi alla fase successiva, dove la cagliata viene tagliata, mescolata e scolata per rimuovere il siero. Vedrete come queste cagliate vengono pressate in stampi per dare forma al formaggio, ognuno destinato ad una consistenza ed un sapore unici. Il proprietario spiegherà che fattori come il tempo di pressatura e il peso utilizzato durante questa fase influenzino la creazione di formaggi morbidi e cremosi o compatti e densi. Potreste anche avere l'opportunità di maneggiare alcuni strumenti utilizzati in questa fase aggiungendo un velo tattile all'esperienza e, forse, assaggiare della fresca ricotta calda a questo punto (noi lo abbiamo fatto!).

Stagionatura e Cura

Durante il tour, la guida conduce nelle stanze di stagionatura dove i formaggi maturano. Questo ambiente è spesso fresco e umido, con scaffali alineati con forme o blocchi di formaggio. La guida spiega il processo di stagionatura, inclusi i controlli ambientali e quanto fattori come tempo, umidità e temperatura influenzino sapore e consistenza.

Confezionamento e Controllo Qualità

Il tour include anche un'occhiata all'area dedicata al confezionamento e all'etichettatura. Qui si osserva come i formaggi vengono avvolti, sigillati e preparati per la spedizione. La guida spiega l'importanza delle misure di controllo qualità per garantire che il formaggio soddisfi specifici standard prima della vendita.

Degustazione di Formaggi

Il momento clou del tour è indubbiamente la degustazione. Avvicinati mentre la guida e la sua famiglia presentano un vassoio magnificamente preparato con formaggi prodotti in loco.

You'll sample everything from fresh, creamy ricotta to aged, nutty caciocavallo, each paired with thoughtful accompaniments like house-made red wine, sweet fruits, and crunchy nuts.

The guide will offer tasting notes, helping you identify subtle flavors and textures. You might even learn about traditional pairings specific to Sicily, such as honey drizzled over pecorino or scacce filled with seasonal ingredients. Beyond cheese, you'll enjoy freshly baked bread, local sausage, and perhaps even dessert and coffee to round off the experience.

For many, the tasting is a revelation, connecting the flavors of the cheese to the processes and care you've witnessed during the tour. It's an experience that deepens your appreciation for the artistry of cheese-making.

Booking ahead is essential to ensure a seamless visit to this hidden gem, often overlooked by tourists. The factory staff (aka the family) carefully plans for your arrival, which may include coordinating an English-speaking guide for non-Italian speakers upon request. Tours are intimate and personal, giving you a unique opportunity to delve into the world of artisanal cheese-making.

Visit their website at https://www.bussello.com/ to plan your trip and secure your spot. Whether you're a cheese enthusiast or simply curious, this tour offers an unforgettable blend of education, tradition, and flavor, making it a must-do experience in Sicily.

Other Cheese Factories that offer Tours and Tastings in Sicily

Caseificio Dei Nebrodi: Situated in Nicosia, this factory provides tours that showcase the production of traditional Sicilian cheeses, including the famous Piacentinu Ennese. https://www.caseificiodeinebrodi.com/

Caseificio Neve Dell'etna: Found in Fondachello, this factory offers tours that cover the entire cheese-making process, from milk curdling to the final product. https://www.caseificionevedelletna.com/

Casa Mia Tours offers tours in both Ragusa and Piazza Armerina. https://casamiatours.com/tours/ragusa-modica-sicily/cheese-farm-experience/

La guida fornisce note di degustazione, aiutandovi a identificare impercettibili sapori e consistenze. Si scoprono anche abbinamenti tradizionali siciliani, come il miele versato sul pecorino o le scacce ripiene di ingredienti di stagione. Oltre ai formaggi, si gustano pane appena sfornato, salsiccia locale e, forse, anche dolci e caffè per concludere l'esperienza.

Per molti, la degustazione è una rivelazione, collegando i sapori del formaggio ai processi e alla cura osservati durante il tour. È un'esperienza che approfondisce l'apprezzamento per l'arte della produzione casearia.

Prenotare in anticipo è essenziale per garantire una visita senza problemi a questo gioiello nascosto, spesso trascurato dai turisti. Lo staff del caseificio (cioè la famiglia) pianifica con cura il vostro arrivo, che può includere su richiesta una guida che parli inglese per chi non conosca l'italiano.

I tour sono privati e personali, offrendo un'opportunità unica di esplorare il mondo della produzione artigianale dei formaggi.

Visitate il loro sito web https://www.bussello.com per pianificare il vostro viaggio e prenotare il vostro posto. Che siate appassionati di formaggi o semplicemente curiosi, questo tour offre un insieme indimenticabile di educazione, tradizione e sapore, rendendolo un'esperienza imperdibile in Sicilia.

Altri Caseifici che Offrono Tour e Degustazioni in Sicilia

Caseificio Dei Nebrodi: Situato a Nicosia, questo caseificio offre tour che mostrano la produzione di formaggi tradizionali siciliani, incluso il famoso Piacentinu Ennese. https://www.caseificiodeinebrodi.com/

Caseificio Neve Dell'Etna: Situato a Fondachello, questo caseificio offre tour che coprono l'intero processo di produzione del formaggio, dalla cagliatura al prodotto finale. https://www.caseificionevedelletna.com/

Casa Mia Tours: Propone tour sia a Ragusa che a Piazza Armerina. https://casamiatours.com/tours/ragusa-modica-sicily/cheese-farm-experience/

8

Celebrating the Warrior Madonna in Scicli

La Madonna delle Milizie (The Festival of the Madonna of the Military)

Where: Scicli

When: Last Saturday in May

Festival Website: The comune will update the information in the days before the festival here https://www.comune.scicli.rg.it/home

Average Temperature in May: High: 24°C (75°F). Low: 18°C (65°F).

Discovering Scicli: Baroque Gem of the Val di Noto

Nestled in the southeastern corner of Sicily, Scicli (pronounced "sheek-lee") is a picturesque town that exemplifies the Baroque splendor of the Val di Noto region.

Celebrare la Madonna Guerriera a Scicli

Festa della Madonna delle Milizie

Dove: Scicli

Quando: Ultimo sabato di maggio.

Sito web della festa: Il comune aggiorna le informazioni nei giorni precedenti la festa qui https://www.comune.scicli.rg.it/home

Temperatura media a maggio: Massima: 24°C (75°F). Minima: 18°C (65°F).

Scoprire Scicli: Gemma Barocca della Val di Noto

Annidata nell'angolo sud-orientale della Sicilia, Scicli è una pittoresca cittadina che incarna lo splendore barocco della Val di Noto.

Scicli

Located approximately 25 kilometers (16 miles) from Ragusa and just 8 kilometers (5 miles) from the Mediterranean coast, Scicli sits at the confluence of three scenic valleys: the San Bartolomeo and Modica valleys, and the Santa Maria La Nova valley.

With a population of around 27,000 inhabitants, Scicli maintains a charming small-town atmosphere while offering visitors a wealth of historical and cultural attractions. The town's unique geography, with its houses and churches dramatically perched on the slopes of rocky hills, creates a stunning visual impact that has earned Scicli a place on the UNESCO World Heritage list as part of the Late Baroque Towns of the Val di Noto.

Scicli's history includes Sicel, Greek, and Roman settlements. The town blossomed after the 1693 earthquake, leading to its Baroque architecture. Recently, Scicli gained fame as a filming location for "Inspector Montalbano." The town hall represents the fictional Vigàta police station (See Pop Culture section for more).

Traditionally, Scicli's economy relied on agriculture, focusing on carobs, almonds, and olives. Now, tourism is on the rise, attracted by the town's architecture, culture, and nearby beaches like Sampieri and Donnalucata.

The Chiesa di San Matteo above Scicli

Chiesa di San Giovanni Evangelista

Situata a circa 25 chilometri (16 miglia) da Ragusa e solo 8 chilometri (5 miglia) dalla costa mediterranea, Scicli sorge alla confluenza di tre scenografiche valli: il San Bartolomeo, il Modica e la Santa Maria La Nova.

Con una popolazione di circa 27.000 abitanti, Scicli conserva un'atmosfera accogliente da piccolo borgo, offrendo però ai visitatori una ricchezza di attrazioni storiche e culturali. La geografia unica della città, con case e chiese che si arrampicano suggestivamente sulle pendici di colline rocciose, crea un impatto visivo mozzafiato che ha valso a Scicli un posto nella lista del Patrimonio Mondiale dell'UNESCO come parte delle Città Tardo Barocche della Val di Noto.

La storia di Scicli include insediamenti siculi, greci e romani. La città fiorì dopo il terremoto del 1693, che la condusse verso la sua architettura barocca. Recentemente, Scicli è diventata famosa come location per le riprese de *Il Commissario Montalbano*. Il municipio della città rappresenta nella finzione la stazione di polizia di Vigàta (vedi sezione Cultura Pop).

Tradizionalmente, l'economia di Scicli si basava sull'agricoltura, con particolare attenzione a carrube, mandorle e olive. Oggi, il turismo è in crescita, attratto dall'architettura della città, dalla sua cultura e dalle vicine spiagge come Sampieri e Donnalucata.

The Festival of the Madonna of the Military

The Festival of the Madonna of the Military in Scicli is deeply rooted in the town's historical and religious identity. The miracle of 1091, which forms the basis of the celebration, symbolizes divine intervention and the resilience of Christian faith during a time of turmoil in Sicily's history. This event not only marked a turning point in the town's resistance against external threats but also solidified the Virgin Mary's role as a protective figure for the community.

The festival includes a dramatic reenactment of the miracle, with actors portraying the Virgin on horseback, Saracen invaders, and Christian defenders. This spectacle takes place in the town square, drawing visitors and locals alike into the story. The event is accompanied by processions, traditional music, and prayer services, creating a vibrant mix of faith and festivity. For Scicli's residents, the festival is not only a celebration of their patroness but also a reaffirmation of their cultural heritage and enduring connection to their past.

In the Days before the Festival

The festival kicks off with a procession, where the statue of the Madonna delle Milizie is carried from the Church of St. Bartholomew to the Church of Santa Maria (Holy Mary). In the days leading up to the event, the statue is displayed in the Church of San Guglielmo. Singers, musicians, and the faithful accompany the parade with music and prayers.

Friday afternoon

4:00 p.m. The events start at the Palazzo Comunale, where you'll also discover a vibrant Sicilian market. These markets are a cornerstone of local life and commerce, offering a diverse array of goods that transform the area into an open-air shopping paradise. As you wander through the stalls, you'll find clothing, leather goods, jewelry, home goods, local crafts, produce and regional specialities such as cheese, cured meat and gourmet items.

The atmosphere is lively, with vendors calling out their wares and shoppers haggling over prices.

La Festa della Madonna delle Milizie

La festa della Madonna delle Milizie a Scicli è profondamente radicata nell'identità storica e religiosa della città. Il miracolo del 1091, che costituisce la base della celebrazione, simboleggia l'intervento divino e la resilienza della fede cristiana durante un periodo di grande tumulto nella storia della Sicilia. Questo evento non solo segnò una svolta nella resistenza della città contro le minacce esterne, ma consolidò anche il ruolo della Vergine Maria come figura protettrice della comunità.

La celebrazione include una scenografica rievocazione del miracolo, con attori che interpretano la Vergine a cavallo, gli invasori saraceni e i difensori cristiani. Questo spettacolo si svolge nella piazza principale della città, coinvolgendo visitatori e residenti nella narrazione. L'evento è accompagnato da processioni, musica tradizionale e funzioni religiose, creando un insieme vivace di fede e festa. Per i residenti di Scicli, la festa non è solo un omaggio alla loro patrona, ma anche una riaffermazione del loro patrimonio culturale e della connessione duratura con il passato.

I Giorni Precedenti la Festa

La festa inizia con una processione, durante la quale la statua della Madonna delle Milizie viene trasportata dalla Chiesa di San Bartolomeo alla Chiesa di Santa Maria. Nei giorni precedenti l'evento, la statua viene esposta nella Chiesa di San Guglielmo. Cantanti, musicisti e fedeli accompagnano la processione con canti e preghiere.

Venerdì pomeriggio

16:00

Gli eventi iniziano al Palazzo Comunale, dove scoprirai anche un vivace mercato siciliano. Questi mercati sono un pilastro della vita e del commercio locali, offrendo una vasta gamma di beni che trasformano la zona in un paradiso dello shopping all'aperto. Mentre passeggi tra le bancarelle, troverai abbigliamento, pelletteria, gioielli, articoli per la casa, artigianato locale, prodotti e specialità regionali come formaggi, salumi e articoli gourmet.

L'atmosfera è vivace, con i venditori che propongono i loro prodotti e i compratori che contrattano sui prezzi.

It's akin to a mobile shopping mall that has set up in the heart of town, offering both locals and visitors a chance to browse, shop, and experience a vital part of Sicilian culture. Whether you're looking for a unique souvenir, a stylish addition to your wardrobe, or just want to soak in the bustling ambiance, the market at Palazzo Comunale is not to be missed.

5:00 p.m.

A significant gathering takes place at Palazzo Spadaro, where local officials, organizers, and key participants in the reenactment of the battle meet to finalize preparations. This meeting is an important precursor to one of the festival's central traditions, known as the Testa del Turco (Head of the Turk). Here's what typically happens:

Local officials, organizers, and participants gather to discuss the details of the upcoming reenactment. The event symbolizes the legendary battle between the Christian defenders of Scicli and the Saracen invaders, with the miraculous intervention of the Madonna delle Milizie. During the meeting, participants are briefed on their roles, the historical significance is reiterated, and final arrangements are made. It also serves as an opportunity for the community to come together, building excitement and anticipation for the upcoming festival events.

The reenactment of the Testa del Turco typically involves participants in medieval costumes, including Christian knights on horseback, staging the legendary battle. The culmination of the reenactment often involves the symbolic beheading of a Saracen figure, representing the victory of the Christians, with skill and precision in the display.

As the afternoon concludes, the atmosphere in Scicli becomes increasingly festive. Locals and visitors fill the streets, eagerly discussing the upcoming events of the Festa della Madonna delle Milizie. You'll notice heightened activity around the town as preparations for the festival are completed, with decorations going up and the community coming together to celebrate this important historical and religious tradition.

È simile a un centro commerciale mobile che viene installato nel cuore della città, offrendo sia ai locali che ai visitatori l'opportunità di curiosare, fare acquisti e vivere una parte vitale della cultura siciliana. Che tu stia cercando un souvenir unico, un'aggiunta elegante al tuo guardaroba o semplicemente voglia immergerti nell'atmosfera frenetica, il mercato presso Palazzo Comunale è da non perdere.

17:00

Un incontro significativo si svolge a Palazzo Spadaro, dove i funzionari locali, gli organizzatori e i protagonisti della rievocazione della battaglia si riuniscono per ultimare i preparativi. Questo incontro è un importante passo preliminare verso una delle tradizioni centrali della festa, conosciuta come la Testa del Turco. Ecco cosa accade generalmente:

I funzionari locali, gli organizzatori e i partecipanti si riuniscono per discutere i dettagli della rievocazione imminente. L'evento simboleggia la leggendaria battaglia tra i difensori cristiani di Scicli e gli invasori saraceni, con l'intervento miracoloso della Madonna delle Milizie. Durante l'incontro, i partecipanti vengono informati sui loro ruoli, viene ribadita l'importanza storica dell'evento e vengono fatti gli ultimi preparativi. È anche un'occasione per la comunità di unirsi, creando entusiasmo e attesa per gli eventi della festa che stanno per svolgersi.

La rievocazione della Testa del Turco prevede generalmente la partecipazione di persone in costumi medievali, tra cui cavalieri cristiani a cavallo, che mettono in scena la leggendaria battaglia. Il culmine della rievocazione comporta spesso la decapitazione simbolica di una figura saracena, rappresentando la vittoria dei cristiani, con abilità e precisione nella scena.

Man mano che il pomeriggio volge al termine, l'atmosfera a Scicli diventa sempre più festosa. I locali e i visitatori riempiono le strade, discutendo con entusiasmo degli eventi imminenti della Festa della Madonna delle Milizie. Si nota un'attività frenetica in tutta la città, mentre i preparativi per la festa vengono ultimati, con le decorazioni che vengono appese e la comunità che si unisce per celebrare questa importante tradizione storica e religiosa.

6:00 p.m.–10:00 p.m. Events in Piazza Italia.

Inauguration Ceremony: The official opening of the evening's events, often featuring speeches by local officials or festival organizers. This is a moment to celebrate the festival's rich history and traditions, marking the start of key festivities over the weekend. The ceremony may include the unveiling of special decorations, artwork, or banners dedicated to the Madonna delle Milizie.

Cooking Show: A lively cooking demonstration that showcases traditional Sicilian cuisine, especially foods connected to the festival or local culinary heritage. Chefs prepare iconic dishes from the region, allowing visitors to learn about the flavors of Scicli. These include local favorites such as scacce ragusane (a type of stuffed flatbread) or desserts like Testa del Turco (a pastry symbolizing the Saracen's head). The event provides an interactive experience for both locals and visitors, with the possibility of sampling the dishes after the demonstration.

Throughout this time, the atmosphere in Piazza Italia will be vibrant with music, lights, and the presence of vendors offering local crafts, food, and festival-related items. Families and visitors will enjoy strolling through the piazza, taking part in various events, and getting ready for the reenactment and religious celebrations that will follow in the coming days.

10:00 p.m. Concert and Dancing.

The concert usually takes place in Piazza Italia, offering a lively and celebratory atmosphere to end the day.

These concerts often feature local or regional musicians, with performances that range from traditional Sicilian folk music to more contemporary styles, ensuring there's something for everyone to enjoy. The music acts as a prelude to the more solemn and historical events that will unfold during the rest of the festival.

The combination of the earlier cooking show, the inauguration, and the festive concert helps build excitement for the major events that will follow, including the iconic reenactment of the Madonna's miraculous intervention during the battle. The statue of the Madonna on horseback will be displayed in the church for the days of the festival. It is normally kept in a special area behind her when not part of the procession.

18:00 – 22:00. Eventi in Piazza Italia.

Cerimonia di Inaugurazione: L'apertura ufficiale degli eventi serali, che spesso include discorsi da parte di funzionari locali o organizzatori della festa. Questo è un momento per celebrare la ricca storia e le tradizioni della festa, segnando l'inizio delle principali festività del fine settimana. La cerimonia può includere la presentazione di decorazioni speciali, opere d'arte o striscioni dedicati alla Madonna delle Milizie.

Spettacolo di Cucina: Una vivace dimostrazione culinaria che mette in mostra la cucina tradizionale siciliana, in particolare i piatti legati alla festa o alla tradizione gastronomica locale. Gli chef preparano piatti iconici della regione, permettendo ai visitatori di scoprire i sapori di Scicli. Questi includono specialità locali come le scacce ragusane (una specie di focaccia ripiena) o dolci come la Testa del Turco (un pasticcino che simboleggia la testa del saraceno). L'evento offre un'esperienza interattiva per locali e visitatori, con la possibilità di assaporare i piatti dopo la dimostrazione.

Durante questo periodo, l'atmosfera in Piazza Italia sarà vivace, con musica, luci e la presenza di venditori che offrono artigianato locale, cibo e articoli legati alla festa. Le famiglie e i visitatori si divertiranno a passeggiare per la piazza, partecipando a vari eventi e preparandosi per la rievocazione e le celebrazioni religiose che seguiranno nei giorni successivi.

22:00. Concerto e danze.

Il concerto di solito si svolge in Piazza Italia, offrendo un'atmosfera vivace e celebrativa per concludere la giornata. Questi concerti spesso vedono la partecipazione di musicisti locali o regionali, con performance che spaziano dalla musica popolare tradizionale siciliana a stili più contemporanei, garantendo che ci sia qualcosa per tutti i gusti. La musica funge da preludio agli eventi più solenni e storici che si svolgeranno nel resto della festa.

La combinazione del precedente spettacolo di cucina, dell'inaugurazione e del concerto festivo aiuta a creare entusiasmo per gli eventi principali che seguiranno, tra cui la leggendaria rievocazione dell'intervento miracoloso della Madonna durante la battaglia. La statua della Madonna a cavallo sarà esposta nella chiesa durante i giorni della festa. Di solito viene custodita in un'area speciale dietro di lei quando non fa parte della processione.

Festival Day

8:00 a.m. Alborata (Dawn celebration).

The festival begins with the Alborata, a symbolic celebration that marks the start of the day's events. This involves the sound of bells ringing from the town's churches and fireworks illuminating the early morning sky, setting a tone of excitement and reverence for the day ahead.

9:00 a.m. Holy Mass.

The day continues with a solemn Holy Mass at the Church of Santa Maria la Nova. This mass is a deeply spiritual moment for the community, where prayers are offered to the Madonna delle Milizie, asking for her protection and blessings. The church fills with locals and visitors, many dressed in traditional attire, creating a picturesque and reverent atmosphere.

10:00 a.m. Solemn Procession with the Statue of Madonna delle Milizie.

This is the key event of the festival, blending deep religious devotion with historical reenactments and vibrant community participation.

The procession begins after the Holy Mass, with the statue of the Madonna delle Milizie carefully carried through the streets. This statue holds immense significance as it depicts the Madonna as a warrior, mounted on a horse and holding a sword, commemorating her legendary intervention in saving Scicli from a Saracen invasion during the Norman period.

Madonna for the Procession

La Madonna delle Milizie

Il Giorno della Festa

8:00. Alborata

Il festival inizia con l'Alborata, una celebrazione simbolica che segna l'inizio degli eventi della giornata. Questo momento è caratterizzato dal suono delle campane che risuonano dalle chiese del paese e dai fuochi d'artificio che illuminano il cielo del mattino, creando un'atmosfera di entusiasmo e reverenza per il giorno a venire.

9:00. La Messa

La giornata prosegue con una solenne Santa Messa nella Chiesa di Santa Maria la Nova. La celebrazione rappresenta un momento di profonda spiritualità per la comunità, durante il quale vengono rivolte preghiere alla Madonna delle Milizie, invocando la sua protezione e le sue benedizioni. La chiesa si riempie di fedeli e visitatori, molti dei quali indossano abiti tradizionali, creando un'atmosfera suggestiva e carica di devozione.

10:00. La Processione con la statua della Madonna delle Milizie.

La processione inizia dopo la Messa solenne, con la statua della Madonna delle Milizie portata con attenzione per le strade. Questa statua ha un significato enorme, poiché raffigura la Madonna come una guerriera, a cavallo e con una spada in mano, commemorando il suo leggendario intervento nel salvare Scicli da un'invasione saracena durante il periodo normanno.

Highlights of the Procession:

Locals don elaborate medieval costumes, portraying various figures such as Norman knights, nobles, soldiers, and townspeople. The costumes are meticulously crafted, reflecting the attire of the 11th century, the time of the Madonna's miraculous intervention.

Marching bands play traditional music, interspersed with the dramatic rhythm of drummers, creating an exhilarating soundtrack to the procession.

Falconers accompany the procession, showcasing the medieval art of falconry. The sight of these majestic birds, often associated with nobility, adds a unique and historical touch to the event.

The streets of Scicli are adorned with flags and flowers, while locals and visitors line the sidewalks or gather on balconies to watch the procession pass by. Many join in the walk, creating a lively and inclusive atmosphere.

The statue of the Madonna is carried with great care and devotion through the streets, pausing at key locations where blessings and prayers are offered. The route includes a return to the Church of St. Bartholomew, the final destination of the procession.

This morning event is not only a religious ritual but also a powerful expression of Scicli's historical pride, community spirit, and cultural heritage.

The procession lasts several hours, immersing everyone in the town's vibrant history and faith.

4:00 p.m. The Medieval Parco Giochi.

In the afternoon, the Medieval Park opens, bringing to life the era of the Madonna's legendary intervention.

This lively area offers:

- Knights in armor demonstrate their skills in exciting displays of medieval combat.

Punti Salienti della Processione

I locali indossano costumi medievali elaborati, rappresentando diverse figure come cavalieri normanni, nobili, soldati e cittadini. I costumi sono realizzati meticolosamente, rispecchiando l'abbigliamento dell'XI secolo, periodo dell'intervento miracoloso della Madonna.

Le bande musicali suonano musica tradizionale, intervallata dal ritmo drammatico dei tamburini, creando una colonna sonora esaltante per la processione.

I falconieri accompagnano la processione, mostrando l'arte medievale della falconeria. La vista di questi maestosi uccelli, spesso associati alla nobiltà, aggiunge un tocco unico e storico all'evento.

Le strade di Scicli sono decorate con bandiere e fiori, mentre i locali e i visitatori si affacciano sui marciapiedi o si radunano sui balconi per assistere al passaggio della processione. Molti si uniscono alla camminata, creando un'atmosfera vivace e inclusiva.

La statua della Madonna viene portata con grande cura e devozione per le strade, facendo delle soste in luoghi chiave dove vengono offerte benedizioni e preghiere. Il percorso include il ritorno alla Chiesa di San Bartolomeo, la destinazione finale della processione.

Questo evento mattutino non è solo un rituale religioso, ma anche una potente espressione dell'orgoglio storico, dello spirito di comunità e del patrimonio culturale di Scicli.

La processione dura diverse ore, immergendo tutti nella vivace storia e fede della città.

16:00. Il Parco Giochi Medievale.

Nel pomeriggio, si apre il Parco Medievale, che riporta in vita l'epoca dell'intervento leggendario della Madonna. Quest'area vivace offre:

- Cavalieri in armatura mostrano le loro abilità in emozionanti esibizioni di combattimenti medievali.

- Activities for all ages, such as archery and games that would have been enjoyed during the Norman period.

- Artisan Demonstrations: Blacksmiths, potters, and other craftspeople showcase medieval techniques, offering visitors a chance to engage with history.

Special Festival Treat
Testa del Turco - A Sweet Taste of Victory

No visit to the Festa della Madonna delle Milizie is complete without indulging in its signature dessert - the infamous Testa del Turco, or "Head of the Turk." This delectable treat is more than just a pastry; it's an edible piece of history, commemorating Madonna's legendary triumph over the Saracen invaders.

Imagine biting into a crispy pastry shell, only to be surprised by a burst of flavor from within. Will it be velvety pastry custard or rich sheep's milk ricotta that greets your taste buds? The excitement lies in the discovery! These sweet delights come in various sizes, from dainty cream puffs perfect for a quick nibble to grand creations rivaling wedding cakes in their splendor. On the day of the festival, Scicli transforms into a battleground of bakers, with locals competing to create the most impressive Testa del Turco. As you wander through the festive streets, you'll witness an array of these pastries, each one a testament to the skill and creativity of its maker. From intricate designs to innovative fillings, the variety is astounding.

While there may be official winners in this sweet contest, don't be surprised if you find yourself unable to choose a favorite. Each Testa del Turco is a masterpiece in its own right, offering a unique blend of textures and flavors that will have you coming back for more.

So, whether you sample this treat once or make it your mission to try every variation you can find, the Testa del Turco is not just a dessert - it's an essential part of the Festa della Madonna delle Milizie experience.

It's a delicious way to connect with the town's history, culture, and culinary prowess all at once. Go ahead, take a bite out of history!

- Attività per tutte le età, come tiro con l'arco e giochi che si facevano durante l'epoca normanna.

- Dimostrazioni Artigianali: Fabbri, ceramisti e altri artigiani illustrano tecniche medievali, offrendo ai visitatori un'opportunità di interagire con la storia.

Un Dolce Speciale della Festa
Testa del Turco - Un Dolce Gusto di Vittoria

Nessuna visita alla Festa della Madonna delle Milizie è completa senza indulgere nel suo dolce simbolo: la famosa Testa del Turco. Questo dolce delizioso non è solo una pasta, ma un vero e proprio pezzo di storia, che commemora il leggendario trionfo della Madonna contro gli invasori saraceni.

Immagina di mordere una croccante crosta di pasta, per essere sorpreso da un'esplosione di sapori al suo interno. Sarà una crema pasticcera vellutata o una ricca ricotta di pecora a stuzzicare le tue papille gustative? Il divertimento sta proprio nella scoperta! Questi dolci deliziosi sono disponibili in varie dimensioni, dalle piccole bignè perfette per uno spuntino veloce, alle creazioni imponenti che potrebbero competere con le torte nuziali per la loro grandezza.

Nel giorno della festa, Scicli si trasforma in un campo di battaglia per i pasticceri, con i locali che si sfidano per creare la Testa del Turco più impressionante. Mentre passeggi per le strade festose, vedrai una varietà di queste paste, ognuna una testimonianza dell'abilità e della creatività del suo creatore. Dalle decorazioni intricate ai ripieni innovativi, la varietà è sorprendente. Anche se ci possono essere vincitori ufficiali in questa dolce competizione, non sorprenderti se non riuscirai a scegliere un preferito. Ogni Testa del Turco è un capolavoro a sé, offrendo una combinazione unica di consistenza e sapori che ti farà venire voglia di provarla di nuovo.

Quindi, che tu decida di assaporare questo dolce una sola volta o di fare della ricerca della variazione perfetta una missione, la Testa del Turco non è solo un dessert, ma una parte essenziale dell'esperienza della Festa della Madonna delle Milizie.

È un modo delizioso per connettersi con la storia, la cultura e la maestria culinaria della città nello stesso momento. Vai avanti, prendi un morso di storia!

5:00 p.m. The Medieval Parade and Testa del Turco Stands.

The Testa del Turco, a sweet pastry filled with ricotta, is a culinary highlight of the festival. Stalls selling this treat open in the afternoon, inviting festival-goers to indulge in a taste of history.

Meanwhile, the medieval parade begins, featuring knights, nobles, and the medieval court making their way through Scicli's streets. This parade evokes the grandeur of a medieval pageant, complete with banners, flags, and fanfare.

Testa del Turco stands open, and the medieval court, knights, and army members make their way through Scicli's streets in a parade.

9:30 p.m. The Grand Finale.

As night falls, the town is illuminated for the evening procession of the Madonna delle Milizie. This procession mirrors the morning's solemnity but is heightened by the beauty of the statue lit by torches and candles.

The medieval court accompanies the Madonna statue, creating a stunning visual as the procession moves through the darkened streets.

Fireworks light up the sky as the procession reaches its conclusion, marking the festival's emotional and spiritual high point.

Scicli Festivals and Sagre Throughout the Year

La Cavalcata di San Giuseppe (The Ride of St. Joseph)

The Saturday closest to March 19th

This vibrant religious festival celebrates St. Joseph's feast day and the Holy Family's flight into Egypt. The highlight is a spectacular horse and knight procession that begins at the Church of San Giuseppe. Elaborately decorated horses, adorned with flowers, follow actors portraying the Holy Family through the town's streets in a candlelit procession. The event combines religious devotion with local tradition, creating a mesmerizing spectacle that draws both residents and visitors.

17:00. La Parata Medievale e gli Stand della Testa del Turco

La Testa del Turco, un dolce ripieno di ricotta, è una delle prelibatezze culinarie più caratteristiche della festa. I banchi che vendono questa specialità aprono nel pomeriggio, invitando i partecipanti a gustare un pezzo di storia.

Nel frattempo, inizia la sfilata medievale, che vede cavalieri, nobili e la corte medievale percorrere le strade di Scicli. Questa parata evoca la grandiosità di una sfilata medievale, completa di stendardi, bandiere e fanfare.

I banchi della Testa del Turco aprono e la corte medievale, i cavalieri e i membri dell'esercito attraversano le strade di Scicli in una sfilata.

21:30. Il gran finale

Con l'arrivo della notte, la città si illumina per la processione serale della Madonna delle Milizie. Questa processione riflette la solennità di quella mattutina, ma è esaltata dalla bellezza della statua, che brilla grazie alle torce e alle candele.

La corte medievale accompagna la statua della Madonna, creando uno spettacolo visivo mozzafiato mentre la processione si snoda per le strade buie.

I fuochi d'artificio illuminano il cielo al raggiungimento del culmine della processione, segnando il punto massimo emotivo e spirituale della festa.

Feste e Sagre a Scicli Durante l'Anno

La Cavalcata di San Giuseppe

Il sabato più vicino al 19 marzo

Questa vivace festa religiosa celebra la festa di San Giuseppe e la fuga della Sacra Famiglia in Egitto. Il momento clou è una spettacolare processione di cavalli e cavalieri, che parte dalla Chiesa di San Giuseppe. I cavalli riccamente decorati, ornati con fiori, seguono attori che interpretano la Sacra Famiglia attraverso le strade della città in una processione illuminata da candele. L'evento combina devozione religiosa e tradizione locale, creando uno spettacolo affascinante che attira residenti e visitatori.

Il Gioia (The Joy)

Easter Sunday

Il Gioia is Scicli's joyous Easter celebration, marking the resurrection of Christ. The festival's centerpiece is a solemn yet jubilant procession where a statue of the risen Christ is carried through the town's streets. This event is a profound expression of faith and communal joy, often accompanied by music and followed by festive gatherings. The procession typically winds through the historic center, allowing the entire community to participate in the celebration.

Sagra del Pomodoro e Festa del Grappolino (Tomato and Grape Festival)

May 1st

This dual festival celebrates the first local harvest of tomatoes and grapes, along with the creation of cheeses and other local products. It's a gastronomic extravaganza that showcases Scicli's agricultural heritage. Visitors can sample a variety of tomato-based dishes, fresh grapes, local wines, and artisanal cheeses. The event often features cooking demonstrations, wine tastings, and educational displays about local farming techniques. It's an excellent opportunity to experience the flavors of Sicilian cuisine and learn about the region's agricultural traditions.

Basole di Luce (Tiles of Light)

Throughout August

Basole di Luce is a month-long cultural festival that transforms the historic center of Scicli into a vibrant hub of artistic expression. Throughout August, the town hosts a diverse array of events, including musical performances, theatrical productions, art exhibitions, and literary readings. The festival's name, which translates to "Tiles of Light," refers to the way these events illuminate the town's beautiful Baroque architecture and cobblestone streets. It's a celebration of both contemporary culture and Scicli's rich heritage, attracting artists and audiences from across Sicily and beyond.

Taranta Sicily Fest (Music Festival)

August (specific dates may vary each year)

Il Gioia

Domenica di Pasqua

Il Gioia è la gioiosa celebrazione pasquale di Scicli, che segna la resurrezione di Cristo. Il fulcro della festa è una solenne ma gioiosa processione in cui una statua del Cristo risorto viene portata per le strade della città. Questo evento è una profonda espressione di fede e gioia comunitaria, spesso accompagnata da musica e seguita da raduni festivi. La processione solitamente si snoda per il centro storico, permettendo a tutta la comunità di partecipare alla celebrazione.

Sagra del Pomodoro e Festa del Grappolino

1 maggio

Questa doppia festa celebra il primo raccolto locale di pomodori e uva, insieme alla produzione di formaggi e altri prodotti tipici. È uno spettacolo gastronomico che mette in risalto il patrimonio agricolo di Scicli. I visitatori possono assaporare una varietà di piatti a base di pomodoro, uva fresca, vini locali e formaggi artigianali. L'evento spesso include dimostrazioni di cucina, degustazioni di vino ed esposizioni educative sulle tecniche agricole locali. È un'ottima opportunità per scoprire i sapori della cucina siciliana e conoscere le tradizioni agricole della regione.

Basole di Luce

Tutto agosto

Basole di Luce è una festa culturale che dura un mese e trasforma il centro storico di Scicli in un vivace punto di espressione artistica. Durante il mese di agosto, la città ospita una vasta gamma di eventi, tra cui performance musicali, produzioni teatrali, mostre d'arte e letture di libri. Il nome della festa, che si traduce in "Basole di Luce," fa riferimento al modo in cui questi eventi illuminano la splendida architettura barocca della città e le sue strade lastricate. È una celebrazione sia della cultura contemporanea che del ricco patrimonio di Scicli, attirando artisti e pubblico da tutta la Sicilia e non solo.

Taranta Sicily Fest (Festival musicale)

Agosto (le date possono variare ogni anno)

The Taranta Sicily Fest is a dynamic music event that brings the rhythms of traditional Southern Italian folk music to Scicli. Focusing on the energetic and hypnotic style of Taranta music, which originated in the Salento region of Puglia, this festival has become a significant cultural event in Sicily.

Visitors can enjoy live performances by local and international musicians, participate in dance workshops, and experience the captivating blend of ancient and modern musical traditions. The festival often includes related cultural events, such as food tastings and artisan markets, celebrating the broader cultural context of the music.

Testa del Turcho

Scicli

Il Taranta Sicily Fest è un evento musicale dinamico che porta i ritmi della musica popolare tradizionale del Sud Italia a Scicli. Incentrato sullo stile energetico ed ipnotico della musica della Taranta, originaria della regione del Salento in Puglia, questo festival è diventato un evento culturale significativo in Sicilia.

I visitatori possono assistere a performance dal vivo di musicisti locali e internazionali, partecipare a laboratori di danza e vivere la coinvolgente fusione di tradizioni musicali antiche e moderne. Il festival spesso include eventi culturali correlati, come degustazioni di cibi e mercati artigianali, celebrando il contesto culturale più ampio della musica.

9

FestaFusion Taormina

Where Artistic Flair Meets The Tradition of San Pancrazio

FestaFusion Taormina

#1 Taormina Art Festival: Set in the magnificent Ancient Theater, it offers a lineup of prestigious musical, theatrical, dance, and cinematic performances in partnership with the Taormina Film Fest, which kicks off the season.

#2 Festa di San Pancrazio: This festival honors Saint Pancras, the patron saint of the city of Taormina, with religious ceremonies, parades, and traditional music.

#FestaFusion means two or more festivals happen at around the same time in the same town, so visitors can enjoy multiple events during their visit.

Where: Taormina

When: Taormina Arte Festival runs June through August. San Pancrazio is on June 9th.

Event Website: https://festivaltaorminarte.it/

Average Temperatures: High: 31-32°C (88-90°F). Low: 22-23°C (72-73°F).

FestaFusion Taormina

#1. Festival Taormina Arte: Ambientato nel magnifico Teatro Antico, il festival offre un ricco programma di spettacoli musicali, teatrali, di danza e cinematografici, in collaborazione con il Taormina Film Fest, che inaugura la stagione.

#2. Festa di San Pancrazio: Questa festa celebra San Pancrazio, patrono della città di Taormina, con cerimonie religiose, parate e musica tradizionale.

#FestaFusion significa che due o più feste si svolgono nello stesso periodo nella stessa città, consentendo ai visitatori di godere di più eventi durante la loro visita.

Dove: Taormina

Quando: Il Festival Taormina Arte si svolge da giugno ad agosto. La Festa di San Pancrazio è il 9 giugno.

Sito web dell'evento: https://festivaltaorminarte.it/

Temperature medie: Massime: 31-32°C (88-90°F). Minime: 22-23°C (72-73°F).

Duomo di Taormina

Discovering Taormina: Pearl of the Ionian Sea

Perched on a rocky hillside overlooking the azure waters of the Ionian Sea, Taormina stands as a testament to Sicily's rich and diverse history. This enchanting town, often referred to as the "Pearl of the Ionian Sea," has captivated visitors for centuries with its stunning vistas, ancient ruins, and Mediterranean charm.

Taormina's history stretches back to ancient times. Founded in the 4th century BC by Andromachus, it quickly became an important Greek settlement. The town's strategic location made it a coveted prize, passing through the hands of various civilizations. Greek colonists established the initial settlement, which was later expanded by the Romans, who built many of its enduring structures. The Byzantine Empire incorporated Taormina into its territories, followed by an Arab conquest in 902AD that brought new cultural influences. The Norman conquest in 1078 led to a period of medieval prosperity, and Spanish rule from the 15th to 19th centuries left its mark on architecture and culture.

Taormina is situated on the east coast of Sicily, approximately midway between Messina and Catania. Its elevated position, about 250 meters (820 feet) above sea level, offers breathtaking panoramas. To the east, one can admire the glittering Ionian Sea and the coastline of Calabria. The south is dominated by the imposing silhouette of Mount Etna, Europe's largest active volcano, while the rugged Peloritani Mountains rise to the north. The town is built on a terrace of Monte Tauro, with steep streets and charming alleyways winding their way up the hillside. Below, the beautiful beaches of Giardini Naxos and Mazzarò attract sun-seekers and water enthusiasts.

Taormina is a thriving tourist destination and cultural hub. As of 2024, the town has a population of approximately 11,000 residents. However, this number swells significantly during the peak summer season when tourists from around the world flock to experience its unique blend of history, culture, and natural beauty.

Scoprire Taormina: Perla del Mar Ionio

Adagiata su una collina rocciosa che domina le acque azzurre del Mar Ionio, Taormina è una testimonianza della ricca e variegata storia della Sicilia. Questa incantevole città, spesso definita la "Perla del Mar Ionio", ha affascinato i visitatori per secoli con i suoi panorami mozzafiato, le antiche rovine e il fascino mediterraneo.

La storia di Taormina risale ai tempi antichi. Fondata nel IV secolo a.C. da Andromaco, divenne rapidamente un importante insediamento greco. La posizione strategica della città la rese un ambito obiettivo, passando sotto il controllo di varie civiltà. I coloni greci stabilirono il primo insediamento, che successivamente fu ampliato dai Romani, che costruirono molte delle sue strutture ancora oggi visibili. L'Impero Bizantino incorporò Taormina nei suoi territori, seguito dalla conquista araba nel 902 d.C., che portò nuove influenze culturali. La conquista normanna nel 1078 segnò un periodo di prosperità medievale, mentre il dominio spagnolo dal XV al XIX secolo lasciò il segno nell'architettura e nella cultura.

Taormina si trova sulla costa orientale della Sicilia, circa a metà strada tra Messina e Catania. La sua posizione elevata, a circa 250 metri sopra il livello del mare, offre panorami mozzafiato. Ad est, si può ammirare il brillante Mar Ionio e la costa della Calabria. A sud, domina l'imponente silhouette dell'Etna, il più grande vulcano attivo d'Europa, mentre le aspre montagne Peloritani si ergono a nord. La città è costruita su una terrazza del Monte Tauro, con strade ripide e vicoli affascinanti che si arrampicano lungo la collina. Più in basso, le bellissime spiagge di Giardini Naxos e Mazzarò attirano bagnanti e appassionati di sport acquatici.

Taormina è una vivace destinazione turistica e un centro culturale. Nel 2024, la città ha una popolazione di circa 11.000 abitanti. Comunque questo numero aumenta notevolmente durante l'alta stagione estiva, quando turisti da tutto il mondo si accalcano per vivere la sua miscela unica di storia, cultura e bellezza naturale.

The ancient Greek Theater, still used for performances and events, stands as a testament to the town's enduring appeal. Corso Umberto, the main street, is lined with shops, cafes, and historic buildings, offering a vibrant atmosphere for visitors and locals alike. The 13th-century Duomo di Taormina adds to the town's architectural splendor, while numerous luxury hotels and resorts cater to the discerning traveler.

Taormina's cultural scene is equally impressive, with events like the annual Taormina Film Fest drawing international attention. Despite its popularity, Taormina has managed to preserve its authentic charm, offering visitors a glimpse into Sicily's storied past while providing all the amenities of a modern resort town. It's this unique combination of historical significance, natural beauty, and contemporary comfort that continues to make Taormina a jewel in Sicily's crown, captivating the hearts of all who visit.

#1 Taormina Arte Festival

The Taormina Arte Festival is a prestigious cultural event that has been captivating audiences in Sicily for decades. Nestled in the picturesque town of Taormina, this festival has become a cornerstone of artistic expression, drawing talent and spectators from across Italy and around the world.

The festival's roots can be traced back to 1983, when it was established by a group of local cultural enthusiasts and government officials. Their vision was to create a multidisciplinary arts festival that would showcase the rich cultural heritage of Sicily while also bringing international talent to the region. The ancient Greek Theatre of Taormina, dating back to the 3rd century BC, was chosen as the primary venue, providing a stunning backdrop that blends history with contemporary artistic expression. Over the years, the festival has evolved and expanded its scope. In 1991, the Taormina Film Fest, which had been running separately since 1955, was incorporated into the Taormina Arte Festival, further enhancing its prestige and drawing power. This merger brought together the worlds of performing arts and cinema, creating a unique and comprehensive cultural experience.

The Taormina Arte Festival typically runs for several weeks during the summer months, usually from June to August.

Il Teatro Greco, ancora utilizzato per spettacoli ed eventi, è una testimonianza del fascino senza tempo della città. Corso Umberto, la via principale, è fiancheggiato da negozi, caffè ed edifici storici, offrendo un'atmosfera vivace per visitatori e locali. Il Duomo di Taormina, risalente al XIII secolo, aggiunge splendore architettonico alla città, mentre numerosi hotel di lusso e resort soddisfano le esigenze del viaggiatore più esigente.

La scena culturale di Taormina è altrettanto impressionante, con eventi come il Festival del Cinema di Taormina che attira l'attenzione internazionale. Nonostante la sua popolarità, Taormina è riuscita a preservare il suo fascino autentico, offrendo ai visitatori uno spaccato della storia della Sicilia e allo stesso tempo tutte le comodità di una moderna località turistica. È questa combinazione unica di importanza storica, bellezza naturale e comfort contemporaneo che continua a fare di Taormina una gemma nella corona della Sicilia, conquistando i cuori di tutti coloro che la visitano.

#1. Festival Taormina Arte

Il Festival Taormina Arte è un evento culturale di prestigio che affascina il pubblico in Sicilia da decenni. Situato nell'incantevole città di Taormina, questo festival è diventato una pietra miliare dell'espressione artistica, attirando talenti e spettatori da tutta Italia e dal resto del mondo.

Le radici del festival risalgono al 1983, quando fu fondato da un gruppo di appassionati di cultura locali e funzionari governativi. La loro visione era quella di creare un festival delle arti multidisciplinare che potesse mettere in mostra il ricco patrimonio culturale della Sicilia, pur portando anche talenti internazionali nella regione. Il Teatro Greco di Taormina, risalente al III secolo a.C., fu scelto come sede principale, offrendo uno scenario mozzafiato che fonde storia ed espressione artistica contemporanea. Nel corso degli anni, il festival si è evoluto ed ha ampliato i suoi orizzonti. Nel 1991, il Taormina Film Fest, che si svolgeva separatamente dal 1955, è stato incorporato nel Festival Taormina Arte, aumentando ulteriormente il suo prestigio e la sua capacità di attrazione. Questa fusione ha unito il mondo delle arti dello spettacolo e del cinema, creando un'esperienza culturale unica e completa.

Il Festival Taormina Arte di solito dura diverse settimane nei mesi estivi, generalmente da giugno ad agosto.

Contemporary dance performances bring modern energy to the ancient stones, with both established companies and emerging choreographers showcasing their work. Theatrical productions range from reimagined classics to cutting-edge experimental pieces, often featuring multilingual performances that bridge cultural divides.

Art exhibitions are scattered throughout the town, transforming Taormina into an open-air gallery. These exhibitions often highlight both Sicilian artists and international talents, covering various mediums, from painting and sculpture to installations and digital art.

The Film Festival

The Taormina Film Fest, a significant component of the overall festival, screens a carefully curated selection of international films. It includes premieres, retrospectives, and competitions, attracting filmmakers, actors, and industry professionals from around the globe. The festival has hosted numerous celebrities over the years, adding a touch of glamour to the artistic proceedings.

Workshops and masterclasses led by visiting artists provide opportunities for local talent to learn and engage with international professionals. These educational components help to foster a new generation of artists and maintain the festival's relevance and vitality.

Le performance di danza contemporanea portano un'energia moderna sulle antiche pietre, con compagnie affermate e coreografi emergenti che presentano il loro lavoro. Le produzioni teatrali spaziano da classici reinterpretati a pezzi sperimentali all'avanguardia, spesso con rappresentazioni multilingue che superano le divisioni culturali.

Le mostre d'arte sono distribuite in tutta la città, trasformando Taormina in una galleria a cielo aperto. Queste mostre spesso mettono in evidenza sia artisti siciliani che talenti internazionali, coprendo vari ambiti, dalla pittura e scultura alle installazioni e all'arte digitale.

Il Festival del Cinema

Il Taormina Film Fest, una componente significativa del festival complessivo, proietta una selezione accuratamente selezionata di film internazionali. Comprende anteprime, retrospettive e competizioni, attirando registi, attori e professionisti del settore da tutto il mondo. Nel corso degli anni, il festival ha ospitato numerose celebrità, aggiungendo un tocco di glamour agli eventi artistici.

Laboratori e lezioni tenuti da artisti ospiti offrono opportunità per i talenti locali di imparare e interagire con professionisti internazionali. Questi componenti educativi aiutano a far crescere una nuova generazione di artisti e a mantenere la rilevanza e la vitalità del festival.

While the ancient Greek Theatre remains the crown jewel of the festival's venues, performances and events take place throughout Taormina. The Palazzo dei Congressi hosts indoor performances and exhibitions, while smaller theaters and outdoor stages are set up in various piazzas and scenic locations around the town.

The festival transforms Taormina into a vibrant hub of cultural activity. The narrow medieval streets buzz with energy as visitors and locals alike move from one event to another. Cafes and restaurants overflow with patrons discussing the latest performances, creating a lively atmosphere that extends well into the warm Sicilian nights.

The breathtaking views of Mount Etna and the Ionian Sea provide a constant reminder of the natural beauty that complements the artistic offerings. This unique combination of culture, history, and natural splendor makes the Taormina Arte Festival a truly immersive experience. Over its four-decade history, the Taormina Arte Festival has significantly impacted the cultural landscape of Sicily and Italy as a whole. It has played a crucial role in promoting Sicilian culture to an international audience while also bringing world-class performances to local audiences who might otherwise not have access to such diverse artistic expressions.

As the festival continues to evolve, it remains committed to its founding principles of artistic excellence, cultural exchange, and the celebration of Sicily's rich heritage. Each year brings new challenges and opportunities, ensuring that the Taormina Arte Festival remains a dynamic and essential part of the international arts calendar.

#2 The Festa di San Pancrazio

The festival honors Saint Pancras, the patron saint of the city, and represents a rich tapestry of religious devotion, cultural heritage, and community spirit.

Saint Pancras: The Patron Saint

Saint Pancras, known in Italian as San Pancrazio, holds a special place in the hearts of Taormina's residents. Born in Phrygia (modern-day Turkey) around 290 AD, Pancras was orphaned at a young age and brought to Rome by his uncle. There, during the reign of Emperor Diocletian, he converted to Christianity.

Sebbene il Teatro Greco rimanga il gioiello del festival, le performance e gli eventi si svolgono in tutta Taormina. Il Palazzo dei Congressi ospita spettacoli ed esposizioni al coperto, mentre teatri più piccoli e palcoscenici all'aperto vengono allestiti in varie piazze e luoghi panoramici della città.

Il festival trasforma Taormina in un vivace centro di attività culturale. Le strette vie medievali sono animate da una frenesia di energia, mentre visitatori e locali si spostano da un evento all'altro. Caffè e ristoranti traboccano di clienti che discutono delle ultime performance, creando un'atmosfera vivace che si protrae fino a tarda notte, nelle calde serate siciliane.

Le spettacolari viste sull'Etna e sul Mar Ionio forniscono un costante promemoria della bellezza naturale che si affianca alle proposte artistiche. Questa combinazione unica di cultura, storia e splendore naturale rende il Festival Taormina Arte un'esperienza veramente immersiva. Nel corso dei suoi quattro decenni di storia, il Festival Taormina Arte ha avuto un impatto significativo sul panorama culturale della Sicilia e dell'Italia in generale. Ha giocato un ruolo cruciale nel promuovere la cultura siciliana a un pubblico internazionale, portando anche performance di livello mondiale a un pubblico locale che altrimenti non avrebbe avuto accesso a tali espressioni artistiche.

Mentre il festival continua ad evolversi, esso rimane fedele ai principi fondamentali di eccellenza artistica, scambio culturale e celebrazione del ricco patrimonio siciliano. Ogni anno porta con sé nuove sfide e opportunità, assicurando che il Festival Taormina Arte continui ad essere una parte dinamica e fondamentale del calendario artistico internazionale.

#2. La Festa di San Pancrazio

Il festival onora San Pancrazio, il santo patrono della città, e rappresenta un ricco intreccio di devozione religiosa, patrimonio culturale e spirito di comunità.

San Pancrazio: Il Santo Patrono

San Pancrazio occupa un posto speciale nel cuore dei residenti di Taormina. Nato in Frigia (nell'attuale Turchia) intorno al 290 d.C., Pancrazio rimase orfano in giovane età e venne portato a Roma da suo zio. Là, durante il regno dell'imperatore Diocleziano, si convertì al cristianesimo.

Despite his youth, he was only fourteen years old–Pancras refused to renounce his faith during the widespread persecution of Christians. As a result, he was martyred in 304 AD, beheaded on the Via Aurelia. His unwavering commitment to his beliefs in the face of death quickly led to his veneration as a saint.

The connection between Saint Pancras and Taormina stems from a legend that diverges from the commonly accepted historical account. According to local tradition, Pancras was born in Antioch and traveled to Jerusalem with his parents during Jesus' ministry. After his family's baptism in Antioch, Pancras retreated to a cave in Pontus. It's said that Saint Peter discovered him there and later sent him to Sicily to become the first Bishop of Tauromenium (the ancient name for Taormina) in 40 AD.

Taormina Views

Nonostante la sua giovane età, aveva solo quattordici anni, Pancrazio rifiutò di rinunciare alla sua fede durante la grande persecuzione dei cristiani. Di conseguenza, fu martirizzato nel 304 d.C., decapitato sulla Via Aurelia. La sua incrollabile fedeltà alle sue convinzioni di fronte alla morte lo rese rapidamente venerato come santo.

Il legame tra San Pancrazio e Taormina nasce da una leggenda che si discosta dalla narrazione storica comunemente accettata. Secondo la tradizione locale, Pancrazio nacque ad Antiochia e viaggiò a Gerusalemme con i suoi genitori durante il ministero di Gesù. Dopo il battesimo della sua famiglia ad Antiochia, Pancrazio si ritirò in una grotta nel Ponto. Si racconta che San Pietro lo scoprì lì e successivamente lo inviò in Sicilia per diventare il primo vescovo di Tauromenium (l'antico nome di Taormina) nel 40 d.C.

This version of the story concludes with Pancras being stoned to death by pagans opposing the new Christian faith. While this account differs from the widely accepted Roman narrative, it underscores the deep connection felt by the people of Taormina to their patron saint.

The Festa di San Pancrazio has been celebrated in Taormina for centuries, with its origins likely dating back to the medieval period when the veneration of saints became a central part of Christian practice in Europe. The festival has strengthened over time, incorporating various cultural elements while maintaining its core religious significance.

In the past, the celebration would have been primarily a religious affair, centered on the church and involving solemn processions and prayers. Over the centuries, it has grown to encompass more secular elements.

The festival's longevity and continued importance to the people of Taormina show the enduring influence of religious traditions in shaping cultural identity. It serves as a living link to the city's past, connecting modern-day residents with countless generations who have honored Saint Pancras before them.

Festival Events and Timeline

The Festa di San Pancrazio typically takes place on July 9th, the day traditionally associated with Saint Pancras's martyrdom. However, the celebrations often extend over several days, creating a festive atmosphere throughout Taormina.

9 Days of Prayer

The festival begins with a novena, nine days of prayer leading up to the major celebration. During this time, the faithful gather each evening in the Duomo di Taormina (Taormina Cathedral) for special Masses and devotions to Saint Pancras.

July 8

On the eve of the feast day, July 8th, the excitement builds with the illumination of the city. Streets and buildings are adorned with elaborate light displays, creating a magical atmosphere that signals the approaching day of the festival.

Questa versione della storia si conclude con Pancrazio lapidato a morte dai pagani contrari alla nuova fede cristiana. Sebbene questo racconto differisca dalla narrativa romana più diffusa, sottolinea il profondo legame percepito dalla gente di Taormina con il suo santo patrono.

La Festa di San Pancrazio viene celebrata a Taormina da secoli, con origini probabilmente risalenti al periodo medievale, quando la venerazione dei santi divenne una parte centrale della pratica cristiana in Europa. Nel tempo, la festa si è evoluta, incorporando vari elementi culturali pur mantenendo il suo significato religioso fondamentale.

In passato, la celebrazione era prevalentemente un affare religioso, incentrato sulla chiesa e caratterizzato da processioni solenni e preghiere. Nei secoli, ha incluso anche elementi più profani.

La longevità della festa e la sua continua importanza per il popolo di Taormina dimostrano l'influenza duratura delle tradizioni religiose nella formazione dell'identità culturale. È un legame vivente con il passato della città, che collega i residenti odierni con innumerevoli generazioni che hanno onorato San Pancrazio prima di loro.

Eventi e Programma della Festa

La Festa di San Pancrazio si svolge normalmente il 9 luglio, il giorno tradizionalmente associato al martirio di San Pancrazio. Tuttavia, le celebrazioni spesso si estendono per diversi giorni, creando un'atmosfera festosa in tutta Taormina.

9 Giorni di Preghiera

La festa inizia con una novena, nove giorni di preghiera che precedono la celebrazione principale. Durante questo periodo, i fedeli si riuniscono ogni sera nel Duomo di Taormina per messe speciali e devozioni a San Pancrazio.

8 Luglio

La vigilia della festa, l'8 luglio, l'entusiasmo cresce con l'illuminazione della città. Le strade e gli edifici vengono decorati con elaborate luminarie, creando un'atmosfera magica che preannuncia il giorno della festa.

July 9

5:30 a.m. Dawn Mass at Taormina Cathedral.

The celebration begins with an early morning Mass at the cathedral, drawing local devotees and pilgrims.

7:00 a.m. - 12:00 p.m. Additional Masses.

Masses are held during the morning to welcome the pilgrims.

4:00 p.m. - 5:00 p.m. Grand Procession.

The highlight of the day is the grand procession featuring a statue or relic of Saint Pancras. It begins in the late afternoon. The procession weaves through Taormina's historic streets, making stops at important churches and landmarks for prayers and blessings.

7:00 p.m. - 8:00 p.m. Return to the Cathedral.

The procession concludes back at the cathedral, where final blessings are given.

8:30 p.m. Sicilian Music and Folk Dances.

The Piazza IX Aprile becomes the focal point for traditional Sicilian music and folk performances, with local food vendors offering regional delicacies.

10:00 p.m. Fireworks Display.

The day concludes with a spectacular fireworks display over the Ionian Sea, visible from various vantage points in Taormina.

As always, it's best to check locally closer to the event or with Taormina's tourist office for the most accurate schedule. This outline provides an estimate based on how similar festivals are typically structured in Sicily.

The Festa di San Pancrazio is both a religious event and a celebration of Taormina's culture and community. It showcases Sicilian traditions, making it unique. A highlight is the creation of flower carpets along the procession route. Local artists and volunteers collaborate to design these intricate displays, honoring the saint and showcasing their creativity.

9 Luglio

5:30 Messa all'alba nel Duomo di Taormina

La celebrazione inizia con una messa mattutina nel duomo, che attira devoti locali e pellegrini.

7:00 - 12:00 Messe aggiuntive

Una serie di messe viene celebrata durante la mattinata per accogliere l'afflusso di pellegrini dai paesi vicini.

16:00 - 17:00 Grande Processione

Il momento clou della giornata, la grande processione con una statua o una reliquia di San Pancrazio, inizia nel tardo pomeriggio. La processione attraversa le storiche strade di Taormina, facendo soste in chiese e luoghi significativi per preghiere e benedizioni.

19:00 - 20:00 Ritorno al Duomo

La processione si conclude al duomo, dove vengono impartite le ultime benedizioni.

20:30 Musica siciliana e danze popolari

Piazza IX Aprile diventa il centro delle esibizioni di musica tradizionale siciliana e danze popolari, con stand gastronomici che offrono specialità locali.

22:00 Spettacolo pirotecnico

La giornata si conclude con uno straordinario spettacolo di fuochi d'artificio sul Mar Ionio, visibile da vari punti panoramici di Taormina.

Come sempre, è meglio verificare localmente vicino all'evento o presso l'ufficio turistico di Taormina per il programma più accurato. Questo schema fornisce una previsione basata su come simili feste siano solitamente strutturate in Sicilia.

La Festa di San Pancrazio è sia un evento religioso che una celebrazione della cultura e della comunità di Taormina. Mostra le tradizioni siciliane, rendendola unica. Un punto forte è la creazione di tappeti di fiori lungo il percorso della processione. Artisti locali e volontari collaborano per disegnare questi intricati allestimenti, onorando il santo e mostrando la loro creatività.

The festival also serves as a homecoming for many who have left Taormina for work or other reasons. Families reunite, and the city's population swells as people return to honor their patron saint and reconnect with their roots.

For visitors, the Festa di San Pancrazio offers a unique opportunity to witness the living traditions of Sicily. It provides a window into the deep-seated faith, rich culture, and warm hospitality that characterizes this beautiful corner of Italy. The blend of religious devotion, historical reenactment, traditional music and dance, and culinary delights creates a multi-sensory experience that captures the essence of Sicilian life.

Special Festival Treat
Cucciddatidi San Pancrazio

Food plays a vital role in the festival. Families prepare traditional recipes,reserved for this occasion. A standout is the "cucciddati di San Pancrazio," a sweet pastry prepared with a filling of figs nuts,and spices (with perhaps a splash of liquer or Marsala wine).

The filled dough is rolled, sliced into individual cookies, and then glazed with icing and decorated with colorful sprinkles.

This treat symbolizes the abundance and blessings from the saint's intercession.

Taormina Festivals and Sagre Throughout the Year

Sagra della Mandorla (Almond Festival)

February (typically mid-month)

The Sagra della Mandorla, or Almond Festival, is a celebration of Sicily's rich agricultural heritage, particularly its famous almonds. Almonds have been cultivated in Sicily since ancient times, introduced by the Greeks and later expanded by the Arabs. The festival originated as a way to mark the end of the almond harvest and has evolved into a significant cultural event.

During the festival, Taormina's streets come alive with the sweet aroma of almonds. Visitors can enjoy tastings of various almond-based sweets, including the famous Sicilian marzipan fruits, almond pastries, and the refreshing almond granita.

La festa è anche un'occasione di ritorno a casa per molti che hanno lasciato Taormina per lavoro o altri motivi. Le famiglie si riuniscono, e la popolazione della città cresce man mano che le persone tornano per onorare il loro santo patrono e riconnettersi con le proprie radici.

Per i visitatori, la Festa di San Pancrazio offre un'opportunità unica per assistere alle vive tradizioni della Sicilia. Fornisce una finestra sulla profonda fede, sulla ricca cultura e sulla calorosa ospitalità che caratterizzano questo angolo d'Italia. La combinazione di devozione religiosa, rievocazioni storiche, musica e danze tradizionali, e delizie culinarie crea un'esperienza multisensoriale che cattura l'essenza della vita siciliana.

Dolce Tipico della Festa
Cucciddati di San Pancrazio

Il cibo gioca un ruolo fondamentale nella festa. Le famiglie preparano ricette tradizionali riservate a questa occasione. Una specialità è il "cucciddati di San Pancrazio," un dolce ripieno di fichi, noci e spezie (forse con un tocco di liquore o vino Marsala).

L'impasto ripieno viene arrotolato, tagliato in biscotti individuali, poi glassato e decorato con zuccherini colorati.Questa prelibatezza simboleggia l'abbondanza e le benedizioni ottenute per intercessione del santo.

Feste e Sagre di Taormina durante l'anno

Sagra della Mandorla

Febbraio (generalmente a metà mese)

La Sagra della Mandorla celebra il ricco patrimonio agricolo della Sicilia, in particolare le sue famose mandorle. Le mandorle sono state coltivate in Sicilia fin dall'antichità, introdotte dai Greci e poi sviluppate dagli Arabi. La sagra nasce come celebrazione della fine della raccolta delle mandorle ed è diventata un importante evento culturale.

Durante la sagra, le strade di Taormina si riempiono del dolce aroma delle mandorle. I visitatori possono degustare dolci a base di mandorle, tra cui la famosa frutta di marzapane siciliana, pasticcini alle mandorle e la rinfrescante granita alle mandorle.

Local producers showcase their products, offering a chance to purchase high-quality almonds and almond-derived goods.

The festival also features traditional Sicilian folk music and dance performances, adding to the festive atmosphere. Cultural events, such as exhibitions on the history of almond cultivation in Sicily and cooking demonstrations of traditional almond-based recipes, provide educational elements to the celebration. The Sagra della Mandorla is not just a gastronomic event, but a vibrant expression of Sicilian culture and traditions.

Carretti Siciliani (Sicilian Cart Festival)

Fridays in May, September, and October

The Carretti Siciliani festival celebrates one of Sicily's most iconic symbols: the ornate horse-drawn carts. These carts, known as "carretto siciliano," have a history dating back to the early 19th century. Originally used for transportation of goods and people, they evolved into elaborate works of art, showcasing intricate paintings depicting historical events, folkloric scenes, and religious themes.

During the festival, Taormina becomes a showcase of Sicilian folk art. Colorful carts with intricate designs parade through the town. Horses, adorned with vibrant decorations and jingling harnesses, pull these carts. Drivers, in traditional Sicilian costumes, add to the spectacle.

The festival is also a feast for the ears. Traditional Sicilian music fills the air. Folk songs and the clip-clop of hooves create a lively atmosphere. Artisans demonstrate their skills in cart decoration and maintenance, offering a glimpse into this unique tradition.

The Carretti Siciliani festival serves as a vibrant reminder of Sicily's rich cultural heritage and artistic traditions, allowing both locals and tourists to step back in time and experience a piece of living history.

Taormina Jazz Festival

August (typically spans a week)

The Taormina Jazz Festival, established in the late 20th century, has become one of the most anticipated musical events in Sicily. It brings together renowned jazz musicians from Italy and around the world, creating a melting pot of musical styles and cultural exchanges.

I produttori locali espongono i loro prodotti, offrendo l'opportunità di acquistare mandorle di alta qualità e derivati.

La sagra include anche musica e danze popolari siciliane, aggiungendo un'atmosfera festosa. Eventi culturali, come mostre sulla storia della coltivazione delle mandorle in Sicilia e dimostrazioni culinarie di ricette tradizionali a base di mandorle, aggiungono un elemento educativo alla celebrazione. La Sagra della Mandorla non è solo un evento gastronomico, ma anche una vivace espressione della cultura e delle tradizioni siciliane.

Festa dei Carretti Siciliani

Venerdì di maggio, settembre e ottobre

La Festa dei Carretti Siciliani celebra uno dei simboli più iconici della Sicilia: i colorati carretti trainati da cavalli. Questi carretti, conosciuti come "carretto siciliano", risalgono all'inizio del XIX secolo. Originariamente utilizzati per il trasporto di merci e persone, si sono evoluti in vere opere d'arte, con dipinti intricati che raffigurano eventi storici, scene popolari e temi religiosi.

Durante la festa, Taormina diventa una vetrina dell'arte popolare siciliana. I carretti colorati con intricati decori sfilano per la città. I cavalli, adornati con vivaci decorazioni e finimenti tintinnanti, trainano questi carretti. I conducenti, vestiti con costumi tradizionali siciliani, aggiungono spettacolarità all'evento.

La festa è anche un piacere per le orecchie. La musica tradizionale siciliana riempie l'aria. I canti popolari e il ritmo degli zoccoli creano un'atmosfera vivace. Gli artigiani dimostrano le loro abilità nella decorazione e manutenzione dei carretti, offrendo uno sguardo su questa tradizione unica.

La Festa dei Carretti Siciliani è un vivido promemoria del ricco patrimonio culturale e delle tradizioni artistiche della Sicilia, permettendo a locali e turisti di fare un tuffo nel passato e sperimentare un pezzo di storia vivente.

Taormina Jazz Festival

Agosto (generalmente dura una settimana)

Il Taormina Jazz Festival, istituito verso la fine del XX secolo, è diventato uno degli eventi musicali più attesi in Sicilia. Riunisce rinomati musicisti jazz dall'Italia e dal mondo, creando un crogiolo di stili musicali e scambi culturali.

The festival takes advantage of Taormina's stunning locations, with concerts held in various scenic venues throughout the town. The ancient Greek Theatre, with its spectacular backdrop of the Ionian Sea and Mount Etna, often serves as the main stage, providing an unforgettable setting for evening performances.

Throughout the week, visitors can enjoy a diverse range of jazz styles, from traditional to contemporary, fusion to experimental. In addition to the main concerts, the festival often includes jam sessions, masterclasses, and workshops, allowing aspiring musicians and jazz enthusiasts to learn from and interact with established artists.

Taormina Gourmet

October (typically spans several days)

Taormina Gourmet is a relatively recent addition to Sicily's festival calendar, but it has quickly become one of the most anticipated culinary events in the region. Launched in the early 2010s, this festival celebrates the rich gastronomic heritage of Sicily while also showcasing innovative approaches to traditional cuisine.

The festival brings together top chefs, food producers, winemakers, and food enthusiasts from across Italy and beyond. It features a wide array of events, including cooking demonstrations, wine tastings, food markets, and gourmet dining experiences. Visitors can watch acclaimed chefs prepare signature dishes, often with a focus on local, seasonal ingredients.

The festival also includes panel discussions and conferences on topics related to gastronomy, sustainability in food production, and the future of Sicilian cuisine. These events provide a platform for industry professionals to exchange ideas and for the public to gain deeper insights into culinary trends and traditions.

Caretto Siciliano

Il festival sfrutta le splendide location di Taormina, con concerti che si tengono in vari luoghi scenografici della città. L'antico Teatro Greco, con il suo spettacolare sfondo del Mar Ionio e dell'Etna, spesso funge da palco principale, offrendo un'ambientazione indimenticabile per le esibizioni serali.

Durante la settimana, i visitatori possono godere di una vasta gamma di stili jazz, dal tradizionale al contemporaneo, dal fusion all'avanguardistico. Oltre ai concerti principali, il festival spesso include jam session, lezioni e laboratori, offrendo l'opportunità agli appassionati di jazz e ai musicisti emergenti di imparare da e interagire con artisti affermati.

Taormina Gourmet

Ottobre (generalmente dura diversi giorni)

Il Taormina Gourmet è un'aggiunta relativamente recente al calendario delle feste siciliane, ma è rapidamente diventato uno degli eventi culinari più attesi della regione. Lanciato nei primi anni 2010, questa festa celebra il ricco patrimonio gastronomico della Sicilia, mettendo in mostra anche approcci innovativi alla cucina tradizionale.

La festa riunisce chef di alto livello, produttori alimentari, viticoltori ed appassionati di gastronomia da tutta Italia e oltre. Offre un'ampia gamma di eventi, tra cui dimostrazioni culinarie, degustazioni di vini, mercati alimentari ed esperienze culinarie gourmet. I visitatori possono osservare chef acclamati preparare piatti esclusivi, spesso con ingredienti locali e di stagione.

La festa include anche tavole rotonde e conferenze su temi legati alla gastronomia, alla sostenibilità nella produzione alimentare e al futuro della cucina siciliana. Questi eventi offrono un palco per i professionisti del settore per scambiarsi idee e per il pubblico per acquisire una comprensione più approfondita delle tendenze e tradizioni culinarie.

10

Naro's Black Saint: The Miracles of San Calogero

Festa di San Calogero

Where: Naro

When: June 15-25

Average Festival Temperatures: High: 31°C (88°F). Low: 20°C (68°F).

Discover Naro: Baroque Gem of Agrigento

Nestled in the heart of Sicily's Agrigento province, Naro stands as a testament to the island's rich history and cultural heritage. This charming hill town, often overlooked by casual tourist, offers a glimpse into Sicily's authentic past, with its winding medieval streets, impressive baroque architecture, and panoramic views of the surrounding countryside.

The origins of Naro stretch back to ancient times, with some historians suggesting it may have been founded by the Sicani, one of Sicily's earliest indigenous peoples. However, its documented history begins in the medieval period.

Il Santo Nero di Naro: I Miracoli di San Calogero

Festa di San Calogero

Dove: Naro

Quando: 15-25 giugno

Temperature medie durante la festa: Massima: 31°C (88°F). Minima: 20°C (68°F).

Scoprire Naro: Gemma barocca di Agrigento

Situata nel cuore della provincia di Agrigento in Sicilia, Naro si erge come un simbolo della ricca storia e del patrimonio culturale dell'isola. Questo affascinante borgo collinare, spesso trascurato dai turisti occasionali, offre uno sguardo sul passato autentico della Sicilia, con le sue tortuose strade medievali, l'imponente architettura barocca e le viste panoramiche sulla campagna circostante.

Le origini di Naro risalgono a tempi antichi, con alcuni storici che suggeriscono sia stata fondata dai Sicani, uno dei popoli indigeni più antichi della Sicilia. Tuttavia, la sua storia documentata inizia nel periodo medievale.

La Festa di San Calogero

The town flourished under Arab rule in the 9th century, as evidenced by its name, believed to derive from the Arabic word "nahr," meaning river. Following the Norman conquest of Sicily, Naro gained prominence as a strategic stronghold. The powerful Chiaramonte family left an indelible mark on the town during the 14th century, constructing the imposing castle that still dominates Naro's skyline. Throughout the centuries, Naro passed through various hands, including Spanish rule, each leaving layers of cultural and architectural influence.

Naro is perched on a hill about 520 meters above sea level, offering stunning views of the surrounding Sicilian landscape. The town is located approximately 20 kilometers east of Agrigento and its famous Valley of the Temples, and about 30 kilometers from the Mediterranean coast. This strategic position in the heart of Sicily's interior has shaped Naro's history and character. The town is surrounded by rolling hills covered with olive groves, vineyards, and almond orchards, typical of the Sicilian countryside. The Naro River, from which the town may take its name, flows nearby, contributing to the fertility of the land.

Naro is a small town with a population of around 7,000. Despite its modest size, it boasts an impressive array of historical and architectural treasures.

Festival of Saint Calogero

The Festa di San Calogero in Naro is a major religious and cultural event celebrated with immense passion and dedication. In Naro, the cult of the "Black Saint" is deeply revered, as San Calogero serves as the town's patron saint.

From June 15 to June 25, the Friends of San Calò committee hosts joyful festivities throughout the city. The celebration begins on June 15 when the statue of the saint is brought out from the crypt beneath the Sanctuary church, leading up to the major celebration on June 18.

On this day, the statue is transported using a "straula" or "Cart of Miracles". The faithful pull it with a rope over 100 meters long, from the Sanctuary of San Calogero to the city's Mother Church. Participants in the procession shout "Viva Diu e San Calò," and it's common to see them walking barefoot, occasionally even climbing the town's steep slopes to reach the Sanctuary.

Il paese fiorì sotto il dominio arabo nel IX secolo, come suggerisce il nome, che deriva probabilmente dall'arabo *nahr* (fiume). Dopo la conquista normanna della Sicilia, Naro acquisì importanza come roccaforte strategica. La potente famiglia Chiaramonte lasciò un'impronta indelebile sulla città durante il XIV secolo, costruendo l'imponente castello che ancora oggi domina il profilo di Naro. Nel corso dei secoli, Naro passò sotto diverse dominazioni, tra cui quella spagnola, ciascuna delle quali lasciò strati di influenze culturali e architettoniche.

Naro si trova su una collina a circa 520 metri sul livello del mare, offrendo vedute mozzafiato del paesaggio siciliano circostante. La città è situata a circa 20 chilometri a est di Agrigento e della sua famosa Valle dei Templi e a circa 30 chilometri dalla costa mediterranea. La posizione strategica nel cuore dell'entroterra siciliano ha modellato la storia e il carattere della città. La città è circondata da dolci colline coperte di uliveti, vigneti e mandorleti, tipici del paesaggio siciliano. Il fiume Naro, da cui la città prende il nome, scorre vicino, contribuendo alla fertilità della terra.

Naro è una piccola città con una popolazione di circa 7.000 abitanti. Nonostante le sue dimensioni modeste, vanta un'impressionante serie di tesori storici e architettonici.

La Festa di San Calogero

La Festa di San Calogero a Naro è un importante evento religioso e culturale celebrato con grande passione e dedizione. A Naro, il culto del "Santo Nero" è profondamente radicato, poiché San Calogero è il patrono della città.

Dal 15 al 25 giugno, il Comitato Amici di San Calò organizza festeggiamenti gioiosi in tutta la città. La celebrazione inizia il 15 giugno, quando la statua del santo viene portata fuori dalla cripta sotto il Santuario, culminando nella grande celebrazione del 18 giugno.

In questa giornata, la statua viene trasportata con la "straula" o il "Carro dei Miracoli." I fedeli la trascinano con una corda lunga oltre 100 metri dal Santuario di San Calogero fino alla Chiesa Madre della città. Durante la processione i partecipanti gridano "Viva Diu e San Calò" ed è comune vederli camminare scalzi, talvolta affrontando le ripide salite della città per raggiungere il Santuario.

As part of the event, bread is blessed to represent the body parts San Calogero has miraculously healed. Devotees bring the bread to the Sanctuary, keeping some to share and leaving the rest for distribution. This tradition symbolizes the saint's healing powers and the community's faith.

During the celebration, a fair and market are held on the city's principal streets, along with cultural events such as medieval theater performances, concerts, and other activities. The festivities culminate in a grand fireworks display in front of the Sanctuary of San Calogero on the night of June 17-18.

Besides the June festivities, there is a procession on January 11 to commemorate the Saint's protection of Naro during the powerful 1693 earthquake, further emphasizing the deep connection between the saint and the town.

Who is San Calogero?

Saint Calogero, also known as San Calogero or Saint Calò, holds a significant place in Sicilian Catholic tradition. He is often referred to as the "Black Saint" because of his African origins. Born in North Africa in the 6th century, San Calogero traveled to Sicily, where he became a hermit and renowned miracle worker. He settled in a cave near Naro, and his reputation grew through acts of healing and protection. San Calogero's legacy is defined by miraculous interventions, particularly in curing the sick and safeguarding the faithful from disasters.

The Saint's influence remains strong in Naro. His significance is further emphasized by two notable historical events. During the 1626 plague, Sister Serafina Pulcella Lucchesi, a Capuchin nun, experienced a vision of San Calogero while praying in his sanctuary cave. In this vision, the saint assured her that God had heard her prayers and that the plague would soon end. Historical accounts credit San Calogero with saving Naro from the devastating earthquake of 1693, further cementing his role as a protector of the town.

These events have contributed to the enduring devotion to San Calogero in Naro and throughout Sicily, where he is revered as a powerful intercessor and guardian. The miracles attributed to him, along with his humble origins and dedication to serving others, have made San Calogero a beloved figure in Sicilian religious and cultural traditions, inspiring faith and hope for centuries.

Come parte dell'evento, il pane viene benedetto per rappresentare le parti del corpo che San Calogero ha miracolosamente guarito. I devoti portano il pane al Santuario, conservandone una parte per condividerla e lasciando il resto per la distribuzione. Questa tradizione simboleggia i poteri di guarigione del santo e la fede della comunità.

Durante la celebrazione, si svolgono una fiera e un mercato nelle principali strade della città, insieme a eventi culturali come rappresentazioni teatrali medievali, concerti e altre attività. I festeggiamenti culminano in un grande spettacolo pirotecnico davanti al Santuario di San Calogero nella notte tra il 17 e il 18 giugno.

Oltre ai festeggiamenti di giugno, si tiene una processione l'11 gennaio per commemorare la protezione del Santo durante il potente terremoto del 1693, sottolineando ulteriormente il profondo legame tra il santo e la città.

Chi è San Calogero?

San Calogero, noto anche come San Calò, occupa un posto significativo nella tradizione cattolica siciliana. È spesso chiamato il "Santo Nero" per le sue origini africane. Nato in Nord Africa nel VI secolo, San Calogero giunse in Sicilia, dove divenne un eremita e un rinomato taumaturgo. Si stabilì in una grotta vicino a Naro e la sua fama crebbe grazie a guarigioni e atti di protezione. L'eredità di San Calogero è definita da interventi miracolosi, in particolare nella cura degli ammalati e nella protezione dei fedeli dalle disgrazie.

L'influenza di San Calogero rimane forte a Naro. La sua importanza è ulteriormente enfatizzata da due eventi storici significativi. Durante la peste del 1626, Suor Serafina Pulcella Lucchesi, una suora cappuccina, ebbe una visione di San Calogero mentre pregava nella sua caverna-santuario. In questa visione, il Santo le assicurò che Dio aveva ascoltato le sue preghiere e che la peste sarebbe presto finita. Inoltre, le cronache storiche attribuiscono a San Calogero il merito di aver salvato Naro dal devastante terremoto del 1693, consolidando ulteriormente il suo ruolo di protettore della città.

Questi eventi hanno contribuito alla devozione duratura a San Calogero a Naro e in tutta la Sicilia, dove è venerato come un potente intercessore e guardiano. I miracoli a lui attribuiti, insieme alle sue umili origini e alla dedizione nel servire gli altri, hanno fatto di San Calogero una figura amata nelle tradizioni religiose e culturali siciliane, ispirando fede e speranza per secoli.

Schedule of the Events during the Festa di San Calogero

Day 1: Saturday (The day before the major festival)

Morning: Naro's streets are vibrant, with market stalls and vendors offering traditional Sicilian food, crafts, and souvenirs.

Afternoon: Local bands and musicians perform in the main square, entertaining both residents and visitors.

Evening: Many devout individuals attend the Vigil Mass, a special religious service held at the church of San Calogero.

The Candlelight Procession is a solemn event where people carry candles, sing hymns, and walk through the streets in honor of San Calogero.

Day 2: Sunday (Main festival day)

Morning: The San Calogero church holds a high mass during which the priest blesses and distributes the bread to those in attendance, symbolizing the blessings of San Calogero.

Late Morning: The streets of Naro come alive with the procession of San Calogero. Dedicated followers carry the statue on their shoulders during the procession, which is a major focal point of the festival. Prayers, hymns, bells, and fireworks add to the atmosphere.

Evening: The procession continues, making stops in various areas of the town. The faithful lining the streets offer prayers and flowers.

Folk music, dance performances, and theatrical presentations are among the cultural events held in the main square and other venues.

A fireworks display ends the evening's festivities.

Day 3: Monday (The day after the big celebration)

Morning: There is a mass of thanksgiving at the church of San Calogero to express gratitude for the successful celebration of the festival.

Afternoon: Community gatherings bring residents together to share meals, socialize, and reconnect with each other.

Calendario degli Eventi durante la Festa di San Calogero

Giorno 1: Sabato (vigilia della festa principale)

Mattina: Le strade di Naro sono animate da bancarelle e venditori che offrono cibo tradizionale siciliano, artigianato e souvenir.

Pomeriggio: Bande locali e musicisti si esibiscono nella piazza principale, intrattenendo sia i residenti che i visitatori.

Sera: Molte persone devote partecipano alla Messa della Vigilia, un servizio religioso speciale che si tiene nella chiesa di San Calogero. La Processione a lume di candela è un evento solenne in cui i partecipanti portano candele, cantano inni e percorrono le strade in onore di San Calogero.

Giorno 2: Domenica (giorno della festa principale)

Mattina: La chiesa di San Calogero celebra una messa solenne durante la quale il sacerdote benedice e distribuisce il pane ai presenti, simboleggiando le benedizioni di San Calogero.

Tarda mattina: Le strade di Naro si animano con la processione di San Calogero. I devoti portano la statua sulle spalle durante la processione, che rappresenta uno degli eventi principali della festa. Preghiere, inni, campane e fuochi d'artificio arricchiscono l'atmosfera.

Sera: La processione prosegue, facendo delle fermate in diverse zone del paese. I fedeli, lungo le strade, offrono preghiere e fiori. Musica popolare, danze e spettacoli teatrali sono tra gli eventi culturali organizzati nella piazza principale e in altri luoghi. I festeggiamenti della serata si concludono con uno spettacolo di fuochi d'artificio.

Giorno 3: Lunedì (il giorno dopo la grande celebrazione)

Mattina: Le persone celebrano una messa di ringraziamento nella chiesa di San Calogero per esprimere gratitudine per la buona riuscita della festa.

Pomeriggio: Incontri comunitari uniscono i residenti per condividere pasti, socializzare e ristabilire legami tra di loro.

Evening: During the closing ceremony, local dignitaries give speeches, and there are final musical performances and dances.

The Festa di San Calogero in Naro is a dynamic celebration that highlights the town's strong religious beliefs and diverse cultural customs, offering an unforgettable experience to both locals and tourists.

Special Festival Treat
Pane di San Calogero (Bread of St. Calogero)

In Naro, Sicily, the Festa di San Calogero is not only a religious celebration but also a culinary event that showcases the region's rich gastronomic heritage. Central to this tradition is the Pane di San Calogero, special bread that holds both symbolic and spiritual significance.

The Pane di San Calogero is a unique bread crafted specifically for the festival. What makes this bread special is its connection to the saint's miracles and the community's faith. Bakers shape the bread into various forms, each representing different parts of the human body that San Calogero is believed to have healed. Common shapes include hands, feet, eyes, and ears, symbolizing the saint's healing powers.

The bread is made using traditional Sicilian wheat and is often flavored with local ingredients such as fennel seeds or olive oil, giving it a distinctive taste that reflects the region's culinary traditions. Before the festival, local families and bakeries prepare large quantities of this bread, viewing the act of baking as a form of devotion and participation in the celebration.

During the festa, the bread is brought to the Sanctuary of San Calogero where it is blessed in a special ceremony. This blessing is believed to imbue the bread with healing properties. After the blessing, some of the bread is distributed to the faithful, while the rest is kept by the owners to share with family and friends.

The tradition of the Pane di San Calogero goes beyond mere sustenance; it's a tangible representation of the community's faith, a symbol of the saint's miracles, and a way for the people of Naro to connect with their cultural and religious heritage. The sharing of this blessed bread among community members also serves to strengthen social bonds and reinforce the collective nature of the celebration.

Sera: Durante la cerimonia di chiusura, le autorità locali pronunciano discorsi e ci sono ultime esibizioni musicali e danze.

La Festa di San Calogero a Naro è una celebrazione vivace che mette in risalto la forte fede religiosa della città e le sue tradizioni culturali diversificate, offrendo un'esperienza indimenticabile sia per i locali che per i turisti.

Dolce Speciale della Festa
Pane di San Calogero

A Naro, in Sicilia, la Festa di San Calogero non è solo una celebrazione religiosa, ma anche un evento gastronomico che mette in evidenza l'antica tradizione culinaria della regione. Al centro di questa tradizione c'è il Pane di San Calogero, un pane speciale che ha sia un significato simbolico che spirituale.

Il Pane di San Calogero è un pane unico, preparato appositamente per la festa. Ciò che rende questo pane speciale è la sua connessione con i miracoli del santo e la fede della comunità. I panettieri modellano il pane in varie forme, ognuna delle quali rappresenta diverse parti del corpo umano che si ritiene San Calogero abbia guarito. Le forme più comuni includono mani, piedi, occhi e orecchie, simboleggiando i poteri di guarigione del santo.

Il pane è preparato con grano siciliano tradizionale e spesso viene aromatizzato con ingredienti locali come semi di finocchio o olio d'oliva, conferendogli un gusto distintivo che riflette le tradizioni culinarie della regione. Prima della festa, le famiglie locali e le panetterie preparano grandi quantità di questo pane, considerando l'atto della panificazione come una forma di devozione e partecipazione alla celebrazione.

Durante la festa, il pane viene portato al Santuario di San Calogero, dove viene benedetto in una cerimonia speciale. Si crede che questa benedizione conferisca al pane proprietà curative. Dopo la benedizione, parte del pane viene distribuito ai fedeli, mentre il resto viene conservato dai proprietari per essere condiviso con familiari e amici.

La tradizione del Pane di San Calogero va oltre il semplice nutrimento; è una rappresentazione tangibile della fede della comunità, un simbolo dei miracoli del santo e un modo per il popolo di Naro di connettersi con il proprio patrimonio culturale e religioso. La condivisione di questo pane benedetto tra i membri della comunità rafforza anche i legami sociali e rinforza la natura collettiva della celebrazione.

Naro Festivals Throughout the Year

Festa della Madonna Addolorata (Feast of our Lady of Sorrows)

Good Friday (during Easter week)

The Feast of the Madonna Addolorata is a solemn and deeply moving celebration that takes place on Good Friday as part of Naro's Holy Week observances. This festival centers on a procession featuring the statue of the Madonna Addolorata (Our Lady of Sorrows), which is carried through the streets of Naro.

The procession typically begins at sundown, with participants dressed in traditional mourning attire carrying candles, creating a somber and reflective atmosphere. The statue of the Madonna, dressed in black to symbolize her grief, is accompanied by the haunting sounds of funeral marches played by local bands.

Festa di San Giovanni Battista (St. John the Baptist)

June 24

The Festa di San Giovanni Battista (Feast of St. John the Baptist) is a joyous celebration held annually on June 24th in Naro. This festival honors St. John the Baptist, who holds a special place in Sicilian tradition. The day begins with a solemn Mass, followed by a lively procession through the town's streets, featuring a statue of the saint.

As the day progresses, the atmosphere becomes more festive. The town square comes alive with music, featuring both traditional Sicilian folk tunes and contemporary performances. Local dance groups often perform traditional dances, adding color and energy to the celebrations.

Food plays a central role in the festival, with street vendors and local restaurants offering a wide array of Sicilian delicacies. Traditional dishes associated with the feast, such as "pasta con le sarde" (pasta with sardines) and "cuccia" (a sweet wheat berry pudding), are particularly popular.

The evening typically culminates in a spectacular fireworks display, illuminating Naro's night sky and marking the climax of the festivities. This festival not only celebrates the saint but also serves as a time for the community to come together, strengthening social bonds and preserving local traditions.

Feste a Naro durante l'anno

Festa della Madonna Addolorata

Venerdì Santo (durante la settimana di Pasqua)

La Festa della Madonna Addolorata è una celebrazione solenne e profondamente emozionante che si celebra il Venerdì Santo, come parte delle cerimonie della Settimana Santa di Naro. Al centro di questa festività c'è una processione che vede la statua della Madonna Addolorata portata per le vie di Naro.

La processione di solito inizia al tramonto, con i partecipanti vestiti con abiti tradizionali di lutto e con in mano candele, creando un'atmosfera carica di riflessione e raccoglimento. La statua della Madonna, vestita di nero per simboleggiare il suo dolore, è accompagnata dalle note struggenti delle marce funebri suonate dalle bande locali.

Festa di San Giovanni Battista

24 giugno

La Festa di San Giovanni Battista è una celebrazione gioiosa celebrata ogni anno il 24 giugno a Naro. Questa festa onora San Giovanni Battista, che detiene un posto speciale nella tradizione siciliana. La giornata inizia con una Messa solenne, seguita da una vivace processione per le strade del paese, con la statua del santo portata in giro.

Con il passare delle ore, l'atmosfera si fa sempre più festosa. La piazza principale si anima con la musica, che spazia dai canti popolari siciliani alle performance contemporanee. I gruppi folkloristici locali spesso eseguono danze tradizionali, aggiungendo colore ed energia alle celebrazioni.

Il cibo riveste un ruolo centrale nella festa, con venditori ambulanti e ristoranti locali che offrono una vasta gamma di prelibatezze siciliane. Piatti tradizionali associati alla festività come la pasta con le sarde e la cuccìa (un dolce a base di grano bollito) sono particolarmente popolari.

La serata solitamente si conclude con un'imponente spettacolo di fuochi d'artificio, che illumina il cielo notturno di Naro e segna il culmine dei festeggiamenti. Questa festa non celebra solo il santo, ma rappresenta anche un momento di unione per la comunità, un'opportunità per rafforzare i legami sociali e preservare le tradizioni locali.

11

Maletto's Strawberry Spectacular

Sagra della Fragola

Where: Maletto, province of Catania.

When: When the strawberries are ripe, late June / early July.

Event Website:

https://www.comune.maletto.ct.it/eventi/sagra_della_fragola.aspx

Average Festival Temperatures: High: 25°C - 30°C (77°F - 86°F). Low: 15°C - 20°C (59°F - 68°F).

Discovering Maletto: Sentinel of Mount Etna

Perched on the northwestern slopes of Mount Etna, Maletto stands as a silent sentinel overlooking the majestic volcano and the surrounding Sicilian landscape. This small, picturesque town, often overshadowed by its more famous neighbors, offers visitors a genuine glimpse into rural Sicilian life, set against the backdrop of Europe's largest active volcano.

La Spettacolare Fragola di Maletto

Sagra della Fragola

Dove: Maletto, provincia di Catania.

Quando: Quando le fragole sono mature, fine giugno/inizio luglio.

Sito web dell'evento:

https://www.enjoysicilia.it/it/events/sagra-fragola-maletto/

Temperature medie durante la festa: Massime: 25°C - 30°C. Minime: 15°C - 20°C.

Scoprire Maletto: Sentinella del Monte Etna

Arroccato sui pendii nord-occidentali del Monte Etna, Maletto si erge come una silenziosa sentinella che domina il maestoso vulcano e il paesaggio siciliano circostante. Questo piccolo e pittoresco paese, spesso messo in ombra dai suoi vicini più famosi, offre ai visitatori uno sguardo autentico sulla vita rurale siciliana, incorniciata dal più grande vulcano attivo d'Europa.

Le Fragole di Maletto

The history of Maletto is intimately tied to the feudal period of Sicily. While the area has been inhabited since ancient times, the town as we know it today was founded in 1263 by Manfredi Maletta, the Count of Mineo and Grand Chancellor of the Kingdom of Sicily. The town's name is derived from its founder, serving as a lasting testament to its feudal origins. Throughout the centuries, Maletto changed hands among various noble families, each leaving their mark on the town's development.

Maletto enjoys a unique position at an elevation of approximately 960 meters above sea level, making it one of the highest towns in the province of Catania. This elevation provides Maletto with a cooler climate compared to coastal areas, influencing both its agriculture and its appeal as a summer retreat. The town is 60 kilometers northwest of Catania and is part of the Parco dell'Etna, the nature reserve surrounding Mount Etna. Maletto's landscape is characterized by lush forests, particularly rich in oak and chestnut trees, interspersed with agricultural lands.

Maletto has a population of around 3,500 residents.

The Strawberry Festival

Maletto may be a small town, but it hosts a strawberry festival that's larger than life. Nestled at the base of Mount Etna, Maletto's volcanic soil is rich in nutrients, creating ideal conditions for cultivating extraordinary strawberries, celebrated for their flavor, fragrance, and vibrant color. Every year since 1987, Maletto transforms into the "City of Strawberries," attracting hundreds of tourists and visitors eager to taste this iconic fruit at its best.

The festival spans three days, typically running from Friday to Sunday, and offers a sensory feast of strawberry-based experiences. It's not just a showcase for the town's prized strawberries but a full immersion into local traditions, food, and culture. One of the festival's highlights is the creation of a giant strawberry cake that weighs over a thousand kilos, made by local bakers and pastry chefs. This massive cake is proudly displayed and ceremoniously offered to all attendees, a symbol of Maletto's hospitality and the bounty of its lands.

Throughout the event, the streets of Maletto are lined with colorful stands and market stalls where local farmers proudly display their strawberries in various forms, from fresh fruit sold in plants and boxes to jams, syrups, and desserts.

La storia di Maletto è strettamente legata al periodo feudale della Sicilia. Sebbene l'area sia abitata fin dall'antichità, la città come la conosciamo noi oggi venne fondata nel 1263 da Manfredi Maletta, Conte di Mineo e Gran Cancelliere del Regno di Sicilia. Il nome del paese deriva proprio dal suo fondatore, testimoniando le sue origini feudali. Nei secoli, Maletto è passato di mano tra varie famiglie nobili, ognuna delle quali ha lasciato il proprio segno sullo sviluppo della città.

Maletto gode di una posizione unica a circa 960 metri sul livello del mare, rendendola una delle città più alte della provincia di Catania. Questa altitudine conferisce a Maletto un clima più fresco rispetto alle zone costiere, influenzando sia l'agricoltura che il suo fascino come rifugio estivo. Il paese si trova a 60 chilometri a nord-ovest di Catania ed è parte del Parco dell'Etna, la riserva naturale che circonda il vulcano. Il paesaggio di Maletto è caratterizzato da foreste lussureggianti, ricche soprattutto di querce e castagni, intervallate da terreni agricoli.

Maletto ha una popolazione di circa 3.500 abitanti.

La Sagra della Fragola

Maletto è un piccolo paese, ma ospita una sagra della fragola che è davvero straordinaria. Situato ai piedi dell'Etna, il terreno vulcanico di Maletto è ricco di nutrimenti, creando le condizioni ideali per coltivare fragole straordinarie, apprezzate per il loro sapore, profumo e colore vivace. Ogni anno dal 1987, Maletto si trasforma nella "Città delle Fragole," attirando centinaia di turisti e visitatori desiderosi di gustare questo frutto iconico al massimo della sua qualità.

La sagra dura tre giorni, solitamente da venerdì a domenica, e offre una festa sensoriale di esperienze a base di fragola. Non è solo una vetrina delle fragole pregiate del paese, ma un'immersione completa nelle tradizioni, nella gastronomia e nella cultura locali. Uno dei momenti clou della sagra è la creazione di una torta gigante alla fragola che pesa oltre mille chili, realizzata da fornai e pasticceri locali. Questa torta enorme viene orgogliosamente esposta e offerta cerimonialmente a tutti i partecipanti, simbolo dell'ospitalità di Maletto e della generosità delle sue terre.

Durante l'evento, le strade di Maletto si riempiono di bancarelle colorate dove i contadini locali espongono con orgoglio le loro fragole in varie forme: frutti freschi venduti in piantine e cassette, marmellate, sciroppi e dolci.

Among the sweet creations are strawberry gelato, delicate strawberry-filled cannoli, and traditional Sicilian cassata infused with strawberry flavors. Attendees can also enjoy unique strawberry granitas, rich strawberry tarts, and pastries drizzled with strawberry coulis.

For a refreshing twist, try strawberry-infused drinks, including cocktails and freshly pressed juices. Complimentary samples invite visitors to savor these delights, highlighting different varieties of strawberries, such as the "reflowering" strawberry, which ripens from January to December, and the traditional strawberry, known for its sweeter taste and fragrant aroma.

Local chefs also take center stage, preparing strawberry-based dishes ranging from simple desserts to more creative, savory recipes like strawberry risottos and salads, showcasing the fruit's versatility.

The festival is not only about strawberries, but it also serves as a cultural celebration of Maletto and its surroundings. Visitors can enjoy traditional Sicilian music, folklore performances, and parades featuring locals dressed in colorful costumes. Children's activities, cooking demonstrations, and guided tours of nearby strawberry fields provide educational and fun opportunities for families. The event culminates with a grand finale on Sunday, often featuring fireworks or a concert that adds a festive touch to this beloved annual tradition.

By celebrating its famous strawberries, Maletto invites visitors to discover the charm of a Sicilian town that turns its agricultural riches into a sweet, shared experience.

Maletto Festivals Throughout the Year

Estate Malettese (Maletto Summer Festival)

July and August

Estate Malettese is a summer event in Maletto, Sicily, celebrated with a series of activities and festivities that reflect the town's cultural and social life. Typically held between July and August, it includes outdoor concerts, theatrical performances, art exhibitions, and sporting events, all of which aim to bring the local community together while entertaining visitors.

Tra le creazioni dolci ci sono gelati alla fragola, delicati cannoli ripieni di fragola e cassate siciliane tradizionali arricchite con il sapore della fragola. I partecipanti possono gustare anche granite alla fragola, ricche crostate e pasticcini guarniti con coulis di fragola.

Per un tocco rinfrescante, provate le bevande alla fragola, inclusi cocktail e succhi freschi. Degustazioni gratuite invitano i visitatori a scoprire queste delizie evidenziando le diverse varietà di fragole, come la fragola "rifiorente," che matura da gennaio a dicembre, e la fragola tradizionale, nota per il suo sapore dolce e il profumo intenso.

Gli chef locali prendono anche il centro della scena, preparando piatti a base di fragole che spaziano da semplici dessert a ricette più creative e saporite, come risotti e insalate di fragole, dimostrando la versatilità di questo frutto.

La sagra non è solo un inno alle fragole, ma anche una celebrazione culturale di Maletto e dei suoi dintorni. I visitatori possono godere di musica tradizionale siciliana, spettacoli folcloristici e sfilate con abitanti vestiti in costumi colorati. Attività per bambini, dimostrazioni culinarie e visite guidate ai campi di fragole offrono opportunità educative e divertenti per le famiglie.

L'evento si conclude con un gran finale la domenica, spesso con fuochi d'artificio o un concerto che aggiunge un tocco festoso a questa amata tradizione annuale.

Celebrando le sue famose fragole, Maletto invita i visitatori a scoprire il fascino di un paese siciliano che trasforma le sue ricchezze agricole in un'esperienza dolce e condivisa.

Feste a Maletto durante l'anno

Estate Malettese

July and August

Concerti vari ed eventi in piazza che accompagnano la Sagra della Fragola.

Estate Malettese è un evento estivo a Maletto, in Sicilia, celebrato con una serie di attività e festeggiamenti che riflettono la vita culturale e sociale del paese. Solitamente organizzato tra luglio e agosto, include concerti all'aperto, spettacoli teatrali, mostre d'arte ed eventi sportivi, il tutto per unire la comunità locale e intrattenere i visitatori.

12

FestaFusion Palermo

Melodies and Miracles

FestaFusion Palermo

#1: The Sicilia Jazz Festival: The Sicilia Jazz Festival takes place in Palermo from late June to early July, with performances at the Teatro di Verdura and throughout the historic center.

#2: Festa di Santa Rosalia: The Festival of Santa Rosalia, Palermo's largest festival, is celebrated from July 10th to 15th, featuring processions, concerts, fireworks, and traditional street food in honor of the city's patron saint.

#FestaFusion means two or more festivals happen at around the same time in the same town, so visitors can enjoy multiple events during their visit.

When: Jazz Fest Starts late June and runs for two weeks. Santa Rosalia is celebrated July 10-15th.

Where: Palermo

Event Website: https://siciliajazzfestival.com/

https://ilfestinodisantarosalia.it/

Festa Fusion Palermo

#1: Sicilia Jazz Festival

Il Sicilia Jazz Festival si svolge a Palermo da fine giugno a inizio luglio, con esibizioni al Teatro di Verdura e nel centro storico.

#2: Festa di Santa Rosalia

La Festa di Santa Rosalia, la più grande celebrazione di Palermo, si tiene dal 10 al 15 luglio, includendo processioni, concerti, fuochi d'artificio e cibo da strada tradizionale in onore della patrona della città.

#FestaFusion indica che due o più feste si svolgono contemporaneamente nella stessa città, così i visitatori possono godere di più eventi durante la loro visita.

Quando: Il Sicilia Jazz Festival inizia a fine giugno e dura due settimane. La Festa di Santa Rosalia si celebra dal 10 al 15 luglio.

Dove: Palermo

Sito web dell'evento: https://siciliajazzfestival.com/

https://ilfestinodisantarosalia.it/

Temperature medie durante le feste: Massima: 30-31°C (86-88°F). Minima: 22-23°C (72-73°F).

San Giovanni degli Ermiti

Discovering Palermo: Crossroads of Civilizations

Palermo, the vibrant capital of Sicily, stands as a living testament to the island's complex history and cultural diversity. Nestled in the heart of the Conca d'Oro (Golden Shell), a fertile plain framed by mountains and the Tyrrhenian Sea, this ancient city has been a coveted prize for many civilizations throughout its nearly 3,000-year history. Today, Palermo captivates visitors with its unique blend of architectural styles, bustling markets, rich culinary traditions, and the palpable energy of a metropolis that has witnessed the rise and fall of empires.

The history of Palermo is a tapestry woven from the threads of many cultures. Founded by the Phoenicians in the 8th century BC as Ziz, meaning "flower," the city quickly became an important Mediterranean port. Its strategic location made it a prime target for conquest, and over the centuries, Palermo fell under the control of Carthaginians, Romans, Byzantines, Arabs, Normans, and Spanish rulers, each leaving an indelible mark on the city's character.

Roger I of Sicily led the Normans in the conquest of Palermo in 1072, ushering in a period of cultural fusion between Norman, Arab, and Byzantine influences.

Palermo

Scoprire Palermo: Crocevia di Civiltà

Palermo, il vivace capoluogo della Sicilia, è testimone vivente della complessa storia e diversità culturale dell'isola. Situata nel cuore della Conca d'Oro, una fertile pianura circondata da montagne e dal Mar Tirreno, questa antica città è stata un premio ambito per molte civiltà nel corso dei suoi quasi 3000 anni di storia. Oggi, Palermo incanta i visitatori con la sua combinazione unica di stili architettonici, mercati vivaci, ricche tradizioni culinarie e l'energia palpabile di una metropoli che ha visto l'ascesa e la caduta di imperi.

Cattedrale di Palermo

La storia di Palermo è un intreccio di culture diverse. Fondata dai Fenici nell'VIII secolo a.C. con il nome di Ziz, che significa "fiore," la città divenne presto un importante porto mediterraneo. La sua posizione strategica la rese un obiettivo principale per le conquiste, e nei secoli, Palermo cadde sotto il controllo di Cartaginesi, Romani, Bizantini, Arabi, Normanni e Spagnoli, ognuno lasciando un segno indelebile sul carattere della città.

Ruggero I di Sicilia guidò i Normanni nella conquista di Palermo nel 1072, dando inizio ad un periodo di fusione culturale tra influenze normanne, arabe e bizantine.

Under the Normans, led by rulers such as Roger II, Palermo flourished as the capital of the Kingdom of Sicily. This period was followed by Swabian rule under the Germanic emperor Frederick II and later Angevin rule under the French House of Anjou. Palermo experienced a golden age during this time, marked by thriving trade, religious diversity, and impressive architectural achievements such as the Palatine Chapel.

The Arab-Norman period (9th to 12th centuries) was influential, transforming Palermo into one of the most splendid cities in Europe. This era bequeathed to the city a legacy of architectural marvels that earned UNESCO World Heritage status in 2015, including the Norman Palace, the Palatine Chapel, and the Cathedral.

Palermo's Mediterranean climate, with hot summers and mild winters, has shaped its agriculture, architecture, and way of life. The surrounding countryside, rich in citrus groves and olive orchards, provides a stark contrast to the bustling urban center and offers a glimpse into Sicily's agrarian traditions.

Palermo is home to approximately 650,000 residents, making it the fifth-largest city in Italy.

#1: Sicilia Jazz Festival

The Sicilia Jazz Festival, held annually in Palermo, is a significant cultural event that takes place from the end of June to early July, with the primary venue being the Teatro di Verdura. Launched in 2021 by the Brass Group, an organization founded in 1974 by Ignazio Garsia to promote jazz in Sicily, the festival has grown into a prestigious event. The Brass Group has a deep connection to jazz culture in Palermo, having hosted legendary artists like Dizzy Gillespie and Miles Davis in past concerts. The group is also known for its Orchestra Jazz Siciliana, which plays a central role in the festival.

The festival's aim is to revive Sicily's jazz scene, which traces its roots back to figures like Nick La Rocca, and to provide a platform for jazz performances in iconic locations. The festival features over 100 concerts, with performances from world-renowned artists such as Gregory Porter, Marcus Miller, and Veronica Swift, alongside young talent from local music conservatories. In addition to concerts, the event includes book presentations and video screenings on the history and significance of jazz.

Sotto i Normanni, guidati da sovrani come Ruggero II, Palermo prosperò come capitale del Regno di Sicilia. Questo periodo fu seguito dal dominio svevo sotto l'imperatore germanico Federico II e successivamente dal dominio angioino sotto la casa francese d'Angiò. Palermo visse un'età dell'oro durante questo periodo, caratterizzata da un fiorente commercio, una grande varietà religiosa e impressionanti realizzazioni architettoniche come la Cappella Palatina.

Il periodo arabo-normanno (dal IX al XII secolo) fu influente, trasformando Palermo in una delle città più splendide d'Europa. Questa era lasciò alla città un'eredità di meraviglie architettoniche che nel 2015 guadagnarono il riconoscimento come Patrimonio dell'Umanità dell'UNESCO, tra cui il Palazzo dei Normanni, la Cappella Palatina e la Cattedrale.

Il clima mediterraneo di Palermo, con estati calde e inverni miti, ha influenzato la sua agricoltura, l'architettura e il modo di vivere. La campagna circostante, ricca di agrumeti e uliveti, offre un contrasto netto con il vivace centro urbano e dà uno spunto sulle tradizioni agricole siciliane.

Palermo ospita circa 650.000 abitanti, rendendola la quinta città più grande d'Italia.

#1: Sicilia Jazz Festival

Il Sicilia Jazz Festival, che si tiene annualmente a Palermo, è un evento culturale di grande rilevanza che si svolge dalla fine di giugno all'inizio di luglio, con il principale palcoscenico presso il Teatro di Verdura. Lanciato nel 2021 dal Brass Group, un'organizzazione fondata nel 1974 da Ignazio Garsia per promuovere il jazz in Sicilia, il festival è cresciuto diventando un appuntamento prestigioso. Il Brass Group ha una profonda connessione con la cultura jazz a Palermo, avendo ospitato artisti leggendari come Dizzy Gillespie e Miles Davis in concerti passati. Il gruppo è anche noto per la sua Orchestra Jazz Siciliana, che svolge un ruolo centrale nel festival.

L'obiettivo del festival è rivitalizzare la scena jazz della Sicilia, che affonda le sue radici in figure come Nick La Rocca, e fornire un palco per le esibizioni jazz in luoghi iconici. Il festival presenta oltre 100 concerti, con performance di artisti di fama mondiale come Gregory Porter, Marcus Miller e Veronica Swift, accanto a giovani talenti provenienti dai conservatori musicali locali. Oltre ai concerti, l'evento include presentazioni di libri e proiezioni video sulla storia e il significato del jazz.

The Sicilia Jazz Festival offers a unique blend of music and culture, creating a magical experience for both jazz enthusiasts and those exploring Palermo's rich history and architecture

The festival takes place in some of Palermo's most prestigious and historic venues, enhancing the cultural and musical experience:

- **Teatro di Verdura**: This outdoor theater, set in the gardens of Palermo, is the festival's central stage. It offers a stunning backdrop for the performances, blending natural beauty with artistic excellence.

Palermo Skyline

Il Sicilia Jazz Festival offre una combinazione unica di musica e cultura, creando un'esperienza magica sia per gli appassionati di jazz che per coloro che esplorano la ricca storia e architettura di Palermo.

Il festival si svolge in alcuni dei luoghi più prestigiosi e storici di Palermo, arricchendo l'esperienza culturale e musicale:

- **Teatro di Verdura**: Questo teatro all'aperto, situato nei giardini di Palermo, è il palcoscenico centrale del festival. Offre uno sfondo mozzafiato per le performance, mescolando la bellezza naturale con l'eccellenza artistica.

- **Santa Maria dello Spasimo:** A fascinating architectural landmark, this 16th-century church, which remains incomplete and roofless, provides an evocative atmosphere for jazz performances. Its open-air setting has been a favorite for blending music with the night sky.

- **Real Teatro Santa Cecilia:** One of Palermo's oldest theaters, dating back to the 17th century, this intimate venue is perfect for jazz enthusiasts. The theater is the home of the Brass Group, adding historical resonance to the performances.

- **Sant'Anna Monumental Complex:** A baroque structure that now serves as a museum and cultural venue, this complex hosts several festival concerts, providing an elegant setting for jazz to be enjoyed in the heart of Palermo.

These venues not only showcase the best of jazz but also immerse visitors in the historical and cultural richness of Palermo. Together with performances from renowned international jazz musicians like Gregory Porter and Marcus Miller, the festival offers a unique, immersive experience that celebrates both music and Sicilian heritage.

#2: Festival of Santa Rosalia (Il Festino di Santa Rosalia)

For the past 400 years, Palermo has celebrated its patron saint, Santa Rosalia, with a festival from July 10th to July 15th. This is Palermo's biggest festival. The event features sacred processions, firework shows, concerts, and various street delicacies such as cassatelle di ricotta (deep-fried pastries filled with sweet ricotta cheese), pane con la milza (a sandwich of veal spleen sautéed in lard, sometimes with lung, served with or without cheese), and arancini (crispy fried rice balls filled with ragù, peas, and cheese).

Who is Santa Rosalia?

Rosalia Sinibaldi, born in 1130, likely in Palermo, was a noblewoman with an illustrious lineage. Her parents were direct descendants of Emperor Charlemagne, and her mother, Maria Guiscardi, was the niece of King Roger II of Sicily.

- **Santa Maria dello Spasimo**: Un affascinante punto di riferimento architettonico, questa chiesa del XVI secolo, che è rimasta incompleta e senza tetto, offre un'atmosfera suggestiva per le esibizioni jazz. La sua location all'aperto è diventata una delle preferite per unire la musica con il cielo notturno.

- **Real Teatro Santa Cecilia**: Uno dei teatri più antichi di Palermo, risalente al XVII secolo, questo luogo tranquillo è perfetto per gli appassionati di jazz. Il teatro è la sede del Brass Group, aggiungendo una risonanza storica alle performance.

- **Complesso Monumentale di Sant'Anna**: Una struttura barocca che ora funge da museo e centro culturale, questo complesso ospita diversi concerti del festival, offrendo un ambiente elegante per godere del jazz nel cuore di Palermo.

Questi luoghi non solo presentano il meglio del jazz, ma immergono anche i visitatori nella ricchezza storica e culturale di Palermo. Insieme alle performance di rinomati musicisti di jazz internazionali come Gregory Porter e Marcus Miller, il festival offre un'esperienza unica e coinvolgente che celebra sia la musica che il patrimonio siciliano.

#2: Festa di Santa Rosalia

Negli ultimi 400 anni, Palermo ha celebrato la sua santa patrona, Santa Rosalia, con una festa dal 10 al 15 luglio. Questa è la festa più grande di Palermo. L'evento include processioni sacre, spettacoli pirotecnici, concerti e varie prelibatezze di strada come le cassatelle di ricotta (dolci fritti ripieni di ricotta dolce), il pane con la milza (un panino con milza di vitello saltata nello strutto, a volte con polmone, servito con o senza formaggio) e gli arancini (palline di riso fritte croccanti, ripiene di ragù, piselli e formaggio).

Chi è Santa Rosalia?

Rosalia Sinibaldi, nata nel 1130 probabilmente a Palermo, era una nobildonna di una stirpe illustre. I suoi genitori erano diretti discendenti dell'Imperatore Carlo Magno, e sua madre, Maria Guiscardi, era la nipote del re Ruggero II di Sicilia.

Legend has it that in 1128, King Roger II of Sicily was watching the sunset from the Royal Palace with his wife, Elvira of Castile. He saw a figure appear and say, "Roger, by the will of God, a rose without thorns will be born in the house of Sinibaldo, your relative." When Rosalia was born, she was given her name in honor of this prophecy.

As a young woman, Rosalia lived in luxury at her father's villa in Olivella and was educated at court. In 1149, she served as an attendant to Queen Sibylla of Burgundy. According to legend, on the eve of her arranged marriage, Rosalia saw the image of Jesus in a mirror. The next day, she cut off her blonde braids, rejected the marriage, and dedicated herself entirely to her faith, a vow she had made in childhood.

At the age of 15, Rosalia left the Royal Palace, her role at court, and her family's home. She sought refuge at the Church of the Santissimo Salvatore, then a monastery in Palermo. However, frequent visits from her parents and fiancé made it difficult for her to focus on her spiritual path.

She eventually left Palermo, leaving a letter in Greek and a wooden cross for the nuns. Rosalia then took refuge in a cave on her father's estate in Santo Stefano Quisquina, where she lived for 12 years. She marked the entrance to the cave with a Latin inscription documenting her way of life. Later, Queen Sibylla allowed her to return to Palermo, where she lived in a cave on Mount Pellegrino. Rosalia passed away peacefully on September 4, 1170, at the age of 40.

Apse of the Chapel of Santa Rosalia

La leggenda narra che nel 1128, il re Ruggero II di Sicilia stava osservando il tramonto dal Palazzo Reale insieme a sua moglie, Elvira di Castiglia. Vide apparire una figura che disse: "Ruggero, per volontà di Dio, nascerà una rosa senza spine nella casa di Sinibaldo, tuo parente." Quando Rosalia nacque, le fu dato il suo nome in onore di questa profezia.

Da giovane, Rosalia visse nel lusso nella villa di suo padre a Olivella e fu educata presso la corte. Nel 1149, servì come dama di compagnia della regina Sibilla di Borgogna. Secondo la leggenda, alla vigilia del suo matrimonio combinato, Rosalia vide l'immagine di Gesù in uno specchio. Il giorno dopo, tagliò le sue trecce bionde, rifiutò il matrimonio e si dedicò completamente alla sua fede, un voto che aveva fatto da bambina.

Santa Rosalia

All'età di 15 anni, Rosalia lasciò il Palazzo Reale, il suo ruolo presso la corte e la casa della sua famiglia. Cercò rifugio nella Chiesa del Santissimo Salvatore, all'epoca un monastero a Palermo. Tuttavia, le visite frequenti dei suoi genitori e del suo fidanzato rendevano difficile concentrarsi sul suo cammino spirituale.

Alla fine, Rosalia lasciò Palermo, lasciando una lettera in greco e una croce di legno per le monache. Rosalia si rifugiò poi in una grotta all'interno di una proprietà di suo padre a Santo Stefano Quisquina, dove visse per 12 anni. Marcò l'ingresso della grotta con un'iscrizione in latino che documentava il suo modo di vivere. Successivamente, la regina Sibilla le permise di tornare a Palermo, dove visse in una grotta sul Monte Pellegrino. Rosalia morì serenamente il 4 settembre 1170, all'età di 40 anni.

The History of the Procession of Santa Rosalia

On July 15, 1624, Rosalia's relics were discovered in a cave that now houses the Sanctuary of Santa Rosalia. Earlier that year, on May 7, a ship from Tunis had brought a devastating plague to Palermo. Less than a year later, on February 13, 1625, Saint Rosalia appeared to Vincenzo Bonello, a soap maker mourning the loss of his young wife to the plague.

In his despair, Vincenzo considered ending his life, but the saint intervened, saving him. She told him that parading her relics through the city while chanting the "Te Deum Laudamus" would stop the plague.

La Storia della Processione di Santa Rosalia

Il 15 luglio 1624, le reliquie di Santa Rosalia furono scoperte in una grotta che oggi ospita il Santuario di Santa Rosalia. In precedenza quell'anno, il 7 maggio, una nave proveniente da Tunisi portò una devastante pestilenza a Palermo. Meno di un anno dopo, il 13 febbraio 1625, Santa Rosalia apparve a Vincenzo Bonello, un saponaio che piangeva la morte della sua giovane moglie a causa della peste.

Nella sua disperazione, Vincenzo stava considerando di porre fine alla sua vita, ma la santa intervenne, salvandolo. Gli disse che portare in processione le sue reliquie per la città, mentre veniva cantato il "Te Deum Laudamus", avrebbe fermato la peste.

Carro di S.ta Rosalia .   Palermo.   Char de S.te Rosalie.

Processione

When her remains were carried through the streets, accompanied by the sacred hymn, the plague miraculously stopped, with no new cases recorded, and the sick were healed. Even today, Saint Rosalia is believed to protect Palermo from disasters like earthquakes, storms, and thunderstorms. Today, the Sanctuary of Santa Rosalia, on Via Bonanno near Palermo, is a church and pilgrimage site built into the stone cliff of Mount Pellegrino, where her relics were found. As Palermo's fourth female patron saint, Saint Rosalia holds a special place in the city's heart.

The Procession

During the Festa di Santa Rosalia, one of the most captivating aspects of the celebration is the grand religious procession through the streets of Palermo. Central to this event are the confraternite (religious brotherhoods), which have been deeply embedded in Sicilian Catholic traditions for centuries. These brotherhoods, made up of laypeople, are tasked with organizing and participating in the procession, displaying deep devotion to Santa Rosalia, who saved Palermo from the plague in 1624.

The confraternite are easily recognized by their traditional garments, which typically comprise long tunics, often white or black, and capes that signify the specific group they belong to. Some brotherhoods also wear distinctive hoods or caps, known as "capi", which are sometimes pointed, and they often carry banners representing their confraternity. These garments not only symbolize their religious commitment but also visually enhance the solemn and reverent atmosphere of the procession.

As they accompany the vara, the grand float carrying the statue of Santa Rosalia, through the city, the confraternities chant prayers and hymns, encouraging the onlookers to join in reflection and devotion. Their organized movements, combined with the sacred attire, make for a stunning visual display of faith. The procession culminates at the Cattedrale di Palermo, where final blessings and prayers are offered.

The involvement of the confraternity, along with their traditional attire, adds to the spiritual depth and historic continuity of the festival, linking centuries-old religious customs with Palermo's modern-day cultural identity. Their presence underscores the Festa di Santa Rosalia as not just a festive celebration but a deeply spiritual and community-centered event.

Quando le sue reliquie furono portate per le strade, accompagnate dal sacro inno, la peste miracolosamente si fermò, senza registrare nuovi casi, e i malati furono guariti. Ancora oggi, si crede che Santa Rosalia protegga Palermo da disastri come terremoti, tempeste e fulmini. Oggi, il Santuario di Santa Rosalia, in Via Bonanno vicino a Palermo, è una chiesa e un luogo di pellegrinaggio costruito nella parete di roccia del Monte Pellegrino, dove le sue reliquie furono trovate. Come quarta santa patrona femminile di Palermo, Santa Rosalia occupa un posto speciale nel cuore della città.

La Processione

Durante la Festa di Santa Rosalia, uno degli aspetti più affascinanti della celebrazione è la grande processione religiosa che attraversa le strade di Palermo. Al centro di questo evento ci sono le confraternite, che da secoli sono parte integrante delle tradizioni cattoliche siciliane. Queste confraternite, composte da laici, sono incaricate di organizzare e partecipare alla processione, dimostrando una profonda devozione a Santa Rosalia, che salvò Palermo dalla peste nel 1624.

Le confraternite sono facilmente riconoscibili dai loro abiti tradizionali, che di solito consistono in lunghe tuniche, spesso bianche o nere, e mantelli che indicano il gruppo specifico a cui appartengono. Alcune confraternite indossano anche cappucci o berretti distintivi, noti come "capi", talvolta appuntiti, e spesso portano bandiere che rappresentano la loro confraternita. Questi abiti non solo simboleggiano il loro impegno religioso, ma esaltano anche visivamente l'atmosfera solenne e rispettosa della processione.

Mentre accompagnano la *vara,* il grande carro che porta la statua di Santa Rosalia, attraverso la città, le confraternite cantano preghiere e inni, incoraggiando i presenti a unirsi nella riflessione e nella devozione. I loro movimenti organizzati, uniti agli abiti sacri, creano uno spettacolo visivo straordinario di fede. La processione culmina presso la Cattedrale di Palermo, dove vengono impartite le ultime benedizioni e preghiere.

Il coinvolgimento delle confraternite, insieme ai loro abiti tradizionali, arricchisce la profondità spirituale e la continuità storica della festa, collegando le centenarie tradizioni religiose con l'identità culturale contemporanea di Palermo. La loro presenza sottolinea come la Festa di Santa Rosalia non sia solo una celebrazione festosa, ma un evento profondamente spirituale e incentrato sulla comunità.

The Vara (Parade Float)

In 1686, a significant change occurred in the Saint Rosalia festival processions in Palermo. The four small carts initially used were replaced by a single large triumphal parade float. This float quickly became the centerpiece of the celebration, symbolizing the saint's triumph over adversity.

The float has evolved, becoming larger and more complex. Its boat-like base is key, symbolizing historical plague ships from North Africa in 1624. These Turkish vessels brought the plague to Palermo. This link ties the float to Saint Rosalia's story and her role as the city's protector. As the float became more intricate, it turned into the celebration's principal attraction. Its design, showcasing artistic talent, also tells Palermo's history and highlights Saint Rosalia's significance.

Paolo Amato, the architect, transformed it into a boat shape in 1701, which was later replicated in modern times. Throughout the Bourbon period, which ended in 1860, the lavish eighteenth-century float remained intact, displaying the court's wealth and luxury. Artisans made a grand basin float embellished with cherubs to celebrate the Unification of Italy.

In 1896, they created a parade float inspired by Giuseppe Petre. Its size prevented it from fitting through the city center streets, forcing it to detour through the outer streets. In 1924, they built a fixed carriage to honor the third centenary of the relic's discovery, which featured a central tower reaching a height of 25 meters.

La Vara 2023

La Vara (Carro della Processione)

Nel 1686, un cambiamento significativo avvenne nelle processioni della festa di Santa Rosalia a Palermo. I quattro piccoli carri utilizzati inizialmente furono sostituiti da un unico grande carro trionfale. Questo carro divenne rapidamente il fulcro della celebrazione, simboleggiando il trionfo della santa sulle avversità.

Il carro si è evoluto, diventando più grande e complesso. La sua base a forma di barca è un elemento chiave, simboleggiando le navi storiche della peste provenienti dal Nord Africa nel 1624. Questi vascelli turchi portarono la peste a Palermo. Questo legame collega il carro alla storia di Santa Rosalia e al suo ruolo di protettrice della città. Man mano che il carro diveniva più articolato, esso divenne l'attrazione principale della celebrazione. La sua struttura, che mostra il talento artistico, racconta anche la storia di Palermo e sottolinea l'importanza di Santa Rosalia.

Paolo Amato, l'architetto, lo trasformò dandogli una forma di barca nel 1701, che fu successivamente replicata nei tempi moderni. Durante il periodo borbonico, che si concluse nel 1860, il sontuoso carro del XVIII secolo rimase intatto, esibendo la ricchezza e il lusso della corte. Gli artigiani crearono una grande carrozza a forma di bacino, decorata con cherubini, per celebrare l'Unità d'Italia.

Nel 1896, fu realizzato un carro ispirato da Giuseppe Petre. La sua grandezza però impediva che potesse passare attraverso le strade del centro città, costringendolo a deviare per le vie periferiche. Nel 1924, fu costruita una carrozza fissa per celebrare il terzo centenario del ritrovamento delle reliquie, che presentava una torre centrale alta 25 metri.

La Vara nel 2024

U Fistinu - The Modern Festival

The Festival of Santa Rosalia in Palermo, also known as U Fistinu, takes place from July 10th to 15th each year. The first few days of the festival, from July 10th to 13th, are mainly dedicated to preparing for the grand procession on the 14th and are filled with local celebrations, street performances, and religious services. Here's what typically happens:

July 10-12

These days include various street events, art performances, and traditional Sicilian music. The city is vibrant with festive decorations, food stalls, and cultural exhibitions, all building up to the grand procession.

U Fistinu - La Festa Moderna

La festa di Santa Rosalia a Palermo, nota anche come "U Fistinu," si svolge ogni anno dal 10 al 15 luglio. I primi giorni della festa, dal 10 al 13 luglio, sono principalmente dedicati alla preparazione della grande processione del 14 luglio e sono pieni di celebrazioni locali, spettacoli di strada e servizi religiosi. Ecco cosa accade normalmente:

10-12 luglio

Questi giorni includono vari eventi di strada, performance artistiche e musica tradizionale siciliana. La città si anima con decorazioni festose, bancarelle di cibo e mostre culturali, tutti preparativi per la grande processione.

Fontana Pretoria

July 13

Events intensify with more activities, and special Masses are held throughout the city. Local neighborhoods host their own small processions in honor of the saint, and there are concerts and other festive gatherings.

July 14

The artistic and popular celebrations culminate in a vibrant "popular procession" that traces a path from the Cathedral to the sea, representing a transition from darkness (the plague) to light (fireworks on the seashore).

Amidst music, songs, and various choreographies, the annual procession features a large triumphal float in the shape of a boat. Each year, the float showcases a new statue of the saint. The "various choreographies" include symbolic dance and theatrical performances, such as the Danze della Peste ("Dance of the Plague"), which depicts Palermo's suffering during the plague and its salvation through Santa Rosalia. These choreographed performances, along with the music and singing, dramatize the procession, blending faith with folklore and cultural expression.

A key moment in the procession happens at the Quattro Canti, where the mayor lays flowers on the statue of the saint and shouts, "Viva Palermo e Santa Rosalia!" Later, fireworks light up the Marina (Forum area), marking the culmination of this dynamic and spiritually rich eve.

July 15

This day marks the peak of summer festivities, honoring both the discovery of Saint Rosalia's remains on July 15, 1624, and their first procession through the city on June 9, 1625. The celebration commemorates the miracle that stopped the plague, with the faithful singing the "Te Deum Laudamus" to celebrate the end of the epidemic and the healing of its victims.

Throughout the day, solemn masses are held in the cathedral.

At 6:00 p.m., the main event begins with a grand procession, featuring the Sacred Relics of Santa Rosalia carried in a magnificent silver Ark. The procession winds through the ancient streets of Palermo, pausing in Piazza Marina for the bishop's address to the city, and then continues to the Cathedral, where the day culminates with a final blessing and a fireworks display.

13 luglio

Gli eventi si intensificano con più attività e messe speciali che si svolgono in tutta la città. I quartieri locali organizzano piccole processioni in onore della santa, e ci sono concerti e altri raduni festivi.

14 luglio

Le celebrazioni artistiche e popolari culminano in una vivace "processione popolare" che traccia un percorso dalla Cattedrale al mare, rappresentando una transizione dall'oscurità (la peste) alla luce (i fuochi d'artificio sulla spiaggia).

Tra musica, canti e varie coreografie, la processione annuale presenta un grande carro trionfale a forma di barca. Ogni anno, il carro porta una nuova statua della santa. Le "varie coreografie" includono danze simboliche e performance teatrali, come le Danze della Peste, che rappresentano la sofferenza di Palermo durante la peste e la sua salvezza grazie a Santa Rosalia. Queste performance coreografate, insieme alla musica e al canto, drammatizzano la processione, mescolando fede, folklore ed espressione culturale.

Un momento chiave della processione avviene ai Quattro Canti, dove il sindaco depone fiori sulla statua della santa e grida: "Viva Palermo e Santa Rosalia!" Successivamente, i fuochi d'artificio illuminano la Marina (area del Foro), segnando il culmine di questa vigilia dinamica e ricca di spiritualità.

15 luglio

Questo giorno segna il culmine delle festività estive, celebrando sia la scoperta delle reliquie di Santa Rosalia il 15 luglio 1624, sia la sua prima processione in città il 9 giugno 1625. La celebrazione commemora il miracolo che fermò la peste, con i fedeli che cantano il "Te Deum Laudamus" per festeggiare la fine dell'epidemia e la guarigione delle sue vittime.

Durante la giornata, si celebrano messe solenni nella cattedrale.

Alle 18:00, inizia l'evento principale con una grande processione, che vede le Sacre Reliquie di Santa Rosalia trasportate in una magnifica Arca d'Argento. La processione si snoda per le antiche strade di Palermo, fermandosi in Piazza Marina per il discorso del vescovo alla città, e poi prosegue verso la Cattedrale, dove la giornata culmina con una benedizione finale e uno spettacolo pirotecnico.

Palermo Festivals and Sagre Throughout the Year

Festa di Sant'Agata (Feast of Saint Agatha)

February 3rd to 5th

The Feast of Saint Agatha is one of Palermo's most important religious celebrations, honoring one of the city's patron saints. Saint Agatha, a Christian martyr from the 3rd century, is revered for her devotion and courage.

The festival includes:

- Sacred processions carrying Saint Agatha's relics through the city streets

- Fireworks displays that light up the night sky

- Traditional Sicilian dishes served at street stalls and restaurants

- Religious services and masses in churches throughout Palermo

- Cultural events and concerts celebrating Sicilian heritage

Palermo Pride

End of June

Celebration of the LGBTQ+ community, promoting diversity, inclusion, and equality. The event has grown significantly since its inception, becoming a major cultural highlight in the city's calendar.

The festival features:

- A colorful parade through the city center with floats and music

- Concerts and performances by local and international artists

- Street parties and social gatherings in Palermo's vibrant neighborhoods

Feste e Sagre a Palermo durante l'anno

Festa di Sant'Agata

3-5 febbraio

La Festa di Sant'Agata è una delle celebrazioni religiose più importanti di Palermo, dedicata a una delle sante patrone della città. Sant'Agata, una martire cristiana del III secolo, è venerata per la sua devozione e il suo coraggio. La festa include:

- Processioni sacre con le reliquie di Sant'Agata portate per le strade della città

- Spettacoli di fuochi d'artificio che illuminano il cielo notturno

- Piatti tradizionali siciliani serviti in bancarelle e ristoranti

- Funzioni religiose e messe nelle chiese di tutta Palermo

- Eventi culturali e concerti che celebrano il patrimonio siciliano

Palermo Pride

Fine giugno

Una celebrazione della comunità LGBTQ+ che promuove diversità, inclusione ed uguaglianza. L'evento è cresciuto significativamente dal suo esordio, diventando un momento culturale di rilievo nel calendario cittadino. La festa include:

- Una parata colorata attraverso il centro città con carri allegorici e musica

- Concerti ed esibizioni di artisti locali e internazionali

- Feste di strada e incontri sociali nei vivaci quartieri di Palermo

Festival delle Marionette / Morgana (Puppet Festival) Festival

November (exact dates vary annually)

The Festival delle Marionette, also known as the Morgana Festival, is an international puppet theater festival celebrating Sicily's rich puppetry tradition, particularly the UNESCO-recognized Opera dei Pupi.

The festival includes:

- Performances by local and international puppet theater companies

- Workshops on puppet-making and manipulation techniques

- Exhibitions showcasing historic and contemporary puppets

- Lectures and discussions about the art and history of puppetry

- Special events highlight Sicily's Opera dei Pupi tradition, which dates back to the 19th century and typically depicts chivalric stories and local legends

Presepi di Palermo (Nativity Scenes of Palermo)

Throughout December

The Presepi di Palermo is a beloved Christmas tradition in Sicily's capital, featuring elaborate nativity scenes displayed throughout the city.

The event includes:

- Artistic nativity scenes are set up in churches, public spaces, and private homes

- A mix of traditional and contemporary interpretations of the nativity story

- Workshops on nativity scene creation techniques

- Special lighting and decorations throughout the city center

- Christmas markets selling local crafts and seasonal treats

Festival delle Marionette / Festival di Morgana

Novembre (date esatte variabili ogni anno)

Il Festival delle Marionette, conosciuto anche come Festival di Morgana, è un evento teatrale internazionale dei burattini che celebra la ricca tradizione siciliana delle marionette, soprattutto l'Opera dei Pupi riconosciuta dall'UNESCO. Il festival include:

- Spettacoli di compagnie teatrali di marionette locali e internazionali

- Laboratori su creazione e tecniche di manipolazione delle marionette

- Mostre di marionette storiche e contemporanee

- Conferenze e dibattiti sull'arte e la storia del teatro delle marionette

- Eventi speciali dedicati alla tradizione dell'Opera dei Pupi della Sicilia, che risale al XIX secolo e racconta normalmente storie cavalleresche e leggende locali

Presepi di Palermo

Furante tutto dicembre

I Presepi di Palermo sono una tradizione natalizia amata nel capoluogo siciliano, con presepi artistici esposti in tutta la città.L'evento include:

- Presepi artistici allestiti in chiese, spazi pubblici e case private

- Interpretazioni tradizionali e contemporanee della storia della Natività

- Laboratori sulle tecniche di realizzazione dei presepi

- Illuminazioni e decorazioni speciali nel centro città

- Mercatini di Natale che vendono artigianato locale e dolci stagionali

13

Sun, Sand and Splendor at Mondello

Immersion Experience; Mondello Beach

Nestled between the imposing Monte Pellegrino and Monte Gallo, Mondello Beach offers a perfect escape from the bustling city of Palermo. This iconic Sicilian shoreline, with its powdery white sands and shallow turquoise waters, has long been a favorite among locals and tourists alike.

Why Mondello Beach?

Mondello Beach is renowned for its natural beauty, where soft, white sand meets crystal-clear waters, creating a paradise-like setting. The shallow waters make it ideal for swimming and wading, especially for families with young children. Surrounded by lush mountainous landscapes, the beach has an almost secluded feel despite its popularity. Adding to its charm are the colorful wooden bathing huts lining the shore, echoing its 19th-century origins as a glamorous destination for European aristocrats. The beach boasts a vibrant atmosphere, especially during the summer, with a lively mix of locals and tourists enjoying its offerings.

Visitors to Mondello Beach can indulge in a variety of activities. Beach relaxation is, of course, the primary draw, with ample opportunities for sunbathing, swimming, and enjoying the Mediterranean climate.

Sole, Sabbia e Splendore a Mondello

Esperienza di Immersione; La Spiaggia di Mondello

Incastonata tra l'imponente monte Pellegrino e il monte Gallo, la spiaggia di Mondello offre una perfetta fuga dalla vivace città di Palermo. Questo celebre litorale siciliano, con le sue sabbie bianche e fini e le acque turchesi e poco profonde, è da tempo una meta prediletta sia per i locali che per i turisti.

Perché la Spiaggia di Mondello si distingue

La spiaggia di Mondello è rinomata per la sua bellezza naturale, dove la sabbia bianca e soffice incontra acque cristalline, creando un ambiente paradisiaco. Le acque poco profonde la rendono ideale per nuotare e passeggiare, soprattutto per le famiglie con bambini piccoli. Circondata da paesaggi montuosi e rigogliosi, la spiaggia trasmette una sensazione di tranquillità, nonostante la sua popolarità. Un ulteriore elemento di fascino sono le colorate cabine in legno lungo la riva, che richiamano le sue origini ottocentesche come destinazione glamour per l'aristocrazia europea. La spiaggia vanta un'atmosfera vivace, soprattutto d'estate, con un misto animato di locali e turisti che si godono le sue attrazioni.

I visitatori alla spiaggia di Mondello possono godere di numerose attività. Il relax in spiaggia è, naturalmente, l'attrazione principale, con ampie opportunità per prendere il sole, fare il bagno e godersi il clima mediterraneo.

Spiaggia di Mondello

Water sports such as windsurfing and sailing are popular for the more adventurous, thanks to the area's favorable winds. Beyond the beach, Mondello Village offers a chance to explore Liberty-style villas and stroll along the charming seaside promenade. Nature enthusiasts will appreciate the nearby Capo Gallo Nature Reserve, which features hiking trails with breathtaking coastal views. The crystal-clear waters also provide excellent conditions for snorkeling, allowing visitors to discover the vibrant marine life beneath the surface.

Culinary Delights

Mondello's culinary scene is a testament to Sicily's rich gastronomic heritage. Seafood specialties dominate the menus of local restaurants, with dishes like pasta con le sarde (pasta with sardines) and arancini (stuffed rice balls) being must-tries.

The beachfront is lined with charming restaurants and trattorias, offering the perfect setting for alfresco dining with views of the Mediterranean. For an authentic experience, visitors should check out the small fish market near the beach, where they can watch locals bargain for the catch of the day, a true slice of Sicilian life.

Getting There from Palermo

Located just 11 kilometers (7 miles) north of Palermo's city center, Mondello Beach is easily accessible. The journey takes about 20-30 minutes by car or taxi, depending on traffic.

For those preferring public transport, the 806 bus from Palermo runs frequently, especially during the summer months, offering a scenic ride to the beach. Alternatively, for a more active and immersive experience, visitors can rent a bike in Palermo and enjoy a picturesque coastal ride to Mondello.

Historical Significance

Mondello Beach has a rich history, having transformed from a swampy marshland into a coveted resort destination. The area is dotted with Art Nouveau architecture, each building telling its own story of the beach's glamorous past. A notable landmark is the famous Mondello pier, built in 1933, which was originally designed as a landing dock for seaplanes – a fascinating remnant of the area's luxurious heyday.

Gli sport acquatici come il windsurf e la vela sono molto popolari tra i più avventurosi, grazie ai venti favorevoli della zona. Oltre alla spiaggia, il Villaggio di Mondello offre l'opportunità di esplorare ville in stile Liberty e passeggiare lungo l'affascinante lungomare. Gli amanti della natura apprezzeranno la vicina Riserva Naturale di Capo Gallo, che offre sentieri escursionistici con viste mozzafiato sulla costa. Le acque cristalline offrono anche condizioni ideali per lo snorkeling, permettendo ai visitatori di scoprire la vivace vita marina sotto la superficie.

Delizie Culinarie

La scena culinaria di Mondello è un tributo alla ricca tradizione gastronomica siciliana. I piatti a base di pesce dominano i menù dei ristoranti locali, con specialità come la *pasta con le sarde* e gli *arancini* che sono assolutamente da provare. Il lungomare è costellato di ristoranti e trattorie affascinanti, che offrono l'ambientazione perfetta per cene all'aperto con vista sul Mediterraneo. Per un'esperienza autentica, i visitatori dovrebbero visitare il piccolo mercato del pesce vicino alla spiaggia, dove è possibile osservare i locali contrattare il pescato del giorno, un vero spaccato di vita siciliana.

Come Arrivare da Palermo

Situata a soli 11 chilometri (7 miglia) a nord dal centro di Palermo, la spiaggia di Mondello è facilmente raggiungibile. Il tragitto in auto o taxi dura circa 20-30 minuti, a seconda del traffico.

Per chi preferisce il trasporto pubblico, l'autobus 806 da Palermo opera frequentemente, soprattutto durante i mesi estivi, offrendo un viaggio panoramico verso la spiaggia. In alternativa, per un'esperienza più attiva e coinvolgente, i visitatori possono noleggiare una bicicletta a Palermo e godersi una pedalata pittoresca lungo la costa fino a Mondello.

Importanza Storica

La spiaggia di Mondello ha una storia affascinante, essendo stata trasformata da zona paludosa a rinomata destinazione turistica. L'area è costellata da architettura in stile Liberty, con ogni edificio che racconta la storia del passato elegante della spiaggia. Un punto di riferimento notevole è il famoso pontile di Mondello, costruito nel 1933, che fu originariamente progettato come attracco per idrovolanti, un ricordo interessante del periodo lussuoso della zona.

Nightlife

As day turns to night, Mondello takes on a different character. The beach becomes a gathering place for young locals, with a relaxed atmosphere featuring impromptu music sessions and bonfires. Unlike the more intense nightlife of Palermo, Mondello offers a laid-back evening scene, perfect for stargazing and socializing under the Sicilian sky.

Best Time to Visit

Mondello is beautiful all year, but the best time to visit depends on personal taste. July and August are the busiest and hottest months. For milder weather and fewer crowds, consider May-June or September-October. These months offer comfortable temperatures and a relaxed vibe. In May, you can catch the Windsurf World Festival, a highlight for water sports fans.

Practical Tips

When visiting Mondello Beach, it's advisable to bring or rent an umbrella, as the beach can get hot during the peak summer months. Many beach clubs charge for loungers and umbrellas, so arriving early is recommended to secure a delightful spot.

While perfect for families and casual swimmers, the shallow waters extend quite far out, which may be less ideal for serious swimmers. Food lovers should try the local specialty "pane con le panelle" (chickpea fritter sandwich) available from beachside vendors. Lastly, visitors should remember that Mondello Beach is part of a protected marine area, so respecting the environment is crucial to preserving its natural beauty for future generations.

Whether seeking relaxation, adventure, or a deep dive into Sicilian culture, Mondello Beach delivers on all fronts. Its unique combination of natural beauty, rich history, and vibrant atmosphere makes it a true gem of the Sicilian coastline, inviting visitors to create lasting memories against the backdrop of the Mediterranean's sparkling waters.

Vita Notturna

Al calar della sera, Mondello si trasforma. La spiaggia diventa un punto di ritrovo per i giovani locali, con un'atmosfera rilassata fatta di sessioni musicali improvvisate e falò. A differenza della vita notturna più intensa di Palermo, Mondello offre un ambiente serale tranquillo, perfetto per osservare le stelle e socializzare sotto il cielo siciliano.

Il momento migliore per visitarla

Mondello è affascinante tutto l'anno, ma il periodo ideale dipende dalle preferenze personali. Luglio e agosto sono i mesi più affollati e caldi. Per un clima più mite e meno folla, considera maggio-giugno o settembre-ottobre. Questi mesi offrono temperature piacevoli e un'atmosfera rilassata. A maggio si tiene il *Windsurf World Festival*, un evento imperdibile per gli appassionati di sport acquatici.

Consigli pratici

Quando visiti la spiaggia di Mondello, è consigliabile portare o noleggiare un ombrellone, poiché durante i mesi estivi la spiaggia può essere molto calda. Molti stabilimenti balneari applicano un costo per lettini e ombrelloni, quindi arrivare presto è consigliabile per trovare un buon posto.

Pur essendo perfetta per famiglie e nuotatori occasionali, le acque poco profonde si estendono piuttosto lontano, il che potrebbe non essere ideale per i nuotatori più esperti. Gli amanti del cibo dovrebbero provare la specialità locale, *pane con le panelle* (panino con frittelle di ceci), disponibile presso i venditori sulla spiaggia. Infine, i visitatori dovrebbero ricordare che la spiaggia di Mondello fa parte di un'area marina protetta, quindi rispettare l'ambiente è fondamentale per preservare la sua bellezza naturale per le generazioni future.

Che tu cerchi relax, avventura o un'immersione nella cultura siciliana, la spiaggia di Mondello ha tutto. La sua combinazione unica di bellezza naturale, ricca storia e atmosfera vivace la rende una vera gemma della costa siciliana, esortando i visitatori a creare ricordi indimenticabili sullo sfondo delle acque scintillanti del Mediterraneo.

14

The Magna Via Francigena

The Great Way of the Francigena

A pilgrim route from France to Rome that connected other lands of the Norman French

A "cammino" (Italian for "walk" or "path") refers to a pilgrimage or long-distance trail, usually undertaken for spiritual, cultural, or personal reasons. In Italy, "cammini" are deeply rooted in both religious tradition and a desire to connect with nature and history. Here's an overview of what a cammino represents, why Italians have a tradition of doing these walks, and how this practice is developing.

I understand that embarking on a Cammino, a long pilgrimage walk that spans great distances, is something you need to plan carefully for. It requires preparation, time, and physical endurance, and it's not for everyone. However, these routes are rich in history and tradition, making them popular pilgrimage options. Even if you're not sure if a long walk is right for you, I wanted to share the idea that these pilgrimages exist.

Esperienza di Immersione: da Palermo ad Agrigento

La Grande Via Francigena

Un percorso di pellegrinaggio dalla Francia a Roma che collegava altre terre dei Normanni francesi.

Un cammino si riferisce a un pellegrinaggio o un sentiero a lunga distanza, generalmente intrapreso per motivi spirituali, culturali o personali. In Italia, i cammini sono profondamente radicati sia nella tradizione religiosa che nel desiderio di connettersi con la natura e la storia. Ecco una panoramica di cosa rappresenta un cammino, perché gli italiani hanno una tradizione nel percorrere questi sentieri e come questa pratica si sta sviluppando.

Capisco che intraprendere un cammino, quei lunghi percorsi di pellegrinaggio che si estendono per grandi distanze, è qualcosa che richiede una pianificazione accurata. Prevede preparazione, tempo e resistenza fisica, e non è per tutti. Comunque questi itinerari sono ricchi di storia e tradizione, rendendoli opzioni apprezzate tra i pellegrini. Anche se non sei sicuro che una lunga camminata faccia per te, volevo condividere il pensiero che questi pellegrinaggi esistono.

XII secolo bassorilievo della Via Francigena

For those who are curious, planning a trip to explore one of these ancient paths could offer a deeply rewarding experience, both physically and spiritually.

Magna Via Francigena

The Magna Via Francigena is one of the most significant pilgrimage routes in Sicily, part of the broader network of ancient Francigena routes that connected pilgrims across Europe.

Around 1,000 to 2,000 people walk the Magna Via Francigena each year, one of Sicily's major pilgrimage routes stretching from Palermo to Agrigento. This number can vary based on the season, with the most popular times being spring and fall, as the summer heat can be intense along this 186-kilometer route.

Stretching from Palermo on the north coast to Agrigento on the south coast, this route spans approximately 180 kilometers (112 miles) and is typically divided into nine stages, with an average of 20 kilometers per day. The journey, suitable for hikers with some experience, offers a moderate level of difficulty as it covers diverse terrains, including hills, valleys, and rural roads.

The route takes pilgrims through Sicily's varied landscapes, ascending and descending through mountainous regions, and usually takes 7-9 days to complete, depending on the pace and rest breaks.

History

The Magna Via Francigena dates back to medieval times and earlier, when it served as a trade and pilgrimage route between the Mediterranean Sea and inland Sicily. The name "Magna Via" translates to "Great Way," emphasizing its historical importance. Pilgrims, traders, and armies once used this path as they journeyed between major Sicilian cities.

Stages

The traditional division of the Magna Via Francigena is:

Per chi è curioso, pianificare un viaggio per esplorare uno di questi antichi percorsi potrebbe offrire un'esperienza profondamente gratificante, sia fisicamente che spiritualmente.

La Magna Via Francigena

La Magna Via Francigena è uno dei percorsi di pellegrinaggio più importanti in Sicilia, parte della più ampia rete di antiche vie Francigene che collegavano i pellegrini in tutta Europa.

Ogni anno, circa 1.000-2.000 persone percorrono la Magna Via Francigena, uno dei principali itinerari di pellegrinaggio siciliani, che si estende da Palermo ad Agrigento. Questo numero può variare a seconda della stagione, con i periodi più popolari in primavera e autunno, poiché il caldo estivo può essere intenso lungo questo percorso di 186 chilometri.

Estendendosi dalla costa settentrionale di Palermo alla costa meridionale di Agrigento, questo percordo copre circa 180 chilometri (112 miglia) ed è normalmente suddiviso in nove tappe, con una media di 20 chilometri al giorno. Questo itinerario, adatto a escursionisti con un po' di esperienza, offre un livello di difficoltà moderato, attraversando terreni diversi, comprese colline, valli e strade rurali.

Il cammino porta i pellegrini attraverso i paesaggi variegati della Sicilia, salendo e scendendo tra regioni montuose, e richiede generalmente dai 7 ai 9 giorni per essere completato, a seconda del ritmo e delle pause.

La Storia

La Magna Via Francigena risale all'epoca medievale e ancor prima, quando serviva come via commerciale e di pellegrinaggio tra il Mar Mediterraneo e l'entroterra siciliano. Il nome "Magna Via" si traduce in "Grande Via," sottolineando la sua importanza storica. Pellegrini, mercanti ed eserciti un tempo usavano questo percorso durante i loro viaggi tra le principali città siciliane.

Tappe

La divisione tradizionale della Magna Via Francigena è:

1. **Palermo–Monreale:** Begin in the vibrant city of Palermo, known for its Norman architecture, and head to the hilltop town of Monreale, home to the famous Monreale Cathedral with its magnificent mosaics

2. **Monreale–Santa Cristina Gela:** Cross into rural landscapes, including olive groves and vineyards, while walking towards the small town of Santa Cristina Gela.

3. **Santa Cristina Gela–Corleone:** This leg offers pastoral views, with trails leading to Corleone, a town known for its historical significance and connection to the Mafia, though it now emphasizes its cultural heritage.

4. **Corleone–Prizzi:** The route continues through more rugged terrain, leading to Prizzi, a village perched on a hill with stunning panoramic views.

5. **Prizzi–Castronovo di Sicilia:** One of the most scenic parts of the route, with views of mountains and valleys. Castronovo di Sicilia is an ancient town with Byzantine origins.

6. **Castronovo di Sicilia–Sutera:** This leg passes through the Sicanian mountains, bringing you to Sutera, one of Sicily's most beautiful villages, with its historic churches and caves.

7. **Sutera–Racalmuto:** Heading further south, the route traverses rural landscapes towards Racalmuto, known for its literary history.

8. **Racalmuto–Joppolo Giancaxio:** Passing through smaller towns and countryside, this stage takes you to Joppolo Giancaxio, a charming Sicilian town near Agrigento.

9. **Joppolo Giancaxio–Agrigento:** The last stretch of the journey ends in Agrigento, home to the famous Valley of the Temples, one of the most important archaeological sites in Sicily, featuring well-preserved Greek temples.

1. **Palermo–Monreale:** Inizia nella vivace città di Palermo, nota per la sua architettura normanna, e dirigiti verso la cittadina collinare di Monreale, sede della famosa Cattedrale di Monreale con i suoi magnifici mosaici.

2. **Monreale–Santa Cristina Gela**: Attraversa paesaggi rurali, tra uliveti e vigneti, mentre cammini verso la piccola città di Santa Cristina Gela.

3. **Santa Cristina Gela–Corleone:** Questa tappa offre vedute bucoliche, con sentieri che portano a Corleone, una città nota per la sua importanza storica e il legame con la Mafia, sebbene oggi metta in evidenza il suo patrimonio culturale.

4. **Corleone–Prizzi:** Il percorso continua attraverso terreni più accidentati, portando a Prizzi, un paese arroccato su una collina con splendide vedute panoramiche.

5. **Prizzi–Castronovo di Sicilia:** Una delle parti più scenografiche del percorso, con panorami di montagne e valli. Castronovo di Sicilia è un antico borgo di origini bizantine.

6. **Castronovo di Sicilia–Sutera:** Questa tappa attraversa le montagne sicane, conducendoti a Sutera, uno dei borghi più belli della Sicilia, con le sue chiese storiche e le sue grotte.

7. **Sutera–Racalmuto:** Proseguendo verso sud, il percorso attraversa paesaggi rurali verso Racalmuto, nota per la sua storia letteraria.

8. **Racalmuto–Joppolo Giancaxio:** Passando per piccoli paesi e campagne, questa tappa ti porta a Joppolo Giancaxio, un affascinante paese siciliano vicino ad Agrigento.

9. **Joppolo Giancaxio–Agrigento**: L'ultima parte del viaggio termina ad Agrigento, sede della famosa Valle dei Templi, uno dei più importanti siti archeologici della Sicilia, con templi greci ben conservati.

The Magna Via Francigena offers hikers a rich variety of landscapes, from rolling hills, vineyards, and olive groves to majestic mountains and coastal views, making it a rewarding experience for nature enthusiasts. Along the way, you'll encounter historical treasures such as medieval churches, Roman ruins, and ancient towns, each offering a glimpse into Sicily's deep cultural heritage.

The route also takes you through the heart of Sicily's culinary traditions, allowing you to savor authentic dishes like local cheeses, wines, olive oil, and pastries. Beyond the natural beauty and cultural experiences, walking the Magna Via Francigena with a group fosters deep connections, as the shared challenges, stories, and camaraderie often lead to lifelong friendships formed over the course of the nine-day journey.

Accommodation

- **Pilgrim Hostels (Ostello del Pellegrino):** Several towns offer pilgrim accommodations at modest prices along the route. These hostels are designed for hikers and pilgrims, offering basic amenities.

- **Hotels & Agriturismi**: In many places, you can also stay in local hotels, B&Bs, or agriturismo (farm stays), where you can enjoy home-cooked Sicilian meals.

Map

A detailed map of the Magna Via Francigena can help you plan your route. You can find maps from various sources, like local pilgrimage associations or the official Magna Via Francigena website. I also recommend looking on Facebook as there are groups that organize walks there.

Why do Italians Walk Cammini?

Religious Pilgrimage: Historically, cammini were a fundamental aspect of Christian pilgrimage. Italians (like many other Europeans) walked these paths as acts of faith, penance, or devotion. The idea of pilgrimage is central in Christianity, and Italy, with its many saints, shrines, and relics, offers many opportunities for such spiritual journeys. Walking to a sacred site was a way to purify the soul, seek miracles, or express gratitude to God or a particular saint.

La Magna Via Francigena offre agli escursionisti una ricca varietà di paesaggi, dalle colline ondulate, ai vigneti e uliveti, fino alle maestose montagne e alle vedute costiere, rendendola un'esperienza gratificante per gli amanti della natura. Lungo il percorso, incontrerai tesori storici come chiese medievali, rovine romane e antichi borghi, ciascuno dei quali offre uno spunto sulla profonda eredità culturale della Sicilia.

Il percorso ti porta anche nel cuore delle tradizioni culinarie siciliane, permettendoti di gustare piatti autentici come formaggi locali, vini, olio d'oliva e dolci. Oltre alla bellezza naturale e alle esperienze culturali, camminare lungo la Magna Via Francigena con un gruppo favorisce connessioni profonde, poiché le sfide comuni, le storie condivise e la compagnia portano spesso alla formazione di amicizie durature durante il viaggio di nove giorni.

Dove Dormire

- **Ostelli del Pellegrino**: Diverse località lungo il percorso offrono sistemazioni economiche per i pellegrini. Questi ostelli sono pensati per escursionisti e pellegrini, offrendo servizi essenziali.

- **Hotel e Agriturismi**: In molti luoghi, puoi anche soggiornare in hotel locali, B&B o agriturismi, dove potrai gustare piatti siciliani fatti in casa.

Mappa

Una mappa dettagliata della Magna Via Francigena può aiutarti a pianificare il tuo percorso. Puoi trovare mappe da diverse fonti, come le associazioni locali di pellegrinaggio o il sito ufficiale della Magna Via Francigena. Consiglio anche di dare un'occhiata su Facebook, dove ci sono gruppi che organizzano camminate.

Perché gli italiani percorrono i cammini?

Pellegrinaggio Religioso: Storicamente, i cammini sono stati un aspetto fondamentale del pellegrinaggio cristiano. Gli italiani (come molti altri europei) percorrevano questi sentieri come atti di fede, penitenza o devozione. L'idea del pellegrinaggio è centrale nel cristianesimo, e l'Italia, con i suoi numerosi santi, santuari e reliquie, offre molte opportunità per questi viaggi spirituali. Camminare verso un sito sacro era un modo per purificare l'anima, chiedere miracoli o esprimere gratitudine a Dio o ad un santo in particolare.

Historical Tradition: Italy's history is rich with ancient roads, trade routes, and paths that connected cities, towns, and remote villages. Many of the modern hikes follow these ancient routes, preserving not only the physical paths but also the cultural traditions of the areas. Walking a cammino is, in a way, a journey back in time, offering an intimate experience of historical Italy. Italians have a deep sense of pride in their heritage, and walking these paths allows them to reconnect with their past.

Personal and Spiritual Growth: In recent decades, these hikes have become popular as a form of personal exploration. Many Italians (and visitors) walk these routes not only for religious reasons but also to seek personal transformation, solitude, or mindfulness. Walking a long-distance route provides time for introspection, reflection, and a break from the fast pace of modern life.

Connection with Nature: Italy's walks often pass through some of the country's most beautiful natural landscapes, from the rolling hills of Tuscany to the rugged mountains of Sicily. For many Italians, walking a cammino is a way to immerse themselves in the natural beauty of their homeland. The routes often take hikers through national parks, protected areas, and remote villages that they would otherwise never experience.

Social and Community Bonding: While many walk alone, there is a strong sense of community among pilgrims. Walks provide opportunities to meet other travelers, share stories, and form friendships. Italians, who value social connections and community life, often find the walking experience as much about the people they meet as the places they visit.

Health and Well-being: Walking has long been associated with good health, and Italians have embraced this aspect of walking to stay active and physically fit. Many walks provide a blend of physical challenge and relaxation, offering the benefits of exercise while allowing for moments of spiritual or cultural enrichment.

Eco-Tourism and Slow Travel: Cammini are aligned with the growing global trend of slow travel and eco-tourism, which emphasizes deeper, more sustainable connections with places visited. Italians are drawn to the idea of exploring their country on foot, engaging with local communities, and supporting small, rural economies along the way.

Tradizione Storica: La storia dell'Italia è ricca di antiche strade, vie commerciali e sentieri che collegavano città, paesi e villaggi remoti. Molte delle escursioni moderne seguono questi antichi percorsi, preservando non solo i sentieri fisici, ma anche le tradizioni culturali di queste zone. Fare un cammino è, in un certo senso, un viaggio indietro nel tempo, che offre un'esperienza intima dell'Italia storica. Gli italiani provano un profondo senso di orgoglio per il loro patrimonio, e percorrere questi sentieri permette loro di riconnettersi con il passato.

Crescita Personale e Spirituale: Negli ultimi decenni, queste escursioni sono diventate popolari come forma di esplorazione personale. Molti italiani (e visitatori) percorrono questi sentieri non solo per motivi religiosi, ma anche per cercare una trasformazione personale, solitudine o consapevolezza. Camminare su un percorso a lunga distanza offre tempo per l'introspezione, la riflessione e una pausa dal ritmo frenetico della vita moderna.

Connessione con la Natura: I cammini in Italia attraversano spesso alcuni dei paesaggi naturali più belli del paese, dalle colline ondulate della Toscana alle montagne aspre della Sicilia. Per molti italiani, percorrere un cammino è un modo per immergersi nella bellezza naturale della loro terra. I sentieri spesso conducono gli escursionisti attraverso parchi nazionali, aree protette e villaggi remoti che altrimenti non avrebbero mai esplorato.

Legame Sociale e Comunitario: Sebbene molti facciano i cammini da soli, c'è un forte senso di comunità tra i pellegrini. I cammini offrono l'opportunità di incontrare altri viaggiatori, condividere storie e formare amicizie. Gli italiani, che danno molta importanza alle connessioni sociali e alla vita comunitaria, spesso valorizzano l'esperienza del camminare tanto grazie alle persone che incontrano quanto ai luoghi che visitano.

Salute e Benessere: Camminare è da sempre associato al buon stato di salute, e gli italiani hanno abbracciato questo aspetto del camminare per rimanere attivi e in forma fisica. Molti cammini prevedono una combinazione di sfida fisica e relax, offrendo i benefici dell'esercizio fisico consentendo anche momenti di arricchimento spirituale o culturale.

Eco-Turismo e Turismo Lento: I cammini sono in linea con la crescente tendenza globale del turismo lento e dell'eco-turismo, che enfatizza connessioni più profonde e sostenibili con i luoghi visitati. Gli italiani sono attratti dall'idea di esplorare il loro paese a piedi, interagire con le comunità locali e supportare le piccole economie rurali lungo il percorso.

15

Trapani's Street Food Extravaganza

Stragusto Food Festival

Where: Trapani, Sicily

When: Usually last weekend in July.

Event Website: https://www.stragusto.it/en/

Average Festival Temperatures: High: 31°C (88°F). Low: 21°C (72°F).

Discovering Trapani: Sicily's Gateway to the West

Trapani, a city of myths and salt, stands as a sentinel on Sicily's western coast, its curved harbor reaching out into the Mediterranean like a sickle. This ancient port city, known to the Romans as Drepanum, has been shaped by centuries of maritime trade, diverse cultural influences, and the enduring presence of the sea. Today, Trapani captivates visitors with its blend of history, natural beauty, and strategic importance as a gateway between Sicily and North Africa.

La Stravaganza del Cibo di Strada di Trapani

Il Festival del Cibo di Stragusto

Dove: Trapani, Sicilia

Quando: Di solito l'ultimo weekend di luglio.

Sito web dell'evento: https://www.stragusto.it/it/

Temperature medie durante il festival: Massima: 31°C (88°F). Minima: 21°C (72°F).

Scoprire Trapani: La porta per l'Occidente della Sicilia

Trapani, città di miti e sale, si erge come una sentinella sulla costa occidentale della Sicilia, con il suo porto curvilineo che si protende nel Mediterraneo come una falce. Questa antica città portuale, conosciuta dai Romani come Drepanum, è stata modellata da secoli di commercio marittimo, influenze culturali diverse e dalla costante presenza del mare. Oggi Trapani incanta i visitatori con la sua combinazione di storia, bellezza naturale e importanza strategica come ponte tra la Sicilia e il Nord Africa.

Trapani in Festa

The history of Trapani stretches back to ancient times, with legends attributing its founding to Saturn, who supposedly dropped his sickle here, giving the city its crescent shape and ancient name. In reality, Trapani was likely established by the Elymians and later developed as a port by the Phoenicians. Over the centuries, the city passed through the hands of Carthaginians, Romans, Vandals, Byzantines, Arabs, and Normans, each leaving their mark on its culture and architecture.

The medieval period saw Trapani flourish as a major trading port, particularly under Aragonese rule. The city's importance in salt production and coral craftsmanship contributed significantly to its prosperity, a legacy that continues to influence its economy and cultural identity.

Trapani occupies a unique position on a promontory extending into the Mediterranean Sea. The city is flanked by the Tyrrhenian Sea to the north and the Mediterranean to the south, with the rugged Monte Erice rising dramatically to the east. This strategic location has been crucial to Trapani's historical development and continues to shape its character today. The coastline is dotted with salt pans, creating a striking landscape of white pyramids and windmills that have become iconic symbols of the region. Offshore, the Egadi Islands beckon with their pristine waters and unspoiled nature, offering a stark contrast to the urban landscape of Trapani.

Trapani has a population of approximately 67,000 residents, making it a medium-sized Sicilian city. However, its influence extends far beyond its size, serving as the capital of its province and a crucial economic and cultural hub for western Sicily.

Mediterranean Street Food Festival

Stragusto is one of Sicily's most celebrated Mediterranean food festivals, held annually at the end of July in Trapani's historic center. Set in the vibrant Piazza Mercato del Pesce, this five-day event recreates the lively ambiance of ancient markets, offering visitors a rich blend of tastes, aromas, and traditions from Sicily and across the Mediterranean. The festival celebrates street food with a diverse selection of dishes from regions like Palermo, Trapani, Puglia, Tuscany, Tunisia, and even as far as Madagascar and Romania.

La storia di Trapani risale ai tempi antichi, con leggende che attribuiscono la sua fondazione a Saturno, il quale a quanto pare avrebbe lasciato cadere qui la sua falce, dando alla città la sua forma a mezzaluna e il suo nome antico. In realtà, Trapani fu probabilmente fondata dagli Elimi e successivamente sviluppata come porto dai Fenici. Nei secoli, la città passò sotto il controllo di Cartaginesi, Romani, Vandali, Bizantini, Arabi e Normanni, ognuno dei quali lasciò un'impronta sulla sua cultura e la sua architettura.

Il periodo medievale vide Trapani fiorire come un importante porto commerciale, in particolare sotto il dominio aragonese. L'importanza della città nella produzione di sale e nella lavorazione del corallo contribuirono in modo significativo alla sua prosperità, un'eredità che continua a influenzare la sua economia e la sua identità culturale.

Trapani occupa una posizione unica su un promontorio che si estende nel Mar Mediterraneo. La città è affiancata dal Mar Tirreno a nord e dal Mediterraneo a sud, con il maestoso monte Erice che si erge a est. Questa posizione strategica è stata cruciale per lo sviluppo storico di Trapani e continua a plasmare il suo carattere oggi. La costa è punteggiata da saline, creando un paesaggio suggestivo di piramidi bianche e mulini a vento, diventati simboli iconici della regione. Al largo, le isole Egadi attirano con le loro acque cristalline e la natura incontaminata, offrendo un netto contrasto con il paesaggio urbano di Trapani.

Trapani ha una popolazione di circa 67.000 abitanti e ciò la rende una città siciliana di medie dimensioni. Tuttavia, la sua influenza si estende ben oltre le sue dimensioni, fungendo da capoluogo della sua provincia e da importante polo economico e culturale per la Sicilia occidentale.

Festival del Cibo di Strada del Mediterraneo

Stragusto è uno dei festival gastronomici mediterranei più celebri della Sicilia, che si tiene ogni anno alla fine di luglio nel centro storico di Trapani. Situato nella vivace Piazza Mercato del Pesce, questo evento di cinque giorni ricrea l'atmosfera vivace degli antichi mercati, offrendo ai visitatori una ricca combinazione di sapori, aromi e tradizioni dalla Sicilia e da tutto il Mediterraneo. Il festival celebra il cibo di strada con una selezione diversificata di piatti provenienti da zone come Palermo, Trapani, Puglia, Toscana, Tunisia e persino Madagascar e Romania.

In addition to enjoying local and international specialties, visitors can indulge in top-tier Sicilian wines at a dedicated Wine Tasting area, which is perfectly situated along the scenic Tramontana walls terrace, offering breathtaking sunset views. The event transforms Trapani into the "capital of Mediterranean flavors" with culinary tours, food trucks, and interactive events for food enthusiasts.

The Stragusto Mediterranean Street Food Festival began in 2009 and has grown into one of Sicily's most beloved events. The festival also features wine tastings, cooking workshops, and live entertainment, making it a lively celebration of food and culture.

Stragusto features both traditional street food and inventive flavors. Street food artisans, who have preserved their regional culinary heritage for generations, take center stage. The festival is not only about the food but also about celebrating the diversity and charm of Mediterranean culture.

Featured Festival Foods

Panelle: These crispy chickpea fritters, seasoned with herbs, are a Palermo favorite, often served in sandwiches with a squeeze of lemon.

Arancini: Sicilian rice balls filled with ragù, mozzarella, or vegetables, coated in breadcrumbs and fried to perfection.

Sfincione: A thick, spongy pizza from Palermo topped with tomato sauce, onions, anchovies, breadcrumbs, and regional cheeses.

Pane ca Meusa: A sandwich filled with slow-cooked beef spleen, sometimes with lung, typically topped with caciocavallo cheese and lemon, a unique dish from Palermo.

Sweet Treats: Don't miss traditional Sicilian sweets like cassata and cannoli.

The festival also highlights typical Sicilian dishes from Trapani and the surrounding islands, accompanied by remarkable wine tastings, making Stragusto an unmissable experience for both food lovers and cultural explorers alike.

Oltre a gustare specialità locali e internazionali, i visitatori possono dedicarsi ai vini siciliani di alta qualità nell'area dedicata alla degustazione, perfettamente situata sulla suggestiva terrazza delle mura di Tramontana, che offre viste spettacolari al tramonto. L'evento trasforma Trapani nella "capitale dei sapori mediterranei" con tour culinari, chioschi ambulanti ed eventi interattivi per gli appassionati di gastronomia.

Il Festival del Cibo di Strada del Mediterraneo Stragusto è iniziato nel 2009 ed è cresciuto fino a diventare uno degli eventi più amati della Sicilia. Il festival include anche degustazioni di vini, laboratori di cucina e intrattenimento dal vivo, rendendolo una vivace celebrazione del cibo e della cultura.

Stragusto presenta sia cibo di strada tradizionale che sapori innovativi. Gli artigiani del cibo di strada, che hanno preservato il loro patrimonio culinario regionale per generazioni, sono al centro dell'evento. Il festival non riguarda solo il cibo, ma anche la celebrazione della diversità e del fascino della cultura mediterranea.

Cibi del festival in evidenza

Panelle: Queste frittelle di ceci croccanti, condite con erbe, sono tipiche di Palermo, spesso servite in panini con una spruzzata di limone.

Arancini: Sfere di riso siciliane ripiene di ragù, mozzarella o verdure, impanate e fritte alla perfezione.

Sfincione: Una pizza spessa e soffice di Palermo, condita con salsa di pomodoro, cipolle, acciughe, pangrattato e formaggi locali.

Pane ca Meusa: Un panino farcito con milza di manzo cotta a fuoco lento, a volte con polmone, solitamente condita con formaggio caciocavallo e limone, un piatto unico di Palermo.

Dolci: Imperdibili i dolci tradizionali siciliani come la cassata e i cannoli.

Il festival mette in evidenza anche i piatti tipici siciliani di Trapani e delle isole circostanti, accompagnati da straordinarie degustazioni di vini, rendendo Stragusto un'esperienza imperdibile per gli amanti del cibo e per gli esploratori culturali.

Trapani Festivals Throughout the Year

Procession of the Mysteries

Good Friday This is Trapani's most famous and significant religious festival.

During the 24-hour procession, life-size statues depicting the Passion of Christ are carried through the streets. The event dates back to the 17th century and is deeply rooted in local tradition. Visitors can witness the solemn procession, admire the intricate statues, and experience the profound spiritual atmosphere that envelops the city.

Trapani Comix and Games Festival

Third weekend in May

This event is dedicated to comics, games, storytelling, and contemporary mythologies. It takes place at Villa Margherita park in Trapani's historical center. Visitors can enjoy exhibits, meet artists, take part in gaming tournaments, and attend panels on various pop culture topics. The festival attracts both enthusiasts and curious onlookers, offering a unique blend of entertainment and cultural exploration.

Feast of Sant'Alberto (Feast of St. Albert)

August 7

This festival honors Sant'Alberto degli Abati, the patron saint of Trapani. The celebrations include religious processions and fireworks. Visitors can observe the devotion of local residents, enjoy traditional Sicilian music and dance performances, and participate in the festive atmosphere that fills the streets of Trapani.

Festa della Madonna di Trapani (St. Mary's Festival)

August 16

This feast day celebrates the Madonna of Trapani, one of the city's most revered religious icons. The festival features a grand procession with the Madonna statue carried through the streets, along with other festivities.

Feste a Trapani Durante L'anno

Processione dei Misteri

Venerdì Santo

Questa è la festa religiosa più famosa e significativa di Trapani.Durante la processione di 24 ore, statue a grandezza naturale che rappresentano la Passione di Cristo vengono portate per le strade. L'evento risale al XVII secolo ed è profondamente radicato nella tradizione locale. I visitatori possono assistere alla solenne processione, ammirare le statue elaborate e vivere la profonda atmosfera spirituale che avvolge la città.

Festival Trapani Comix & Games

Terzo fine settimana di maggio.

Questo evento è dedicato a fumetti, giochi, narrazioni e mitologie contemporanee. Si svolge nel parco Villa Margherita, nel centro storico di Trapani.I visitatori possono godersi mostre, incontrare artisti, partecipare a tornei di gioco e assistere a conferenze su vari temi della cultura pop. Il festival attira sia appassionati che curiosi, offrendo un insieme unico di intrattenimento ed esplorazione culturale.

Festa di Sant'Alberto

7 agosto

Questa festa onora Sant'Alberto degli Abati, il santo patrono di Trapani.Le celebrazioni includono processioni religiose e fuochi d'artificio. I visitatori possono osservare la devozione dei residenti locali, godersi spettacoli di musica e danza tradizionale siciliana e partecipare all'atmosfera festosa che anima le strade di Trapani.

Festa della Madonna di Trapani

16 agosto

Questa festa celebra la Madonna di Trapani, una delle icone religiose più venerate della città.La festa include una grandiosa processione in cui la statua della Madonna viene portata per le strade, insieme ad altre attività festive.

Opera Festival

July and August

Trapani's Summer Opera Festival is held in various historic venues across the city, including the ancient Greek Theater of Segesta. It features performances of classical and contemporary operas. Music lovers can enjoy world-class performances in stunning historical settings, combining cultural enrichment with the beauty of Trapani's architectural heritage.

Medieval Trapani

Fall (specific dates may vary)

The Trapani Medievale Festival celebrates the town's medieval history. Visitors can experience a variety of activities that transport them back to the Middle Ages, including reenactments, parades, traditional music, dance performances, markets, and demonstrations of ancient crafts and skills.

Many participants dress in period costumes, creating an immersive historical atmosphere. This festival offers a unique opportunity to step back in time and experience the rich medieval heritage of Trapani.

Festival dell'Opera

Luglio e agosto

Il Festival estivo dell'Opera di Trapani si svolge in vari luoghi storici della città, tra cui l'antico Teatro Greco di Segesta.Presenta rappresentazioni di opere classiche e contemporanee. Gli amanti della musica possono godersi performance di livello mondiale in suggestive ambientazioni storiche, unendo arricchimento culturale alla bellezza del patrimonio architettonico di Trapani.

Trapani Medievale

Autunno (le date specifiche possono variare)

La festa di Trapani Medievale celebra la storia medievale della città.I visitatori possono vivere una varietà di attività che li riporta al Medioevo, tra cui rievocazioni storiche, sfilate, spettacoli di musica e danze tradizionali, mercati e dimostrazioni di antichi mestieri e arti.

Molti partecipanti indossano costumi d'epoca, creando un'atmosfera storica coinvolgente. Questa festa offre un'opportunità unica per fare un salto indietro nel tempo e scoprire il ricco patrimonio medievale di Trapani.

Fall Celebrations
Celebrazioni Autunnali

16

FestaFusion Erice

Medieval Melodies and Sacred Splendor

FestaFusion Erice

#1. Erice Estate / Summer Festival: A vibrant summer-long festival in Erice featuring concerts, theater performances, and cultural events, celebrating the town's artistic and historical heritage.

#2. Festa di Maria Santissima di Custonaci: An annual religious celebration in honor of the Madonna of Custonaci, highlighted by a solemn procession through the streets of Erice, with locals carrying the revered statue of the Virgin Mary.

#FestaFusion means two or more festivals happen at around the same time in the same town, so visitors can enjoy multiple events during their visit.

Where: Erice

When: Summer Festival July through August. Festa di Maria Santissima di Custonaci last week in August.

Average Festival Temperatures: High: 24°C - 28°C (75°F - 82°F). Low: 16°C - 20°C (61°F - 68°F).

FestaFusion nell'Erice medievale

FestaFusion Erice

#1. Erice Estate (Festival Estivo): Un vivace festival che dura tutta l'estate ad Erice, con concerti, spettacoli teatrali ed eventi culturali, celebrando il patrimonio artistico e storico della città.

#2. Festa di Maria Santissima di Custonaci: Una celebrazione religiosa annuale in onore della Madonna di Custonaci, caratterizzata da una solenne processione per le strade di Erice, con i locali che portano la venerata statua della Vergine Maria.

#FestaFusion significa che due o più festival si svolgono all'incirca nello stesso periodo e nello stesso paese, permettendo ai visitatori di godersi più eventi durante la loro visita.

Dove: Erice

Quando: Festival Estivo da luglio ad agosto. Festa di Maria Santissima di Custonaci ultima settimana di agosto.

Temperature medie durante i festival: Massima: 24°C - 28°C (75°F - 82°F). Minima: 16°C - 20°C (61°F - 68°F).

La Chiesa Madre e il Campanile

Exploring Erice's Hilltop Secrets

Erice is a historic town nestled in the province of Trapani, Sicily, Italy. Renowned for its breathtaking views, well-preserved medieval architecture, and rich cultural heritage, Erice stands as a testament to Sicily's diverse history. This picturesque town has become a magnet for tourists seeking to immerse themselves in the island's past while enjoying its present-day charm.

Phoenicians, Carthaginians, Romans, and Arabs have all called Erice home at various points in history. The medieval period was particularly significant for Erice, as it underwent substantial development under Norman rule. In ancient times, the town held great religious importance as a center for the cult of Venus Erycina, adding layers of mystique to its already rich history.

Perched atop Mount Erice, approximately 750 meters (2,460 feet) above sea level, Erice commands stunning views of the surrounding landscape. From its lofty position, visitors can gaze out over the city of Trapani and the shimmering waters of the Tyrrhenian Sea. The town's unique triangular shape is defined by steep slopes on all sides, creating a natural fortress that has helped preserve its ancient character through the centuries. Erice is famous for its frequent fog, which has earned it the poetic nickname "City in the Clouds." This meteorological phenomenon adds an air of mystery and romance to the town, especially during the cooler months.

According to recent estimates, Erice is home to a modest population of around 30,000 inhabitants. However, the of the number is far from static. The town experiences significant fluctuations in its population throughout the year, largely because of the ebb and flow of tourism. During peak seasons, Erice's narrow streets and historic squares bustle with visitors from around the world, temporarily swelling the population and infusing the town with a vibrant, cosmopolitan atmosphere.

#1 Erice Estate (Erice Summer Festival)

The Ericè Estate (Erice Summer Festival) is a highlight of the cultural calendar in Erice, transforming the medieval town into a lively hub of artistic and cultural expression from July through August.

Esplorare i Segreti della Collina di Erice

Erice è una città storica situata nella provincia di Trapani, in Sicilia, Italia. Conosciuta per le sue viste mozzafiato, l'architettura medievale ben conservata e il ricco patrimonio culturale, Erice rappresenta un testimone della storia diversificata della Sicilia. Questa pittoresca cittadina è diventata una meta ambita per i turisti che desiderano immergersi nel passato dell'isola, pur godendo del suo fascino contemporaneo.

Fenici, Cartaginesi, Romani e Arabi hanno tutti abitato Erice in vari periodi della storia. Il periodo medievale fu particolarmente significativo per Erice, che subì un importante sviluppo sotto il dominio normanno. Nell'antichità, la città aveva grande importanza religiosa come centro del culto di Venere Erycina, aggiungendo strati di mistero alla sua già ricca storia.

Situata sulla cima del Monte Erice, a circa 750 metri sopra il livello del mare, Erice offre spettacolari vedute del paesaggio circostante. Dalla sua posizione elevata, i visitatori possono ammirare la città di Trapani e le acque scintillanti del Mar Tirreno. La particolare forma triangolare della città è caratterizzata da ripide pendici su tutti i lati, creando una fortezza naturale che ha contribuito a preservare il suo carattere antico nel corso dei secoli. Erice è famosa per la sua nebbia frequente, che le ha valso il poetico soprannome di "Città nelle Nuvole". Questo fenomeno meteorologico aggiunge un'atmosfera di mistero e romanticismo alla città, soprattutto nei mesi più freschi.

Secondo stime recenti, Erice conta una popolazione modesta di circa 30.000 abitanti. Tuttavia, questo numero non è statico. La città subisce notevoli fluttuazioni della sua popolazione durante l'anno, principalmente a causa del flusso e riflusso del turismo. Durante l'alta stagione, le strette vie e le piazze storiche di Erice sono animate da visitatori provenienti da tutto il mondo, aumentando temporaneamente la popolazione e conferendo alla città un'atmosfera vivace e cosmopolita.

#1. Erice Estate (Festival Estivo)

Erice Estate è uno degli appuntamenti culturali più attesi a Erice, trasformando il borgo medievale in un vivace centro di espressione artistica e culturale da luglio ad agosto.

Set against the ancient cobbled streets and historic buildings, the festival offers a rich program of concerts, theater performances, art exhibitions, and outdoor events. What makes this festival particularly special is its variety: you could be listening to classical music one evening and enjoying contemporary theater or local folk performances the next.

The performances take place in various locations around Erice, including open-air venues like the picturesque Piazza San Giuliano, as well as within historical buildings like the Church of San Giovanni Battista, which provides a dramatic backdrop for evening concerts. The town's cultural and artistic energy is heightened by the medieval setting, allowing visitors to step back in time while enjoying modern performances.

Highlights of Ericè Estate include:

Classical and Contemporary Concerts: International and local musicians perform in stunning settings, blending the timeless beauty of Erice with captivating music.

Outdoor Theater: Theater performances under the stars bring to life both historical and contemporary themes, offering a unique experience for audiences.

Art Exhibitions: Throughout the festival, art exhibitions are hosted in historical buildings, showcasing works by both Sicilian and international artists.

As the festival runs for two months, it's easy to plan a visit that coincides with the religious Festa di Maria Santissima di Custonaci, allowing you to experience both cultural and religious events in one trip.

#2 Festa di Maria Santissima di Custonaci

The Festa di Maria Santissima di Custonaci, held during the last week of August, is one of the most important religious festivals in the region. The festival honors the Madonna of Custonaci, the patroness of Erice, and the surrounding area. Legend has it that the Madonna's miraculous intervention saved sailors from a terrible storm at sea, and her image has been venerated in the town ever since.

Ambientato tra le antiche strade acciottolate e gli edifici storici, il festival offre un ricco programma di concerti, spettacoli teatrali, mostre d'arte ed eventi all'aperto. Ciò che rende questo festival particolarmente speciale è la sua varietà: una sera puoi ascoltare musica classica e la successiva goderti il teatro contemporaneo o le performance folkloristiche locali.

Gli spettacoli si svolgono in diverse location di Erice, tra cui luoghi all'aperto come la pittoresca Piazza San Giuliano, così come in edifici storici come la Chiesa di San Giovanni Battista, che offre uno scenario suggestivo per i concerti serali. L'energia culturale e artistica del paese è amplificata dal contesto medievale, permettendo ai visitatori di fare un tuffo nel passato mentre assistono a performance moderne.

I momenti salienti di Ericè Estate includono:

Concerti Classici e Contemporanei: Musicisti internazionali e locali si esibiscono in scenari mozzafiato, unendo la bellezza senza tempo di Erice con la musica coinvolgente.

Teatro all'Aperto: Spettacoli teatrali sotto le stelle animano sia temi storici che contemporanei, offrendo un'esperienza unica al pubblico.

Mostre d'Arte: Durante il festival, vengono ospitate mostre d'arte in edifici storici, con opere di artisti siciliani ed internazionali.

Poiché il festival dura due mesi, è facile pianificare una visita che coincida con la Festa religiosa di Maria Santissima di Custonaci, permettendoti di vivere sia eventi culturali che religiosi in un unico viaggio.

#2. Festa di Maria Santissima di Custonaci

La Festa di Maria Santissima di Custonaci, che si tiene nell'ultima settimana di agosto, è una delle festività religiose più importanti della regione. La festa onora la Madonna di Custonaci, patrona di Erice e dell'area circostante. La leggenda narra che l'intervento miracoloso della Madonna abbia salvato i marinai da una terribile tempesta in mare, e la sua immagine è stata venerata nella città da quel momento.

The festival brings together not just the people of Erice, but also visitors and pilgrims from nearby towns, all gathering to pay homage to the Madonna through processions, prayers, and cultural celebrations.

Day-by-Day Events:

Day 1: Last Sunday of August

8:00 a.m. Opening Mass.

The festival opens with a solemn mass in the Church of Maria Santissima di Custonaci. Local dignitaries, clergy, and the faithful gather for this important service.

10:00 a.m. Procession of the Banner.

Following the mass, the Procession of the Banner takes place. This symbolic procession moves through the streets of Erice, marking the official start of the festival.

6:00 p.m. Evening Performances.

The evening brings performances of sacred music in Piazza San Giuliano, with local choirs honoring the Madonna.

Day 2: Monday: Cultural Events and Pilgrimages.

9:00 a.m.

Pilgrims from nearby towns start arriving in Erice, many of them on foot, to pay their respects to the Madonna.

12:00 p.m.

Exhibitions related to the history of the Madonna and the Custonaci cult are held in the town's museums and cultural centers.

8:00 p.m. Theatrical Performance.

A theatrical performance takes place in the town center, portraying key moments in the legend of the Madonna's miraculous interventions.

La festa riunisce non solo gli abitanti di Erice, ma anche visitatori e pellegrini provenienti dai paesi vicini, tutti radunati per rendere omaggio alla Madonna tramite processioni, preghiere e celebrazioni culturali.

Eventi Giorno per Giorno

Giorno 1: Ultima Domenica di Agosto.

8:00 Messa di Apertura.

La festa inizia con una messa solenne nella Chiesa di Maria Santissima di Custonaci. Autorità locali, clero e fedeli si radunano per questo servizio importante.

10:00 Processione dello Stendardo.

Dopo la messa, si svolge la Processione dello Stendardo. Questa processione simbolica percorre le strade di Erice, segnando l'inizio ufficiale della festa.

18:00 Concerto in Piazza.

La serata è dedicata a performance di musica sacra in Piazza San Giuliano, con i cori locali che rendono omaggio alla Madonna.

Giorno 2: Lunedì: Eventi Culturali e Pellegrinaggi.

9:00

I pellegrini provenienti dai paesi vicini iniziano ad arrivare ad Erice, molti di loro a piedi, per rendere omaggio alla Madonna.

12:00 Una Mostra.

Mostre legate alla storia della Madonna e al culto di Custonaci vengono organizzate nei musei e nei centri culturali della città.

20:00 Una Rappresentazione Teatrale.

Una rappresentazione teatrale ha luogo nel centro del paese, raccontando i momenti salienti della leggenda degli interventi miracolosi della Madonna.

Day 3: Tuesday: Solemn Procession of the Madonna.

8:00 a.m. Mass.

Another morning mass is held at the Church of Maria Santissima di Custonaci.

6:00 p.m. Procession.

The most anticipated event of the festival, the Solemn Procession of the Madonna through the streets of Erice. The statue of the Madonna, beautifully adorned with flowers and jewels, is carried by local men, accompanied by prayers, hymns, and a brass band.

9:00 p.m.

As the procession winds through Erice, it makes stops at important points in the town for blessings and prayers. Crowds line the streets, holding candles, creating an atmosphere of reverence and devotion.

11:00 p.m. Fireworks.

The day ends with a spectacular fireworks display visible from across the valley, lighting up the night sky over Erice.

Day 4: Wednesday: Feast Day Celebrations and Farewell.

10:00 a.m. Final Mass.

A final mass is held in honor of the Madonna, where offerings are made by the local community.

4:00 p.m. Cultural Performances

Cultural performances continue in the main square, including folk music and traditional Sicilian dancing.

8:00 p.m. Concert

The festival concludes with a closing concert in the Piazza, celebrating both the religious and cultural significance of the event.

Giorno 3: Martedì: Processione Solenne della Madonna.

8:00 La Messa.

Un'altra messa mattutina si tiene nella Chiesa di Maria Santissima di Custonaci.

18:00 La Processione Solenne della Madonna.

L'evento più atteso della festa, la Processione Solenne della Madonna attraverso le strade di Erice. La statua della Madonna, magnificamente adornata con fiori e gioielli, è portata in spalla dagli uomini locali, accompagnata da preghiere, inni e una banda di ottoni.

21:00

Mentre la processione attraversa Erice, si ferma in punti significativi della città per benedizioni e preghiere. La folla si raduna lungo le strade, tenendo candele, creando un'atmosfera di devozione e rispetto.

23:00 Uno Spettacolo Pirotecnico

La giornata si conclude con uno splendido spettacolo pirotecnico visibile da tutta la valle, illuminando il cielo notturno sopra Erice.

Giorno 4: Mercoledì: Celebrazioni della Festa e Commiato

10:00 La Messa

Una messa finale viene celebrata in onore della Madonna, durante la quale vengono offerti doni dalla comunità locale.

16:00 Spettacoli Culturali

Continuano gli spettacoli culturali nella piazza principale, con musica popolare e danze tradizionali siciliane.

20:00 Un Concerto

La festa si conclude con un concerto finale in piazza, celebrando sia il significato religioso che culturale dell'evento.

Erice Festivals Throughout the Year

Settimana Santa (Holy Week)

The week leading up to Easter (March/April, depending on the calendar).

Erice's Holy Week is marked by deeply religious and somber celebrations, particularly with the Processione dei Misteri, a procession featuring wooden statues that depict scenes from the Passion of Christ. These statues are carried through the medieval streets of Erice, accompanied by mournful music, creating a reflective and reverent atmosphere. The tradition dates back centuries and continues to be a significant religious and cultural event in the town, attracting both locals and tourists.

Festa di San Giuliano (Festival of Saint Julian)

September 2nd

This festival honors Saint Julian, the patron saint of Erice. The celebration includes a religious procession where the statue of San Giuliano is carried through the streets of Erice, followed by a solemn Mass. Local food, music, and traditional celebrations are happening all over town. The festival has deep historical roots in the town, with Saint Julian believed to have protected Erice from various dangers throughout its history.

Ericè Natale (Christmas in Erice)

Throughout December

During the Christmas season, Erice becomes a winter wonderland. The town is adorned with lights and festive decorations, with the cobbled medieval streets providing the perfect backdrop for holiday festivities. Christmas markets are set up, selling local crafts, food, and holiday treats.

Nativity scenes are displayed across the town, often incorporating traditional Sicilian elements. Besides the markets, there are concerts and religious services held in the town's historic churches, creating a warm, festive atmosphere. Erice's transformation during the Christmas period is a magical experience for both residents and visitors.

Feste ad Erice Durante l'Anno

Settimana Santa

La settimana che precede la Pasqua (marzo/aprile, a seconda del calendario).

La Settimana Santa di Erice è caratterizzata da celebrazioni profondamente religiose e solenni, in particolare con la Processione dei Misteri, una processione che presenta statue lignee raffiguranti scene della Passione di Cristo. Queste statue vengono trasportate per le strade medievali di Erice, accompagnate da musica malinconica, creando un'atmosfera riflessiva e di devozione. Questa tradizione risale a secoli fa e continua ad essere un evento religioso e culturale significativo per la città, attirando sia i residenti che i turisti.

Festa di San Giuliano

2 settembre

Questa festa onora San Giuliano, il santo patrono di Erice. Le celebrazioni includono una processione religiosa in cui la statua di San Giuliano viene portata per le strade di Erice, seguita da una solenne messa. I festeggiamenti si estendono per tutto il paese, con cibo locale, musica e altre celebrazioni tradizionali. La festa ha profonde radici storiche nella città, con San Giuliano che si crede abbia protetto Erice da vari pericoli nel corso della sua storia.

Erice Natale

Per tutto dicembre

Durante il periodo natalizio, Erice si trasforma in un incantevole villaggio invernale. La città è adornata con luci e decorazioni festive, con le strade medievali acciottolate che offrono uno sfondo perfetto per le celebrazioni natalizie. Vengono allestiti mercatini di Natale dove si vendono artigianato locale, cibo e dolci delle feste.

I presepi vengono esposti in tutta la città, spesso incorporando elementi tradizionali siciliani. Oltre ai mercatini, ci sono concerti e funzioni religiose nelle storiche chiese del paese, creando un'atmosfera calda e festosa. La trasformazione di Erice durante il periodo natalizio è un'esperienza magica per residenti e visitatori.

17

Dive Into the Egadi Islands

Immersion Experience: Trapani

The Egadi Islands (Aegadian Islands) are renowned for their breathtaking scenery, crystal-clear waters, and charming villages. Spread across three days, you'll have ample time to immerse yourself in the natural beauty of Favignana, Levanzo, and Marettimo, the three main islands, while exploring hidden gems, local culture, and indulging in Sicilian delicacies.

Day 1: Arrival in Favignana and Island Exploration

Begin your trip early in Trapani, catching a ferry or hydrofoil to Favignana, the largest of the Egadi Islands. The journey takes about 30 minutes by hydrofoil or an hour by ferry. Book your tickets in advance, especially during the summer, to avoid long lines. Arrival in Favignana: Once on the island, you can rent a bike, scooter, or e-bike to get around. Favignana is known for its bike-friendly paths and easygoing atmosphere.

Esperienza di immersione: Trapani e le Isole Egadi

Le Isole Egadi sono rinomate per i loro paesaggi mozzafiato, le acque cristalline e i villaggi pittoreschi. Con un itinerario di tre giorni, avrete tutto il tempo per immergervi nella bellezza naturale di Favignana, Levanzo e Marettimo, le tre isole principali, esplorando gemme nascoste e la cultura locale, e gustando le delizie siciliane.

Giorno 1: Arrivo a Favignana ed Esplorazione dell'Isola

Inizia presto il tuo viaggio a Trapani, prendendo un traghetto o un aliscafo per Favignana, la più grande delle Isole Egadi. Il viaggio dura circa 30 minuti in aliscafo o un'ora in traghetto. Prenota i biglietti in anticipo, specialmente durante l'estate, per evitare lunghe code. Arrivo a Favignana: Una volta sull'isola, puoi noleggiare una bicicletta, uno scooter o una e-bike per spostarti. Favignana è famosa per i suoi percorsi ciclabili e l'atmosfera rilassata.

La vista dall'isola

Cala Rossa: Favignana's Jewel in the Egadi Islands

Cala Rossa is often regarded as one of the most breathtaking beaches in Italy. Striking red cliffs and clear water create an otherworldly landscape. Whether you arrive on foot or by boat, Cala Rossa offers an unforgettable immersion into the natural beauty of Sicily's less-traveled gems.

Why Cala Rossa is Famous:. The name "Cala Rossa" (Red Cove) originates from a historical legend tied to the First Punic War, where the waters were said to have turned red from a bloody naval battle between the Romans and the Carthaginians. Today, the cliffs appear in various shades of red, especially during sunset, when the vibrant colors reflect off the rocky coastline.

But it's the water that truly steals the show. It is crystal-clear, shifting from deep blue to vivid turquoise depending on the time of day and sunlight. The clarity of the Mediterranean makes it a paradise for snorkeling and swimming, offering unparalleled visibility into the underwater world, where you can see fish darting among rocks and seagrass.

Getting There

You can either take a bike or scooter (both popular and eco-friendly options) or rent a boat to reach Cala Rossa. By bike or scooter: The journey to Cala Rossa from the port takes around 15-20 minutes and is a scenic route along winding coastal paths. While the terrain is rugged near the beach, that's part of what makes Cala Rossa so secluded and peaceful.

By boat: You can charter small boats from Favignana's port, offering the opportunity to visit Cala Rossa from the sea. This option provides stunning views of the cliffs and allows for easy access to the deeper waters, perfect for snorkeling.

Other Interesting Information

Historical Quarry Sites: Cala Rossa's cliffs were once home to ancient tuff quarries, and you can still see remnants of the stone extraction that shaped much of the architecture of the Egadi Islands and surrounding areas. The quarries create unique natural pools carved into the rock, adding to the surreal landscape.

Cala Rossa: Il Gioiello di Favignana nelle Isole Egadi

Cala Rossa è spesso considerata una delle spiagge più splendide d'Italia. La sua straordinaria combinazione di suggestive scogliere rosse e acque trasparenti che vanno dal turchese al blu profondo crea un paesaggio quasi surreale. Che tu arrivi a piedi o in barca, Cala Rossa offre un'immersione indimenticabile nella bellezza naturale delle gemme meno conosciute della Sicilia.

Perché Cala Rossa è famosa: Il nome "Cala Rossa" deriva da una leggenda storica legata alla Prima Guerra Punica, secondo cui le acque si sarebbero colorate di rosso a causa di una sanguinosa battaglia navale tra i Romani e i Cartaginesi. Oggi, le scogliere appaiono in diverse sfumature di rosso, soprattutto durante il tramonto, quando i colori vivaci si riflettono sulla costa rocciosa.

Ma è l'acqua a rubare davvero la scena: cristallina, che cambia dal blu profondo al turchese vivace a seconda dell'ora del giorno e della luce solare. La limpidezza del Mediterraneo ne fa un paradiso per lo snorkeling e il nuoto, offrendo una visibilità senza pari nel mondo sottomarino, dove è possibile vedere i pesci che si muovono tra le rocce e le alghe.

Come Arrivare

Puoi raggiungere Cala Rossa in bicicletta o scooter (entrambe opzioni popolari ed ecologiche), oppure noleggiare una barca. In bicicletta o scooter: Il viaggio dal porto a Cala Rossa dura circa 15-20 minuti ed è un percorso panoramico lungo tortuose strade costiere. Sebbene il suolo sia accidentato vicino alla spiaggia, è proprio questo che contribuisce a rendere Cala Rossa così isolata e tranquilla.

In barca: Puoi noleggiare piccole imbarcazioni dal porto di Favignana, con l'opportunità di visitare Cala Rossa dal mare. Questa opzione offre viste spettacolari sulle scogliere e permette un facile accesso alle acque più profonde, perfette per lo snorkeling.

Altre Informazioni Interessanti

Antiche Cave di Pietra: Le scogliere di Cala Rossa erano un tempo sede di antiche cave di tufo, e ancora oggi puoi vedere i resti dell'estrazione della pietra che ha plasmato gran parte dell'architettura delle Isole Egadi e delle aree circostanti. Le cave creano piscine naturali uniche scolpite nella roccia, aumentando l'atmosfera di paesaggio surreale.

Best Time to Visit: The ideal time to visit Cala Rossa is during the shoulder seasons, in late spring (May-June) or early autumn (September-October), when the weather is warm, and the crowds are smaller.

Marine Life: The waters surrounding Cala Rossa are rich in marine life, making it a haven for divers and snorkelers. You can spot schools of fish, octopuses, and vibrant sea sponges just below the surface.

Cala Rossa is an unforgettable destination that offers both peace and adventure. Whether you're floating in its crystal-clear waters, admiring its dramatic red cliffs, or exploring its rich history, the cove captures the essence of Sicily's wild beauty. It's the perfect destination for anyone seeking to immerse themselves in the natural wonders of the Egadi Islands.

Dining Recommendations: Favignana

Ristorante SottoSale. Address: Via Cristoforo Colombo, 55

Known for its refined Sicilian cuisine and focus on fresh seafood, this stylish restaurant offers dishes like tuna tartare, busiate with pesto trapanese, and grilled fresh fish. The cozy ambiance with outdoor seating creates a relaxed island vibe.

Trattoria da Papù. Address: Via Vittorio Emanuele, 16

A charming trattoria offering traditional Sicilian dishes in a casual setting. Specialties include couscous di pesce, pasta alla norma, and swordfish dishes. It's loved for its family atmosphere and home-style cooking.

Quello Che C'è. Address: Via Florio, 17

A hidden gem offering some of the best local seafood, including spaghetti with sea urchins. The focus is on quality and flavor, with a small but curated menu. The casual ambiance and friendly service make it ideal for an intimate meal.

Periodo Migliore per Visitarla: Il momento ideale per visitare Cala Rossa è durante le stagioni intermedie, alla fine della primavera (maggio-giugno) o all'inizio dell'autunno (settembre-ottobre), quando il clima è caldo e le folle sono più ridotte.

Vita Marina: Le acque che circondano Cala Rossa sono ricche di vita marina, rendendola un paradiso per subacquei e appassionati di snorkeling. Potrai avvistare banchi di pesci, polpi e vivaci spugne marine appena sotto la superficie.

Cala Rossa è una destinazione indimenticabile che offre sia pace che avventura. Che tu stia fluttuando nelle sue acque cristalline, ammirando le sue spettacolari scogliere rosse, o esplorando la sua ricca storia, questa cala cattura l'essenza della bellezza selvaggia della Sicilia. È la destinazione perfetta per chiunque desideri immergersi nelle meraviglie naturali delle Isole Egadi.

Consigli per Mangiare: Favignana

Ristorante SottoSale. Indirizzo: Via Cristoforo Colombo, 55

Conosciuto per la sua raffinata cucina siciliana e l'attenzione al pesce fresco, questo ristorante elegante offre piatti come tartare di tonno, busiate con pesto trapanese e pesce fresco alla griglia. L'ambiente accogliente con posti a sedere all'aperto crea un'atmosfera rilassata tipica dell'isola.

Trattoria da Papù. Indirizzo: Via Vittorio Emanuele, 16

Una trattoria affascinante che propone piatti tradizionali siciliani in un ambiente informale. Le specialità includono couscous di pesce, pasta alla norma e piatti a base di pesce spada. È apprezzata per la sua atmosfera familiare e la cucina casalinga.

Quello Che C'è. Indirizzo: Via Florio, 17

Una gemma nascosta che offre alcuni dei migliori piatti di pesce locali, tra cui spaghetti con ricci di mare. L'attenzione è sulla qualità e sul sapore, con un menù piccolo ma curato. L'ambiente informale e il servizio amichevole lo rendono ideale per una cena intima.

Ristorante Camarillo Brillo. Address: Piazza Europa, 9

A vibrant spot known for its creative takes on traditional dishes using fresh local seafood and organic ingredients. Try the pasta con tonno fresco or grilled octopus for a delightful dining experience. The lively ambiance with indoor and outdoor seating is perfect for a casual yet memorable meal.

These options provide a variety of authentic flavors, whether you're in the mood for traditional Sicilian dishes or more creative culinary experiences.

Accommodation: Favignana

I Baglio sull'Acqua. Address: Contrada Madonna, 9, 91023 Favignana, Sicily

This 4-star boutique hotel is housed in a beautifully restored 19th-century Baglio, offering a peaceful retreat just a short distance from Favignana's beaches. Guests can enjoy elegant rooms with views of the surrounding countryside, a serene courtyard, and an Arab-inspired garden. The hotel also features an outdoor pool and an on-site restaurant, perfect for a relaxing and luxurious stay.

Hotel Il Portico. Address: Via Meucci, 3

This charming 3-star family-run hotel is located just steps from the port of Favignana and the town's main square, Piazza Matrice. Guests can enjoy modern rooms with private balconies, a rooftop terrace with sea views, and a renowned buffet breakfast. The hotel is perfect for travelers seeking comfort in the heart of the island.

Day 2: Levanzo, A Peaceful Escape

Your second day on Favignana offers the perfect opportunity to explore the nearby island of Levanzo, a tranquil gem in the Egadi archipelago. Begin your day with a quick ferry or hydrofoil ride from Favignana to Levanzo. The journey takes just 10-15 minutes, but it transports you to a world of serenity and unspoiled natural beauty.

Ristorante Camarillo Brillo. Indirizzo: Piazza Europa, 9

Un locale vivace, noto per le sue interpretazioni creative di piatti tradizionali, utilizzando pesce fresco locale e ingredienti biologici. Prova la pasta con tonno fresco o il polpo grigliato per un'esperienza gastronomica deliziosa. L'atmosfera vivace con posti a sedere all'interno e all'aperto è perfetta per un pasto informale ma memorabile.

Queste opzioni offrono una varietà di sapori autentici, che tu stia cercando piatti tradizionali siciliani o esperienze culinarie più creative.

Dove Dormire: Favignana

Il Baglio sull'Acqua. Indirizzo: Contrada Madonna, 9, 91023 Favignana

Questo hotel boutique 4 stelle è ospitato in un affascinante baglio ottocentesco restaurato, offrendo un rifugio tranquillo a breve distanza dalle spiagge di Favignana. Gli ospiti possono godere di camere eleganti con vista sulla campagna circostante, un cortile sereno e un giardino in stile arabo. L'hotel dispone anche di una piscina all'aperto e di un ristorante, ideale per un soggiorno rilassante e lussuoso.

Hotel Il Portico. Indirizzo: Via Meucci, 3

Questo affascinante hotel a 3 stelle a conduzione familiare si trova a pochi passi dal porto di Favignana e dalla piazza principale del paese, Piazza Matrice. Gli ospiti possono godere di camere moderne con balconi privati, una terrazza panoramica con vista sul mare e una rinomata colazione a buffet. L'hotel è perfetto per i viaggiatori che cercano comfort nel cuore dell'isola.

Giorno 2: Levanzo, Una Fuga Pacifica

Il tuo secondo giorno a Favignana è l'occasione perfetta per esplorare la vicina isola di Levanzo, una gemma tranquilla nell'arcipelago delle Egadi. Inizia la giornata con un rapido viaggio in traghetto o aliscafo da Favignana a Levanzo. Il tragitto dura solo 10-15 minuti, ma ti trasporterà in un mondo di serenità e bellezza naturale incontaminata.

As you step off the boat onto Levanzo, the smallest of the Egadi Islands, you'll immediately sense its peaceful atmosphere. Take some time to wander through the charming village, where whitewashed houses line cobblestone streets, and the pace of life seems to slow down. Stop at a local café for a morning coffee and perhaps a traditional Sicilian pastry, savoring the quiet ambiance and friendly local hospitality.

Grotta del Genovese

One of the highlights of Levanzo is the fascinating Grotta del Genovese. This prehistoric cave boasts remarkable Neolithic and Paleolithic cave paintings, offering a glimpse into the island's ancient past. It's advisable to arrange a guided tour in advance, as the cave can only be accessed by boat or through a guided walking tour. The experience of seeing these ancient artworks in their original setting is truly awe-inspiring and provides a unique perspective on the long history of human habitation in the region.

Beach Adventure: Cala Minnola

Cala Minnola stands out as a jewel among Levanzo's beaches, and for good reason. On the eastern coast of the island, this small cove is renowned for its pristine beauty and tranquil atmosphere. The beach is approximately a 30-minute walk from the principal port and village of Levanzo, making it accessible yet secluded enough to avoid sizeable crowds.

As you approach Cala Minnola, you'll be struck by the vivid contrast of colors. The beach is composed of smooth, white pebbles that give way to turquoise waters so clear you can often see straight to the bottom. This clarity makes it an exceptional spot for snorkeling, with vibrant marine life visible just offshore. The cove is embraced by rugged, rocky cliffs covered in Mediterranean scrub, adding to its picturesque charm and providing some natural shade during parts of the day.

What sets Cala Minnola apart is its unspoiled nature and lack of extensive services, which contributes to its serene ambiance. Unlike more developed beaches, you won't find rows of sun loungers or bustling beach bars here. This absence of commercial amenities preserves the cove's natural beauty and peaceful atmosphere. However, this also means you should come prepared with your own supplies - water, snacks, and any beach gear you might need for the day.

Appena sceso dalla barca su Levanzo, la più piccola delle Isole Egadi, sentirai subito la sua atmosfera pacifica. Prenditi del tempo per passeggiare nell'affascinante villaggio, dove case imbiancate a calce fiancheggiano le strade acciottolate e il ritmo della vita sembra rallentare. Fai una sosta in un bar locale per un caffè mattutino e magari un pasticcino siciliano tradizionale, godendoti l'atmosfera tranquilla e l'ospitalità amichevole della gente del posto.

Grotta del Genovese

Una delle attrazioni di Levanzo è l'affascinante Grotta del Genovese. Questa grotta preistorica ospita straordinarie pitture rupestri risalenti al Neolitico e al Paleolitico, offrendo uno spunto sulla storia antica dell'isola. È consigliabile prenotare un tour guidato in anticipo, poiché la grotta può essere raggiunta solo via mare o tramite un'escursione guidata a piedi. L'esperienza di vedere queste opere d'arte antiche nel loro contesto originale è davvero suggestiva e offre una prospettiva unica sulla lunga storia dell'insediamento umano nella regione.

Avventura in Spiaggia: Cala Minnola

Cala Minnola si distingue come un gioiello fra le spiagge di Levanzo, e per una buona ragione. Situata sulla costa orientale dell'isola, questa piccola cala è rinomata per la sua bellezza incontaminata e l'atmosfera tranquilla. La spiaggia si trova a circa 30 minuti a piedi dal porto principale e dal villaggio di Levanzo, il che la rende accessibile ma abbastanza isolata da evitare le grandi folle.

Mentre ti avvicini a Cala Minnola, rimarrai colpito dal vivido contrasto di colori. La spiaggia è composta da lisci ciottoli bianchi che lasciano il posto ad acque turchesi così limpide che spesso si può vedere direttamente il fondale. Questa trasparenza la rende un luogo eccezionale per fare snorkeling, con una vivace vita marina visibile appena al largo. La cala è abbracciata da scogliere rocciose e frastagliate, coperte di macchia mediterranea, che ne aumentano il fascino pittoresco e offrono un po' di ombra naturale in alcune ore della giornata.

Quello che distingue Cala Minnola è la sua natura incontaminata e la mancanza di grandi servizi, il che contribuisce alla sua atmosfera serena. A differenza di spiagge più attrezzate, qui non troverai file di lettini o affollati bar sulla spiaggia. Quest'assenza di comodità commerciali preserva la bellezza naturale della cala e l'atmosfera di pace. Tuttavia, ciò significa anche che dovrai arrivare preparato con le tue scorte – acqua, snack e qualsiasi attrezzatura da spiaggia di cui potresti aver bisogno durante la giornata.

For history enthusiasts, Cala Minnola offers an additional point of interest. The waters off the beach are home to an ancient Roman shipwreck. While the wreck itself is not visible from the surface, knowing you're swimming above such a significant historical site adds an element of intrigue to your beach experience.

The walk to Cala Minnola from the port is an experience in itself, taking you along a scenic path with breathtaking views of the coastline. If the walk seems daunting, especially in the heat of summer, small boats occasionally offer transportation to the beach from the main port during peak season.

Choosing Cala Minnola allows you to experience one of Levanzo's most beautiful natural settings in its most authentic form. It's a place where you can truly disconnect, surrounded by the raw beauty of the Sicilian landscape and the mesmerizing Mediterranean Sea. The effort to reach this secluded spot is rewarded with an unforgettable beach experience that encapsulates the unspoiled charm of the Egadi Islands.

Beaches closer to the Ferry Port: The most accessible beach from the ferry port on Levanzo is Cala Dogana, which is located right next to the port. This small, picturesque beach offers crystal-clear waters and is perfect for a quick swim after arriving on the island. Another option nearby is Cala Fredda, which is a short walk south along the coast from the port. It's a small pebble beach with calm, clear waters, great for swimming and relaxing. The path to Cala Fredda is easy to follow, and the walk takes around 10-15 minutes from the ferry port, making it a convenient option for visitors looking for a peaceful beach experience right after disembarking. These two beaches offer the easiest access from the ferry, and both provide a serene and beautiful spot to enjoy the Mediterranean waters of Levanzo.

Dining Recommendations: Levanzo

Ristorante Paradiso. Address: Via Calvario, 19

This cozy, family-run restaurant is known for its fresh seafood dishes, including spaghetti ai ricci di mare (sea urchin pasta) and grilled fish, sourced directly from local fishermen. The outdoor seating offers stunning views of the sea, making it a perfect spot for a relaxed meal while soaking in the island atmosphere.

Per gli appassionati di storia, Cala Minnola offre anche un ulteriore punto di interesse. Le acque al largo della spiaggia ospitano un antico relitto romano. Sebbene il relitto non sia visibile dalla superficie, sapere di nuotare sopra un sito storico così significativo aggiunge un elemento di fascino alla tua esperienza in spiaggia.

La passeggiata dal porto a Cala Minnola è un'esperienza a sé, lungo un sentiero panoramico con viste mozzafiato sulla costa. Se la camminata ti sembra impegnativa, specialmente nel caldo dell'estate, durante la stagione di punta alcune piccole imbarcazioni offrono occasionalmente un servizio di trasporto alla spiaggia dal porto principale.

Scegliere Cala Minnola ti permette di vivere uno dei più bei paesaggi naturali di Levanzo nella sua forma più autentica. È un luogo dove puoi davvero disconnetterti, circondato dalla bellezza grezza del paesaggio siciliano e dall'incantevole Mar Mediterraneo. Lo sforzo per raggiungere questo luogo isolato viene ripagato con un'esperienza da spiaggia indimenticabile che racchiude il fascino incontaminato delle Isole Egadi.

Spiagge più vicine al Porto dei Traghetti: La spiaggia più facilmente accessibile dal porto dei traghetti di Levanzo è Cala Dogana, che si trova proprio accanto al porto. Questa piccola e pittoresca spiaggia offre acque cristalline ed è perfetta per un tuffo veloce dopo essere arrivato sull'isola. Un'altra opzione nelle vicinanze è Cala Fredda, che si trova a pochi passi a sud dal porto lungo la costa. È una piccola spiaggia di ciottoli con acque calme e cristalline, ideale per nuotare e rilassarsi. Il sentiero per Cala Fredda è facile da seguire, e la passeggiata richiede circa 10-15 minuti dal porto dei traghetti, rendendola una comoda opzione per i visitatori che cercano una spiaggia tranquilla subito dopo lo sbarco. Queste due spiagge presentano il più facile accesso dal traghetto ed entrambe offrono un angolo sereno e bellissimo per godersi le acque del Mediterraneo a Levanzo.

Consigli per mangiare: Levanzo

Ristorante Paradiso Address: Via Calvario, 19

Questo ristorante accogliente e a conduzione familiare è noto per i suoi piatti di pesce fresco, tra cui gli spaghetti ai ricci di mare e il pesce grigliato, direttamente pescato dai pescatori locali. I posti a sedere all'aperto offrono una vista spettacolare sul mare, rendendolo il posto ideale per un pasto tranquillo mentre si assapora l'atmosfera dell'isola.

Accommodation: Levanzo

Albergo (Hotel) Paradiso. Address: Via Calvario, 19

A small, family-run hotel offering comfortable rooms with stunning views of the sea. Known for its peaceful atmosphere and friendly service, it's a great choice for travelers looking to relax and enjoy Levanzo's quiet charm. The hotel also has a restaurant serving fresh seafood and traditional Sicilian dishes.

Dolcevita Egadi Eco Resort by KlabHouse. Address: Via Capo Grosso

Dolcevita Egadi Eco Resort by KlabHouse is a 4-star eco-friendly retreat located on the picturesque island of Levanzo, the smallest of the Aegadian Islands off the western coast of Sicily. The resort offers a serene escape, harmoniously blending modern comfort with the island's natural beauty.

Return to Favignana: If not staying over, take the ferry back to Favignana to enjoy another peaceful evening on the island.

Day 3: Marettimo, A Nature Lover's Paradise

Ferry to Marettimo: On your final day, take a ferry to Marettimo, the furthest and most rugged of the Egadi Islands, known for its wild landscapes, hiking trails, and crystal-clear waters. The ferry from Favignana takes about an hour.

Exploring Marettimo's Coastline by Boat: Upon arrival, consider booking a boat tour around the island. Marettimo's dramatic coastline is best appreciated from the water, where you can visit hidden sea caves like Grotta del Cammello and Grotta della Bombarda. Many tours offer stops for snorkeling in remote, unspoiled coves.

Hiking and Nature Exploration: Marettimo is a hiker's paradise. After your boat tour, explore one of the island's many scenic trails, such as the trek to the Punta Troia Castle, a 12th-century fortress offering panoramic views of the island and surrounding sea. Alternatively, enjoy a hike through the Riserva Naturale Orientata, where you can immerse yourself in Marettimo's rugged beauty.

Dove Dormire a Levanzo

Albergo Paradiso. Indirizzo: Via Calvario, 19

Un piccolo hotel a conduzione familiare che offre camere confortevoli con viste mozzafiato sul mare. Conosciuto per la sua atmosfera tranquilla e il servizio accogliente, è una scelta perfetta per i viaggiatori che cercano di rilassarsi e godersi il fascino silenzioso di Levanzo. L'hotel dispone anche di un ristorante che serve piatti tradizionali siciliani e pesce fresco.

Dolcevita Egadi Eco Resort by KlabHouse. Indirizzo: Via Capo GrossoIl

Dolcevita Egadi Eco Resort by KlabHouse è un resort eco-friendly a 4 stelle situato sull'isola pittoresca di Levanzo, la più piccola delle Isole Egadi al largo della costa occidentale della Sicilia. Il resort offre una fuga serena, fondendo armoniosamente il comfort moderno con la bellezza naturale dell'isola.

Ritorno a Favignana: Se non resti a dormire, prendi il traghetto di ritorno verso Favignana, per goderti un'altra serata tranquilla sull'isola.

Giorno 3: Marettimo, Un Paradiso per gli Amanti della Natura

Traghetto per Marettimo: Nel tuo ultimo giorno, prendi il traghetto per Marettimo, la più remota e selvaggia delle Isole Egadi, nota per i suoi paesaggi incontaminati, i sentieri escursionistici e le acque cristalline. Il viaggio in traghetto da Favignana dura circa un'ora.

Esplorare la Costa di Marettimo in Barca: All'arrivo, prendi in considerazione di prenotare un giro in barca intorno all'isola. La costa spettacolare di Marettimo si può apprezzare meglio dal mare, da dove potrai visitare grotte marine nascoste come la Grotta del Cammello e la Grotta della Bombarda. Molti tour includono soste per lo snorkeling in calette isolate e incontaminate.

Escursioni ed Esplorazione della Natura: Marettimo è un paradiso per gli amanti dell'escursionismo. Dopo il tour in barca, esplora uno dei tanti sentieri panoramici dell'isola, come il percorso che porta al Castello di Punta Troia, una fortezza del XII secolo che offre viste panoramiche sull'isola e sul mare circostante. In alternativa, goditi un'escursione nella Riserva Naturale Orientata, dove potrai immergerti nella bellezza selvaggia di Marettimo.

18

Macaroni Magic

A Taste of Tradition in Librizzi

Sagra dei Maccheroni

Where: Librizzi

When: First Saturday in August

Average Festival Temperatures: High: 33°C (91°F). Low: 18°C (64°F).

Discovering Librizzi: Hilltop Haven of the Nebrodi

Nestled in the verdant hills of northeastern Sicily, Librizzi stands as a picturesque testament to the island's rural charm and enduring traditions. This small town, perched high in the Nebrodi Mountains, offers visitors a glimpse into an authentic Sicilian way of life that has remained largely unchanged for centuries.

With its panoramic views, medieval architecture, and strong agricultural heritage, Librizzi embodies the quiet beauty and rich cultural tapestry of Sicily's mountainous interior.

Un Assaggio di Tradizione a Librizzi

La Sagra dei Maccheroni

Dove: Librizzi

Quando: Primo sabato di agosto

Temperature medie durante il festival: Massime: 33°C (91°F). Minime: 18°C (64°F).

Scoprire Librizzi: Paradiso collinare sui Nebrodi

Situato tra le verdi colline della Sicilia nordorientale, Librizzi rappresenta un pittoresco esempio del fascino rurale e delle tradizioni durature dell'isola. Questo piccolo borgo, arroccato sui Monti Nebrodi, offre ai visitatori uno spaccato della vita siciliana autentica che è rimasta in gran parte invariata per secoli.

Con le sue viste panoramiche, l'architettura medievale e il forte patrimonio agricolo, Librizzi incarna la bellezza tranquilla e la ricca eredità culturale dell'entroterra montuoso della Sicilia.

Macaroni

The history of Librizzi, like many small Sicilian towns, is shrouded in the mists of time. While the exact date of its founding is uncertain, the area has been inhabited since ancient times, with evidence of Greek and Roman settlements in the vicinity. The town's name is believed to derive from the Greek word "Eribreches," meaning "abundant in water," a nod to the natural springs that have long sustained the community. Librizzi's recorded history begins in the medieval period, when it was part of the Val Demone, one of Sicily's administrative districts under Arab and Norman rule. Over the centuries, the town developed as an agricultural center, its fortunes tied closely to the fertile land surrounding it.

Librizzi occupies a commanding position at an elevation of approximately 501 meters above sea level, in the heart of the Nebrodi Mountains. This location provides the town with a cooler climate compared to coastal areas, influencing both its agriculture and its appeal as a summer retreat. Librizzi is about 70 kilometers west of Messina. The town's territory extends from the mountainous interior down towards the Tyrrhenian coast, encompassing a diverse landscape of forests, olive groves, and pastures. Librizzi has a population of around 1,600 residents, reflecting the gradual decline common to many small Italian mountain towns. Despite its small size, Librizzi maintains a strong sense of community and cultural identity. The town is known for its production of high-quality olive oil, hazelnuts, and dairy products, particularly a local cheese called Maiorchino.

The Macaroni Festival

The Macaroni Festival, or Sagra dei Maccheroni, is a beloved culinary event held in the small village of Librizzi, located in the province of Messina, Sicily. Since its inception in 2002, the festival has become a staple for locals and visitors alike, celebrating the simplicity and richness of Sicilian culinary traditions, particularly the iconic macaroni pasta.

Each year, the festival takes place on an evening in early August, typically starting around 8:30 p.m. The streets of Librizzi's historic center, especially Piazza Catena and Via Roma, come alive with the vibrant sights, sounds, and smells of Sicily's finest street food. The heart of the celebration is the preparation of macaroni, handmade by skilled cooks and served with a savory sauce made from local tomatoes, fresh ricotta, and basil.

La storia di Librizzi, come molti piccoli borghi siciliani, si perde nella notte dei tempi. Sebbene la data esatta della sua fondazione sia incerta, l'area è stata abitata fin dall'antichità, con testimonianze di insediamenti greci e romani nelle vicinanze. Il nome della città sembra derivare dalla parola greca *"Eribreches"*, che significa "ricca di acqua," un riferimento alle sorgenti naturali che hanno a lungo sostenuto la comunità. La storia documentata di Librizzi inizia nel periodo medievale, quando faceva parte della Val Demone, uno dei distretti amministrativi della Sicilia sotto il dominio arabo e normanno. Nel corso dei secoli, il paese si sviluppò come centro agricolo, con una ricchezza legata strettamente alla terra fertile che lo circondava.

Librizzi occupa una posizione dominante ad un'altezza di circa 501 metri sopra il livello del mare, nel cuore delle Montagne Nebrodi. Questa posizione conferisce alla città un clima più fresco rispetto alle zone costiere, influenzando sia la sua agricoltura che il suo fascino come meta estiva. Librizzi si trova a circa 70 chilometri a ovest di Messina e 150 chilometri a est di Palermo, rendendola una gemma nascosta lontana dai tradizionali percorsi turistici. Il territorio del paese si estende dall'interno montuoso fino alla costa tirrenica, abbracciando un paesaggio variegato di boschi, oliveti e pascoli.

Librizzi ha una popolazione di circa 1.600 abitanti, rispecchiando il graduale declino comune a molti piccoli paesi montani italiani. Nonostante le sue piccole dimensioni, Librizzi mantiene un forte senso di comunità e identità culturale. La città è nota per la sua produzione di olio d'oliva di alta qualità, le nocciole e i prodotti caseari, in particolare un formaggio locale chiamato Maiorchino.

La Sagra dei Maccheroni

La Sagra dei Maccheroni è un evento gastronomico molto amato che si tiene nel piccolo paese di Librizzi, situato nella provincia di Messina, in Sicilia. Dal suo esordio nel 2002, la sagra è diventata un appuntamento immancabile per i locali e i visitatori, celebrando la semplicità e la ricchezza delle tradizioni culinarie siciliane, in particolare i famosi maccheroni.

Ogni anno, la sagra si svolge una sera all'inizio di agosto, generalmente a partire dalle 20:30 circa. Le strade del centro storico di Librizzi, in particolare Piazza Catena e Via Roma, si animano con i vivaci colori, suoni e profumi del miglior cibo di strada siciliano. Il cuore della festa è la preparazione dei maccheroni, fatti a mano da abili cuochi e serviti con un sugo saporito a base di pomodori locali, ricotta fresca e basilico.

This dish, while simple, embodies the flavors of the region, with all ingredients sourced locally to ensure authenticity and freshness.

The festival began in 2002 as an initiative to honor and promote the traditional foods of the region, particularly macaroni, which holds a special place in Sicilian cuisine. Over the years, it has grown in popularity and become a major event in the summer calendar for both the village and the surrounding areas. The event not only highlights the culinary delights of Librizzi but also offers visitors a glimpse into the village's agricultural heritage, with many families still making macaroni by hand as part of their everyday traditions.

During the festival, visitors can watch the lively spectacle of cooks juggling pots and pans, stirring vast quantities of pasta while singing and shouting, adding to the festive atmosphere. Besides the famous macaroni, the event showcases a wide range of traditional Sicilian foods, including:

- Maccheroni al Sugo con Ricotta: The festival's star dish, featuring handmade macaroni pasta with a rich tomato sauce, fresh ricotta, and basil.

- Sfincione: A soft, thick pizza topped with tomatoes, onions, anchovies, and breadcrumbs.

- Cannoli and Cassata: Popular Sicilian desserts that offer a sweet conclusion to the meal.

- Local Wines: Wines from nearby vineyards, offering a perfect complement to the festival's dishes.

In addition to the food, the festival offers a variety of cultural experiences. Visitors can enjoy traditional Sicilian folk music, dancing, and guided tours of Librizzi's medieval streets. The village's agricultural history is also showcased with visits to old oil mills, millstones, and water-powered mills. For those interested in history, the Emigration Memory Museum tells the story of local emigrants to Australia and the United States, adding a layer of cultural depth to the festival.

Questo piatto, sebbene semplice, racchiude i sapori della regione, con tutti gli ingredienti provenienti dal territorio per garantire autenticità e freschezza.

La sagra è iniziata nel 2002 come un'iniziativa per onorare e promuovere i cibi tradizionali della regione, in particolare i maccheroni, che occupano un posto speciale nella cucina siciliana. Nel corso degli anni, è cresciuta in popolarità ed è diventata un evento importante nel calendario estivo sia per il paese che per le aree circostanti. La manifestazione non solo mette in risalto le prelibatezze culinarie di Librizzi, ma offre anche ai visitatori uno spunto per scoprire il patrimonio agricolo del paese, con molte famiglie che ancora oggi preparano i maccheroni a mano come parte delle loro tradizioni quotidiane.

Durante la sagra, i visitatori possono assistere ad un vivace spettacolo di cuochi che manovrano pentole e padelle, mescolando grandi quantità di pasta mentre cantano e gridano, contribuendo così a creare un'atmosfera festosa. Oltre ai famosi maccheroni, l'evento presenta una vasta gamma di cibi tradizionali siciliani, tra cui:

- Maccheroni al Sugo con Ricotta: Il piatto principale della sagra, composto da maccheroni fatti a mano con un ricco sugo di pomodoro, ricotta fresca e basilico.

- Sfincione: Una pizza morbida e spessa, condita con pomodori, cipolle, acciughe e pangrattato.

- Cannoli e Cassata: I dessert siciliani per eccellenza, che offrono una dolce conclusione al pasto.

- Vini Locali: Vini provenienti dai vigneti locali, che si abbinano perfettamente ai piatti della sagra.

Oltre al cibo, la sagra offre una varietà di esperienze culturali. I partecipanti possono godere della musica popolare siciliana tradizionale, delle danze, e di visite guidate delle strade medievali di Librizzi. La storia agricola del paese viene anche celebrata con visite a vecchi frantoi, macine e mulini ad acqua. Per chi è interessato alla storia, il Museo della Memoria dell'Emigrazione racconta la storia degli emigranti locali diretti in Australia e Stati Uniti, aggiungendo una dimensione culturale alla sagra.

Librizzi Festivals Throughout the Year

Festa della Madonna della Catena (Feast of Our Lady of the Chain)

The Sunday following August 15th (Assumption Day)

The Festa della Madonna della Catena in Librizzi embodies a deep connection to one of Sicily's most evocative Marian traditions. The title "Madonna della Catena" (Our Lady of the Chain) stems from a medieval Sicilian legend where the Virgin Mary miraculously freed prisoners who had been unjustly condemned. When the feast arrives in the days following August 15th, the streets of Librizzi come alive with devotional fervor.

Festa di San Michele Arcangelo (Feast of St. Michael Archangel)

September 29th

Librizzi's patron saint is celebrated on September 29th during the Festa di San Michele Arcangelo, which has even greater local significance. The celebration centers around the Chiesa Madre, from which the statue of St. Michael emerges for its annual procession through the town. The saint is portrayed in his traditional aspect as a warrior angel, complete with sword and scales of justice. Traditional sword dances are performed, linking the festival to ancient Sicilian cultural expressions.

Sagra della Mostarda di Uva

Late September

Sagra della Mostarda di Uva is held in Colla Maffone, a hamlet within the municipality of Librizzi in the province of Messina, Sicily. This festival celebrates the traditional preparation of grape mustard, a local delicacy, and typically takes place in late September. Organized by the Associazione Culturale "U Schiticchiu", the festival features tastings of the grape mustard alongside other regional specialties, accompanied by exhibitions of local crafts and live entertainment. The event aims to immerse visitors in the authentic flavors and traditions of the area.

Le Feste di Librizzi Durante L'anno

Festa della Madonna della Catena

La domenica successiva al 15 agosto (Ferragosto)

La Festa della Madonna della Catena a Librizzi incarna una profonda connessione con una delle tradizioni mariane più suggestive della Sicilia. Il nome "Madonna della Catena" deriva da una leggenda medievale siciliana, secondo la quale la Vergine Maria liberò miracolosamente dei prigionieri che erano stati condannati ingiustamente. Quando arriva la festa, nei giorni successivi al 15 agosto, le strade di Librizzi si animano di fervore devozionale.

Festa di San Michele Arcangelo

29 settembre

La Festa di San Michele Arcangelo, celebrata il 29 settembre, ha un significato ancora più profondo a livello locale in quanto onora il santo patrono di Librizzi. La celebrazione si concentra attorno alla Chiesa Madre, dalla quale la statua di San Michele esce per la sua processione annuale per le vie del paese. Il santo è raffigurato nel suo aspetto tradizionale di angelo guerriero, completo di spada e bilancia della giustizia. Vengono eseguite le tradizionali danze con la spada, collegando la festa alle antiche espressioni culturali siciliane.

Sagra della Mostarda di Uva

Fine settembre

La Sagra della Mostarda di Uva si tiene a Colla Maffone, una frazione del comune di Librizzi nella provincia di Messina, Sicilia. Questa festa celebra la preparazione tradizionale della mostarda di uva, una prelibatezza locale, e solitamente si svolge a fine settembre. Organizzata dall'Associazione Culturale "U Schiticchiu", la festa offre degustazioni della mostarda di uva insieme ad altre specialità regionali, accompagnati da mostre di artigianato locale e intrattenimento dal vivo. L'evento ha l'obiettivo di immergere i visitatori nei sapori autentici e nelle tradizioni della zona.

19
FestaFusion Piazza Armerina

FestaFusion Piazza Armerina

#1 Palio dei Normanni. The festival commemorates the Normans, led by Count Roger I, who liberated Sicily from Arab control in the 11th century. In the heart of Sicily, Piazza Armerina became a symbol of Norman victory and Christian reclamation of the island.

#2 Festa di Maria Santissima delle Vittorie. This festival honors Maria Santissima delle Vittorie, the protector of Piazza Armerina.

#FestaFusion means two or more festivals happen at around the same time in the same town, so visitors can enjoy multiple events during their visit. These are **#Back2Back Festivals**, one followed by another.

Where: Piazza Armerina

When: Palio is August 12 to 14. Festa di Maria Santissima delle Vittorie August 15.

FestaFusion Piazza Armerina

#1 Il Palio dei Normanni

La festa commemora i Normanni, guidati dal Conte Ruggero I, che liberarono la Sicilia dal controllo arabo nell'XI secolo. Nel cuore della Sicilia, Piazza Armerina divenne il simbolo della vittoria normanna e della riconquista cristiana dell'isola.

#2 La Festa di Maria Santissima delle Vittorie

Questa festa onora Maria Santissima delle Vittorie, la protettrice di Piazza Armerina.

#FestaFusion: Significa che due o più feste si svolgono circa nello stesso periodo nella stessa città, permettendo ai visitatori di godere di più eventi durante la loro visita. Queste feste sono **#Back2Back**, ovvero uno seguito dall'altro.

Dove: Piazza Armerina

Quando: Il Palio è dal 12 al 14 agosto, la Festa di Maria Santissima delle Vittorie è il 15 agosto.

Roman ruins at the Villa Romana del Casale

Festival Website: https://www.piazza-armerina.it/palio-dei-normanni/

Average Festival Temperatures: High: 30°C (86°F). Low: 20°C (68°F).

Discovering Piazza Armerina: A Timeless Mosaic of History and Art

Nestled in the heart of Sicily, Piazza Armerina is a captivating town known for its remarkable blend of history, art, and culture. Situated in the Enna province, this hilltop town stands at an elevation of approximately 721 meters, offering panoramic views of the surrounding countryside. With its ancient roots and well-preserved medieval and baroque architecture, Piazza Armerina provides a window into Sicily's rich past, while also showcasing its vibrant traditions.

Piazza Armerina's history dates back to ancient Roman and Byzantine times. Its highlight is the Villa Romana del Casale, a UNESCO World Heritage Site famous for its Roman mosaics. Built in the 3rd to 4th centuries AD, it reflects the luxury of the Roman elite and late Roman Empire culture. The town later thrived in the medieval era, especially under Norman and Swabian rule. Its strategic location made it vital for governance and defense.With a population of around 20,000 residents, Piazza Armerina is a vibrant community that flourishes on a combination of agriculture, tourism, and craftsmanship.

#1 Palio dei Normanni

The Palio dei Normanni is a major historical festival held in Piazza Armerina. It commemorates the Norman conquest of Sicily and the island's liberation from Arab rule. As one of the region's oldest and most renowned medieval reenactments, its origins can be traced back to the 12th century.

This three-day event takes place annually from August 12 to 14, blending historical and religious traditions. While the term "palio" can sometimes refer to a horse race or other competitive event, it specifically denotes a series of medieval historical reenactments in this context.

Sito web del festival: https://www.piazza-armerina.it/palio-dei-normanni/

Temperatura media durante il festival: Massima: 30°C (86°F). Minima: 20°C (68°F).

Scoprire Piazza Armerina: Un mosaico senza tempo di storia e arte

Nascosta nel cuore della Sicilia, Piazza Armerina è una città affascinante nota per il suo straordinario connubio di storia, arte e cultura. Situata nella provincia di Enna, questa città collinare si trova ad un'altitudine di circa 721 metri, offrendo viste panoramiche sulla campagna circostante. Con le sue radici antiche e l'architettura medievale e barocca ben conservata, Piazza Armerina offre una finestra sul ricco passato della Sicilia, mettendo in mostra al contempo le sue vivaci tradizioni.

La storia di Piazza Armerina risale all'epoca romana e bizantina. Il suo gioiello è la Villa Romana del Casale, un sito patrimonio dell'UNESCO famoso per i suoi mosaici romani. Costruita tra il III e il IV secolo d.C., riflette il lusso dell'élite romana e la cultura del tardo Impero Romano. La città fiorì poi in epoca medievale, specialmente sotto il dominio normanno e svevo. La sua posizione strategica la rese cruciale per il governo e la difesa. Con una popolazione di circa 20.000 abitanti, Piazza Armerina è una comunità vivace che prospera grazie ad un insieme di agricoltura, turismo e artigianato.

#1 Il Palio dei Normanni

Il Palio dei Normanni è un'importante festa storica che si tiene a Piazza Armerina. Commemora la conquista normanna della Sicilia e la liberazione dell'isola dal dominio arabo. È una delle più antiche e rinomate rievocazioni medievali della regione, con origini che risalgono al XII secolo.

Questo evento di tre giorni si svolge ogni anno dal 12 al 14 agosto, mescolando tradizioni storiche e religiose. Sebbene il termine *palio* a volte si possa riferire ad una corsa di cavalli o ad altri eventi competitivi, in questo contesto indica specificatamente una serie di rievocazioni storiche medievali.

Day 1–August 12: The Delivery of the Banner

The festival begins with a religious and ceremonial reenactment in the historic center of Piazza Armerina. This day's event is known as the Consegna delle Chiavi (Delivery of the Keys), symbolizing the handover of the city's keys to Count Roger.

Historical Parade: The four districts (known as Contrade) of the city, Canali, Casalotto, Castellina, and Monte, take part in a parade with participants dressed in elaborate medieval costumes representing Norman soldiers, noblemen, and townspeople.

Blessing of the Banner: The highlight of the day is the presentation and blessing of the banner of the Madonna delle Vittorie in the Cathedral of Piazza Armerina, followed by a large procession where the banner is carried through the streets.

Day 2–August 13: The Corteo Storico (Historical Parade)

On this day, the streets of Piazza Armerina come alive with medieval pageantry.

Procession of Count Roger I: A grand procession featuring knights, foot soldiers, nobles, and commoners marches through the city, reenacting the entry of Count Roger and his Norman forces into the city. A large procession of foot soldiers, the Norman cavalry, and Count Roger carrying the papal banner of "Maria Santissima delle Vittorie" solemnly enters the city through Porta Castellina. The procession travels along the principal streets, eventually reaching Cathedral Square. There, accompanied by the sound of trumpets and drums, Count Roger is greeted by the city's representatives, including the Prior, the District Magistrate, the Notables, the Ladies, the Grand Magistrate with the Grand Lady, and the jousting knights from the four Contrade, historic districts.

Tournament Trials: The four Contrade prepare for the Palio by participating in trials that test the skill and precision of their horsemen. These trials are important for determining the order of the final competition on the following day.

In the Cathedral Basilica, the Grand Magistrate, accompanied by his pages, the Master of Ceremonies, and the Auctioneer, symbolically hands over the keys. After the ceremony, the entire procession reforms and crosses the principal streets of the historic center, finally arriving at the lodges of the San Pietro district.

Giorno 1 – 12 agosto: La Consegna dello Stendardo

La festa inizia con una rievocazione religiosa e cerimoniale nel centro storico di Piazza Armerina. L'evento di questa giornata è conosciuto come la Consegna delle Chiavi, che simboleggia la cessione delle chiavi della città al Conte Ruggero.

Parata storica: I quattro quartieri della città (noti come Contrade), Canali, Casalotto, Castellina e Monte, prendono parte alla parata con i partecipanti che indossano elaborati costumi medievali rappresentanti soldati normanni, nobili e popolani.

Benedizione dello stendardo: Il momento culminante della giornata è la presentazione e la benedizione dello stendardo della Madonna delle Vittorie nella Cattedrale di Piazza Armerina, seguita da una grande processione in cui lo stendardo viene portato per le strade.

Giorno 2 – 13 agosto: Il Corteo Storico

In questa giornata, le strade di Piazza Armerina si animano di sontuosi festeggiamenti medievali.

La Processione del Conte Ruggero I: Una grandiosa processione caratterizzata da cavalieri, soldati a piedi, nobili e popolani, percorre la città, rievocando l'ingresso del Conte Ruggero e delle sue forze normanne. Una lunga processione di soldati a piedi, la cavalleria normanna, e il Conte Ruggero che porta il vessillo papale di "Maria Santissima delle Vittorie", entra solennemente in città attraverso Porta Castellina. La processione percorre le vie principali, arrivando infine in Piazza del Duomo. Lì, accompagnato dal suono di trombe e tamburi, il Conte Ruggero è accolto dai rappresentanti della città, tra cui il Priore, il Magistrato di Distretto, i Notabili, le Dame, il Gran Magistrato con la Gran Dama, e i cavalieri sfidanti delle quattro Contrade, i quartieri storici.

Le Prove del Torneo: Le quattro Contrade si preparano al Palio partecipando a prove che testano l'abilità e la precisione dei loro cavalieri. Queste prove sono fondamentali per determinare l'ordine della competizione finale del giorno successivo.

Nella Basilica Cattedrale, il Gran Magistrato, accompagnato dai suoi paggi, dal Maestro delle Cerimonie e dal Banditore, consegna simbolicamente le chiavi. Dopo la cerimonia, l'intera processione si riforma e attraversa le vie principali del centro storico, giungendo infine alle logge del quartiere di San Pietro.

Day 3—August 14: The Palio and Jousting Tournament

The third and final day is the highlight of the Palio dei Normanni.

The Quintana Tournament: The centerpiece of the day is the Quintana jousting tournament, where knights representing the four Contrade compete in a series of events designed to test their strength, speed, and agility on horseback. The event takes place at the Field of Saint Hippolytus (Campo Sant'Ippolito), a large outdoor arena. Knights must charge at targets (representing Saracens) with a lance and try to hit a series of rings or shields while galloping at full speed.

Awarding of the Palio: The Palio, a richly decorated banner, is awarded to the knight and Contrada that show the most skill in the competition. This symbolic victory represents the Norman triumph over the Saracens.

#2 Feast of Our Lady of Victories

The Festa di Maria Santissima delle Vittorie, celebrated on August 15, coincides with the Feast of the Assumption of the Virgin Mary, and holds deep historical and religious significance for the people of Piazza Armerina.

The festival commemorates the Virgin Mary's role in the victory of the Normans, led by Count Roger I, over the Saracens in the 11th century. According to tradition, Count Roger I dedicated his military success to the Virgin Mary, as he believed her intercession was pivotal in securing the victory. As a result, the Madonna delle Vittorie (Our Lady of Victories) became a revered symbol of divine protection and intervention for the local population. This devotion is embodied in the statue of the Madonna, which is housed in the Cattedrale di Maria Santissima delle Vittorie.

The Festa di Maria Santissima delle Vittorie has been celebrated for over 900 years, dating back to the time of Count Roger I's conquest of Sicily in the late 11th century. It remains a key annual event, intertwining both religious devotion and local pride. The tradition has been passed down through the centuries, with each generation honoring the Virgin's role in their history, continuing to this day with a strong sense of community involvement. The event is not just a religious observance but also a celebration of Piazza Armerina's cultural heritage.

Giorno 3 – 14 agosto: Il Palio e il Torneo della Giostra

Il terzo ed ultimo giorno è il momento culminante del Palio dei Normanni.

Il Torneo della Quintana: Il fulcro della giornata è il torneo della giostra della Quintana, in cui cavalieri rappresentanti le quattro Contrade si sfidano in una serie di prove pensate per testare la loro forza, la velocità e l'agilità a cavallo. L'evento si svolge nel Campo Sant'Ippolito, un grande stadio all'aperto. I cavalieri devono lanciarsi contro i bersagli (che rappresentano i saraceni) con una lancia e cercare di colpire una serie di anelli o scudi mentre galoppano a tutta velocità.

La Consegna del Palio: Il Palio, uno stendardo riccamente decorato, viene assegnato al cavaliere e alla Contrada che dimostrano maggiore abilità nella competizione. Questa vittoria simbolica rappresenta il trionfo normanno sui saraceni.

#2 Festa di Maria Santissima delle Vittorie

La Festa di Maria Santissima delle Vittorie, celebrata il 15 agosto, coincide con la Festa dell'Assunzione della Vergine Maria ed ha un profondo significato storico e religioso per la gente di Piazza Armerina.

La festa commemora il ruolo della Vergine Maria nella vittoria dei Normanni, guidati dal Conte Ruggero I, sui Saraceni nell'XI secolo. Secondo la tradizione, il Conte Ruggero I dedicò il suo successo militare alla Vergine Maria, credendo che la sua intercessione fosse fondamentale per assicurarsi la vittoria. Di conseguenza, la Madonna delle Vittorie divenne un simbolo venerato di protezione ed intervento divini per la popolazione locale. Questa devozione è rappresentata dalla statua della Madonna, che si trova nella Cattedrale di Maria Santissima delle Vittorie.

La Festa di Maria Santissima delle Vittorie viene celebrata da oltre 900 anni, risalendo ai tempi della conquista della Sicilia da parte del Conte Ruggero I alla fine dell'XI secolo. Rimane un evento annuale fondamentale, che intreccia sia la devozione religiosa che l'orgoglio locale. La tradizione è stata tramandata nel corso dei secoli, con ogni generazione che onora il ruolo della Vergine nella storia, continuando ancora oggi con un forte senso di partecipazione della comunità. L'evento non è solo un'osservanza religiosa, ma anche una celebrazione del patrimonio culturale di Piazza Armerina.

Events and Processions of the Festa di Maria Santissima delle Vittorie

Solemn Religious Mass

The festival begins with a solemn mass held in the Cathedral of Piazza Armerina (Cattedrale di Maria Santissima delle Vittorie). During this service, the community gathers to honor the Madonna and give thanks for her protection. The mass is an important spiritual moment for locals and pilgrims alike, with prayers dedicated to the Virgin Mary and the Assumption. The cathedral is beautifully decorated for the occasion, with flowers and candles.

The Grand Procession of the Madonna delle Vittorie.

Carried through the streets of Piazza Armerina, the procession of the statue of the Madonna is the most significant part of the celebration. The statue of Maria Santissima delle Vittorie, adorned with gold, jewels, and intricate decorations, is carried on a platform by a group of strong devotees known as portatori. Starting at the cathedral, the procession makes its way through the historic streets of the town, accompanied by clergy, religious orders, and thousands of followers. Along the way, bands play solemn music, and the streets are lined with people who offer prayers, sing hymns, and throw flower petals in honor of the Madonna. The procession usually lasts several hours as it winds its way through the historic center.

Along the procession route, many residents and pilgrims place offerings, such as flowers and candles, in front of the statue of the Madonna. These offerings symbolize gratitude for favors granted by the Virgin Mary and requests for future protection and blessings. In certain areas, families may erect small shrines or altars to honor the Madonna as she passes. These shrines often include religious icons, candles, and other symbolic items.

Fireworks and Evening Festivities

After the religious events and processions, the festival takes on a more celebratory tone with fireworks displays in the evening. The fireworks, usually held in the main squares or near the cathedral, light up the night sky and can be seen from various parts of the town. The vibrant pyrotechnic displays are a mark of celebration and joy, adding a festive atmosphere to the solemnity of the religious processions.

Eventi e Processioni della Festa di Maria Santissima delle Vittorie

Solenne Messa Religiosa

La festa inizia con una messa solenne celebrata nella Cattedrale di Piazza Armerina (Cattedrale di Maria Santissima delle Vittorie). Durante questa funzione, la comunità si riunisce per onorare la Madonna e rendere grazie per la sua protezione. La messa è un importante momento spirituale sia per i locali che per i pellegrini, con preghiere dedicate alla Vergine Maria e all'Assunta. La cattedrale è splendidamente decorata per l'occasione, con fiori e candele.

La Grande Processione della Madonna delle Vittorie

Portata per le strade di Piazza Armerina, la processione della statua della Madonna è la parte più significativa della celebrazione. La statua di Maria Santissima delle Vittorie, adornata di oro, gioielli e decorazioni elaborate, viene portata su una base da un gruppo di forti devoti noti come portatori. Partendo dalla cattedrale, la processione attraversa le strade storiche della città, accompagnata da clero, ordini religiosi e migliaia di fedeli. Lungo il percorso, le bande suonano musica solenne e sulle strade si radunano persone che offrono preghiere, cantano inni e lanciano petali di fiori in onore della Madonna. La processione solitamente dura diverse ore, snodandosi per il centro storico.

Lungo il percorso della processione, molti residenti e pellegrini pongono offerte, come fiori e candele, davanti alla statua della Madonna. Queste offerte simboleggiano gratitudine per i favori ricevuti dalla Vergine Maria e richieste di protezione e benedizioni future. In alcune aree, le famiglie possono erigere piccole edicole o altari per onorare la Madonna mentre passa. Queste edicole spesso contengono icone religiose, candele e altri oggetti simbolici.

Fuochi d'Artificio ed Eventi Serali

Dopo gli eventi religiosi e le processioni, la festa assume un tono più celebrativo con spettacolari fuochi d'artificio in serata. I fuochi, solitamente lanciati nelle piazze principali o vicino alla cattedrale, illuminano il cielo notturno e sono visibili da diverse parti della città. I vivaci spettacoli pirotecnici rappresentano un segno di celebrazione e gioia, aggiungendo un'atmosfera festosa alla solennità delle processioni religiose.

Music and festive activities, including local bands and traditional Sicilian folk music, follow the fireworks. People gather in the town squares, enjoying food, music, and the sense of community that the festival fosters.

Cultural and Traditional Activities

In addition to the religious aspects, the festival often includes various cultural events, such as concerts, theatrical performances, and exhibitions. These events take place in public squares and cultural venues throughout Piazza Armerina. Vendors selling traditional street food, like arancini, cannoli, and pane cunzatu, add to the festive atmosphere. Food stalls, local crafts, and artisanal products give visitors a chance to experience Sicilian flavors and traditions.

Connection to the Palio dei Normanni

The Festa di Maria Santissima delle Vittorie coincides with the ultimate day of the Palio dei Normanni, a three-day medieval reenactment that celebrates the Norman victory over the Saracens. The Palio ends with the presentation of the banner of the Madonna delle Vittorie, symbolizing the town's gratitude for the Virgin Mary's protection during the conquest.

On August 14, the knights who take part in the Palio pay tribute to the Virgin Mary by presenting the Palio banner at the cathedral, and on August 15, the religious aspects of the festival dominate with the grand procession and mass.

Piazza Armerina Festivals and Sagre Throughout the Year

Infiorata di Piazza Armerina (Flower Festival)

June

Celebrated on Corpus Christi Sunday, which falls on the second Sunday after Pentecost (typically in June). The Infiorata is a flower festival with roots in 13th-century Rome, though it became popular in many Italian towns during the 17th and 18th centuries. In Piazza Armerina, this tradition has been embraced as a way to combine religious devotion with artistic expression.

Musica e attività festose, tra cui bande locali e musica popolare siciliana tradizionale, seguono i fuochi d'artificio. La gente si raduna nelle piazze della città, godendosi il cibo, la musica e il senso di comunità che la festa favorisce.

Attività Culturali e Tradizionali

Oltre agli aspetti religiosi, la festa include spesso vari eventi culturali, come concerti, rappresentazioni teatrali e mostre. Questi eventi si svolgono nelle piazze pubbliche e in luoghi culturali sparsi per Piazza Armerina. I venditori che offrono cibo di strada tradizionale, come arancini, cannoli e pane cunzatu, contribuiscono a creare l'atmosfera festiva. Le bancarelle di cibo, l'artigianato locale e i prodotti tradizionali offrono ai visitatori l'opportunità di vivere i sapori e le tradizioni siciliane.

Connessione con il Palio dei Normanni

La Festa di Maria Santissima delle Vittorie coincide con l'ultimo giorno del Palio dei Normanni, una rievocazione medievale di tre giorni che celebra la vittoria normanna sui saraceni. Il Palio si conclude con la presentazione dello stendardo della Madonna delle Vittorie, simbolo della gratitudine della città per la protezione della Vergine Maria durante la conquista.

Il 14 agosto, i cavalieri che partecipano al Palio rendono omaggio alla Vergine Maria presentando lo stendardo del Palio presso la cattedrale, mentre il 15 agosto, gli aspetti religiosi della festa dominano con la grande processione e la messa solenne.

Feste e Sagre a Piazza Armerina Durante l'Anno

Infiorata di Piazza Armerina

Giugno

Celebrata la domenica del Corpus Domini, che cade la seconda domenica dopo la Pentecoste (solitamente a giugno). L'Infiorata è una festa dei fiori che ha radici nella Roma del XIII secolo, tuttavia è diventata popolare in molte città italiane nel XVII e XVIII secolo. A Piazza Armerina questa tradizione è stata accolta come un modo per unire devozione religiosa ed espressione artistica.

Local artists and volunteers create intricate "carpets" made entirely of flower petals, seeds, and other natural materials along the town's streets. These floral masterpieces often depict religious scenes, local historical events, or geometric patterns. The designs are carefully planned and executed over several days leading up to the festival.

Festa di Sant'Anna (Feast of St. Ann)

July 26

The Festa di Sant'Anna celebrates St. Anne, the mother of the Virgin Mary and the grandmother of Jesus Christ. Veneration of St. Anne dates back to the early Christian church, with her feast day officially added to the Roman Catholic calendar in the 16th century. The festival serves as a time for families to come together, honoring the concept of motherhood and the important role of grandparents in family life. It also provides an opportunity for the community to reflect on their faith and cultural heritage.

Festa di San Lorenzo (St. Lawrence Feast Day)

August 10

The Festa di San Lorenzo honors St. Lawrence, one of Piazza Armerina's patron saints. St. Lawrence was a 3rd-century Christian martyr who served as a deacon in Rome. According to tradition, he was roasted alive on a gridiron, which is why he is often depicted holding this instrument. The festival combines religious devotion with community celebration. It begins with a solemn Mass in the Cathedral, followed by a procession carrying the statue of San Lorenzo through the streets.

Throughout the day, the town is alive with various activities, including historical reenactments of the life of St. Lawrence, street fairs, and traditional music performances.

As night falls, the celebration culminates in a spectacular fireworks display.

Artisti locali e volontari creano elaborati "tappeti" interamente fatti di petali di fiori, semi ed altri materiali naturali lungo le strade della città. Questi capolavori floreali raffigurano spesso scene religiose, eventi storici locali o motivi geometrici. I disegni vengono pianificati e realizzati con cura nei giorni che precedono la festa.

Festa di Sant'Anna

26 luglio

La Festa di Sant'Anna celebra Santa Anna, madre della Vergine Maria e nonna di Gesù Cristo. La venerazione di Santa Anna risale ai primi tempi della Chiesa cristiana, con la sua festa ufficialmente inserita nel calendario cattolico romano nel XVI secolo. La festa è un momento in cui le famiglie si riuniscono per onorare il concetto di maternità e il ruolo importante dei nonni nella vita familiare. Inoltre, offre alla comunità l'opportunità di riflettere sulla propria fede e sul patrimonio culturale.

Festa di San Lorenzo

10 agosto

La Festa di San Lorenzo onora San Lorenzo, uno dei santi patroni di Piazza Armerina. San Lorenzo fu un martire cristiano del III secolo, che servì come diacono a Roma. Secondo la tradizione, fu bruciato vivo su una graticola, ed è per questo che viene spesso rappresentato con questo strumento. La festa unisce devozione religiosa e celebrazione comunitaria. Inizia con una Messa solenne nella Cattedrale, seguita da una processione che porta la statua di San Lorenzo per le strade. Durante la giornata, il paese è animato da varie attività, tra cui rievocazioni storiche della vita di San Lorenzo, fiere di strada e concerti di musica tradizionale.

Quando cala la notte, la celebrazione culmina con uno splendido spettacolo di fuochi d'artificio.

20

Crafted in Clay, The Art of Caltagirone

Immersion Experience Caltagirone

In the province of Catania, Caltagirone is one of Sicily's most important centers for ceramics. Its rich history dates back to ancient times, influenced by Arab, Norman, and Spanish cultures. The town's fame for ceramics dates back to the Arab period in the 9th and 10th centuries, when the island was under Islamic rule. The Arabs introduced advanced pottery techniques, such as glazing and decorative tile work, which the locals adopted and expanded.

Over the centuries, Caltagirone's artisans became masters of this craft, blending the influences of the various cultures that ruled Sicily into their ceramic production. The town's architectural and artistic beauty is highlighted by its famous "Scala di Santa Maria del Monte," a monumental staircase with 142 ceramic steps, each featuring unique and colorful tiles.

Part of the UNESCO World Heritage Site Val di Noto, Caltagirone is renowned for its stunning Baroque architecture. Visitors come to admire its historical churches, palazzi, and, of course, its local ceramic craftsmanship, which has been a cornerstone of the town's identity for centuries.

Esperienza di immersione Caltagirone

Nella provincia di Catania, Caltagirone è uno dei centri più importanti della Sicilia per la ceramica. La sua ricca storia risale ai tempi antichi, influenzata dalle culture araba, normanna e spagnola. La fama della città per la ceramica risale al periodo arabo, IX e X secolo, quando l'isola era sotto il dominio islamico. Gli arabi introdussero tecniche avanzate di lavorazione della ceramica, come la smaltatura e la decorazione delle piastrelle, che i locali adottarono ed ampliarono.

Nel corso dei secoli, gli artigiani di Caltagirone divennero maestri in quest'arte, fondendo le influenze delle varie culture che governarono la Sicilia nella loro produzione ceramica. La bellezza architettonica e artistica della città è evidenziata dalla famosa Scala di Santa Maria del Monte, una monumentale scalinata con 142 gradini in ceramica, ciascuno caratterizzato da piastrelle uniche e colorate.

Parte del Sito Patrimonio Mondiale dell'Umanità UNESCO Val di Noto, Caltagirone è rinomata per la sua splendida architettura barocca. I visitatori vengono ad ammirare le sue chiese storiche, i palazzi e, naturalmente, l'artigianato locale della ceramica, che è stato per secoli una pietra miliare dell'identità della città.

Caltagirone's ceramics are known not only for their beauty but also for their functional use, with a tradition of producing items like vases, tiles, and plates that are both artistic and practical. Festivals such as the "Festa di San Giacomo" and Christmas nativity displays further showcase Caltagirone's vibrant cultural heritage.

Immerse Yourself with a Ceramics Class

Caltagirone offers several opportunities for visitors to take ceramics classes. Many local ceramic workshops (botteghe) provide hands-on experiences where participants can learn about traditional techniques, including shaping, glazing, and painting ceramics.

Popular options include:

- **Ceramiche Sofia**: A well-known workshop where participants can create their own ceramic pieces under the guidance of skilled artisans.

- **Bottega del Tornio:** Visitors can engage in pottery-making sessions, learn about the craft's history, and take home their finished creations (or have them shipped).

For ceramic enthusiasts and curious visitors, Caltagirone also offers the chance to explore a ceramic laboratory where you can participate in a ceramic course. There are options for individual courses or the "Didactic Laboratory," a special project designed for school groups or anyone interested in learning about ceramics.

These hands-on experiences provide an excellent opportunity to engage with Caltagirone's renowned ceramic traditions. For more information, contact Sicily in Travel at +39 333 9458579

Le ceramiche di Caltagirone sono famose non solo per la loro bellezza, ma anche per il loro uso pratico, con una tradizione di produzione di oggetti come vasi, piastrelle e piatti, che sono sia artistici che funzionali. Feste come la Festa di San Giacomo e le esposizioni di presepi natalizi mettono ulteriormente in risalto il vivace patrimonio culturale di Caltagirone.

Immergiti nella tradizione con un corso di ceramica

Caltagirone offre numerose opportunità per i visitatori di partecipare a corsi di ceramica. Molti laboratori locali di ceramica (botteghe) offrono esperienze pratiche in cui i partecipanti possono imparare le tecniche tradizionali, tra cui modellare, smaltare e dipingere ceramiche.

Opzioni popolari sono:

- **Ceramiche Sofia:** Un laboratorio rinomato dove i partecipanti possono creare i propri pezzi in ceramica sotto la guida di abili artigiani.

- **Bottega del Tornio:** I visitatori possono partecipare a sessioni di lavorazione della ceramica, apprendere la storia di questo mestiere e portare a casa le proprie creazioni finite (o farle spedire).

Per gli appassionati di ceramica e i visitatori curiosi, Caltagirone offre anche l'opportunità di esplorare un laboratorio ceramico dove è possibile partecipare a corsi di ceramica. Sono disponibili opzioni per corsi individuali o il "Laboratorio Didattico", un progetto speciale destinato a gruppi scolastici o a chiunque sia interessato a scoprire l'arte della ceramica.

Queste esperienze pratiche offrono un'opportunità eccellente per entrare in contatto con le rinomate tradizioni ceramiche di Caltagirone. Per maggiori informazioni, contatta Sicily in Travel al numero +39 333 9458579.

21

FestaFusion Messina

Giants, Grace and Ferragosto

FestaFusion Messina

#1. Parade of Giants in Messina: This vibrant procession features towering figures of Mata and Grifone, legendary founders of Messina, parading through the streets with music and fanfare.

#2. Ferragosto: Celebrated on August 15, Ferragosto is a national holiday in Italy, marking the peak of summer with festivities, feasts, and religious observances.

#3. Feast of the Assumption of Mary: A deeply religious celebration on August 15, honoring the belief in the Virgin Mary's assumption into heaven, highlighted by special Masses and processions in Messina.

#FestaFusion means two or more festivals happen at the same time in the same town, so visitors can enjoy multiple events during their visit.

Where: Messina. Ferragosto and the Feast of the Assumption of Mary are celebrated throughout Italy, not just in Messina.

FestaFusion Messina: Giganti, Grazia e Ferragosto

FestaFusion Messina

#1. La Parata dei Giganti a Messina: Questa vivace processione vede protagonisti i giganteschi personaggi di Mata e Grifone, leggendari fondatori di Messina, che sfilano per le strade con musica e festeggiamenti.

#2. Ferragosto: Festeggiato il 15 agosto, il Ferragosto è una festa nazionale in Italia, che segna il culmine dell'estate con feste, sagre e celebrazioni religiose.

#3. Festa dell'Assunzione di Maria: Una celebrazione profondamente religiosa il 15 agosto, che onora la credenza nell'Assunzione della Vergine Maria in cielo, caratterizzata da Messe speciali e processioni a Messina.

#FestaFusion significa che due o più festività si svolgono contemporaneamente nella stessa città, offrendo così ai visitatori la possibilità di godere di più eventi durante la loro visita.

Dove: Messina. Ferragosto e la Festa dell'Assunzione di Maria sono celebrati in tutta Italia, non solo a Messina.

I Giganti di Messina

When: Parade of Giants, August 10-14. Ferragosto and the Feast of the Assumption of Mary are on August 15.

Average Festival Temperatures: High: 30°C (86°F). Low: 20°C (68°F).

Discovering Messina: Guardian of the Strait

Messina, the third-largest city in Sicily, stands as a resilient sentinel at the northeastern tip of the island, guarding the narrow strait that bears its name. Known in ancient times as Zancle for its sickle-shaped harbor, Messina has played a pivotal role in Mediterranean history for over two and a half millennia. Despite facing numerous natural disasters and historical upheavals, the city has repeatedly risen from the ashes, embodying the indomitable spirit of Sicily and its people.

Messina's history dates back to ancient times, founded by Greek colonists in the 8th century BC. Its prime location between Sicily and the Italian mainland made it a target for various powers, including the Carthaginians, Romans, Byzantines, Arabs, and Normans. The Normans turned it into a key trade hub and a vital part of the Crusades. The Renaissance marked its peak, making it one of the top Mediterranean ports. However, tragedy struck in 1908 with a devastating earthquake and tsunami, killing about half of its population. World War II added to the destruction. Yet, Messina always rebuilt, though much of its historical architecture has been lost.

Messina occupies a unique position at the northeastern tip of Sicily, separated from the Italian mainland by the Strait of Messina, which is only 3 kilometers wide at its narrowest point. This location has been both a blessing and a curse, providing the city with a natural harbor and strategic importance, but also exposing it to seismic activity. The city stretches along the coast and climbs the surrounding hills, offering stunning views of the strait and the mainland beyond. The nearby Peloritani Mountains provide a dramatic backdrop and influence the local climate, which is typically Mediterranean but slightly milder than other parts of Sicily because of the moderating influence of the sea.

Messina has a population of approximately 220,000 in the city proper, with over 600,000 in its metropolitan area.

Quando: La Parata dei Giganti dal 10 al 14 agosto. Ferragosto e la Festa dell'Assunzione di Maria il 15 agosto.

Temperature medie del festival: Massima: 30°C (86 °F). Minima: 20°C (68°F).

Scoprire Messina: Guardiana dello Stretto

Messina, la terza città più grande della Sicilia, si erge come una resiliente sentinella all'estremità nordorientale dell'isola, a protezione del piccolo stretto che porta il suo nome. Conosciuta nell'antichità come Zancle per il suo porto a forma di falce, Messina ha avuto un ruolo cruciale nella storia del Mediterraneo per oltre due millenni e mezzo. Nonostante abbia affrontato numerosi disastri naturali e sconvolgimenti storici, la città si è sempre risollevata dalle ceneri, incarnando lo spirito indomito della Sicilia e del suo popolo.

La storia di Messina risale ai tempi antichi, fondata dai coloni greci nell'VIII secolo a.C. La sua posizione privilegiata tra la Sicilia e la terraferma italiana la rese un obiettivo per diverse potenze, tra cui i Cartaginesi, i Romani, i Bizantini, gli Arabi e i Normanni. I Normanni la trasformarono in un importante centro commerciale ed in un elemento vitale delle Crociate. Il Rinascimento segnò il suo apice, facendola diventare uno dei porti più importanti del Mediterraneo. Tuttavia, nel 1908 un devastante terremoto e tsunami colpirono la città, uccidendo circa metà della sua popolazione. La Seconda Guerra Mondiale aggiunse distruzione. Eppure, Messina è sempre stata ricostruita, anche se gran parte della sua architettura storica è andata perduta.

Messina occupa una posizione unica all'estremità nordorientale della Sicilia, separata dalla terraferma italiana dallo Stretto di Messina, che è largo solo 3 chilometri nel punto più stretto. Questa posizione è stata sia una benedizione che una maledizione: ha fornito alla città un porto naturale e un'importanza strategica, ma l'ha anche esposta all'attività sismica. La città si estende lungo la costa e sale sulle colline circostanti, offrendo viste mozzafiato sullo Stretto e oltre sulla terraferma. Le vicine montagne Peloritane offrono uno sfondo scenografico e influenzano il clima locale, che è tipicamente mediterraneo ma leggermente più mite rispetto ad altre zone della Sicilia grazie all'influenza moderatrice del mare.

Messina ha una popolazione di circa 220.000 abitanti nel centro città, con oltre 600.000 abitanti nella sua area metropolitana.

Despite the destruction of many historical buildings in earthquakes and lava flows, Messina still boasts impressive architectural and cultural landmarks.

1 Parade of Giants in Messina

The Parade of Giants in Messina, or I Giganti di Messina, is one of the city's most iconic and culturally significant traditions, celebrated every August. The event features two massive statues, Mata and Grifone, towering representations of Messina's complex history of myth and conquest. These larger-than-life figures are deeply rooted in both legend and history, symbolizing the fusion of cultures that has shaped Messina over the centuries.

The tradition of the Giants dates back to the 16th century when the Senate of Messina commissioned the creation of the original wooden and canvas statues. The figures of Mata, a local woman of legendary beauty, and Grifone, a Moorish warrior, embody the myth of the founding of Messina. According to legend, Grifone, representing the Moorish invaders, falls in love with Mata, who initially resists his advances but eventually converts him to Christianity, symbolizing the triumph of good over evil and the reconciliation between different cultures.

Mata (riding a white horse) and Grifone (on a black horse) are seen as representations of opposites: good versus evil, earth versus heaven, and Christian versus Moor. Their story reflects not just the historical tensions between the Christian and Muslim populations during Sicily's medieval period, but also a broader allegory for human reconciliation and unity. Scholars debate the precise origins of the figures, though many agree they derive from a blend of Sicilian myth, medieval history, and possibly ancient traditions like those found in Hesiod's cosmogony.

By the 17th century, the use of these statues in religious ceremonies was restricted, but they continued to play a major role in secular festivals, especially around Ferragosto (the Feast of the Assumption). During World War II, the original statues were destroyed, but they were later reconstructed using plaster and placed on wheeled iron platforms to continue the parade tradition.

Nonostante la distruzione di molti edifici storici a causa di terremoti e colate laviche, Messina vanta ancora impressionanti monumenti architettonici e culturali.

#1 La Parata dei Giganti a Messina

La Parata dei Giganti a Messina, o I Giganti di Messina, è una delle tradizioni più famose e culturalmente significative della città, celebrata ogni agosto. L'evento presenta due enormi statue, Mata e Grifone, rappresentazioni imponenti della complessa storia di miti e conquiste di Messina. Queste figure giganti sono radicate profondamente sia nella leggenda che nella storia, simboleggiando la fusione delle culture che ha plasmato Messina nel corso dei secoli.

La tradizione dei Giganti risale al XVI secolo, quando il Senato di Messina commissionò la creazione delle statue originali in legno e tela. Le figure di Mata, una donna locale di leggendaria bellezza, e Grifone, un guerriero moro, incarnano il mito della fondazione di Messina. Secondo la leggenda, Grifone, che rappresenta gli invasori mori, si innamora di Mata, che inizialmente resiste alle sue avances ma alla fine lo converte al cristianesimo, simboleggiando il trionfo del bene sul male e la riconciliazione tra culture diverse.

Mata (che cavalca un cavallo bianco) e Grifone (su un cavallo nero) sono visti come rappresentazioni degli opposti: il bene contro il male, la terra contro il cielo, e il cristiano contro il moro. La loro storia riflette non solo le tensioni storiche tra le popolazioni cristiane e musulmane durante il periodo medievale siciliano, ma anche una più ampia allegoria per la riconciliazione e l'unità umana. Gli studiosi discutono sulle precise origini delle figure, anche se molti concordano nel dire che derivano da una fusione di miti siciliani, storia medievale e probabilmente tradizioni antiche, come quelle trovate nella cosmogonia di Esiodo.

Nel XVII secolo, l'uso di queste statue nelle cerimonie religiose fu limitato, ma continuarono a svolgere un ruolo importante nelle feste laiche, specialmente intorno a Ferragosto (la Festa dell'Assunzione). Durante la Seconda Guerra Mondiale le statue originali furono distrutte, ma successivamente furono ricostruite in gesso e posizionate su basi di ferro con ruote per continuare la tradizione della parata.

The Parade

The Parade of Giants usually takes place in mid-August as part of the larger Ferragosto celebrations in Messina. Mata and Grifone are colossal statues, each standing over 8 meters (about 26 feet) tall, comparable to a three-story building. These aren't static sculptures, but mobile figures that are paraded through the streets on platforms, creating a truly impressive spectacle.

Grifone, who leads the procession, is depicted wearing dark, imposing armor that gives him a formidable appearance. His armor likely features intricate designs and patterns typical of Moorish art, with elaborate engravings and metalwork that catch the light as he moves through the streets. Grifone's facial features might reflect a blend of European and North African characteristics, embodying the cultural fusion that shaped Messina's history.

Following behind Grifone is Mata, equally impressive in stature. In stark contrast to Grifone's dark armor, Mata is dressed in resplendent white, possibly resembling a wedding dress or a noble lady's attire from a bygone era. She might wear a crown or other regal accessories to emphasize her importance and symbolic role. Mata's facial features likely represent idealized Sicilian beauty, with a serene expression that contrasts with Grifone's more martial appearance.

Both figures are marvels of construction, designed to be mobile despite their enormous size. They're likely made of lightweight materials such as papier-mâché over a wooden or metal frame, allowing them to be maneuvered through the streets without compromising their impressive stature. Painted in vivid colors, these giants come to life as they move, possibly with mechanisms that allow for subtle movements of their heads or arms, adding to the sense of awe they inspire.

As Mata and Grifone parade through Messina, they tower over the crowds, creating a truly magnificent spectacle. Their massive size, combined with lively music, enthusiastic dancing, and the resonant ringing of church bells, creates an immersive experience that engages all the senses. The stark visual contrast between the two figures serves as a powerful representation of Messina's historical narrative of conquest and conversion.

La Parata

La Parata dei Giganti di solito si svolge a metà agosto, come parte delle celebrazioni più ampie del Ferragosto a Messina. Mata e Grifone sono statue colossali, ciascuna alta più di 8 metri (circa 26 piedi), paragonabili ad un edificio di tre piani. Queste non sono sculture statiche, ma figure mobili che vengono fatte sfilare per le strade su delle basi, creando uno spettacolo veramente impressionante.

Grifone, che guida la processione, è rappresentato con indosso un'armatura scura e imponente che gli conferisce un aspetto formidabile. La sua armatura presenta probabilmente disegni e motivi elaborati tipici dell'arte araba, con incisioni raffinate e lavorazioni in metallo che riflettono la luce mentre si muove per le strade. I tratti del viso di Grifone potrebbero rispecchiare una fusione di caratteristiche europee e nordafricane, incarnando la fusione culturale che ha plasmato la storia di Messina.

Dietro a Grifone c'è Mata, altrettanto impressionante in statura. In netto contrasto con l'armatura scura di Grifone, Mata è vestita di bianco splendente, probabilmente simile ad un abito da sposa o ad un nobile abito femminile di un'epoca passata. Potrebbe indossare una corona o altri accessori regali per enfatizzare la sua importanza e il suo ruolo simbolico. I tratti del viso di Mata probabilmente rappresentano la bellezza siciliana idealizzata, con un'espressione serena che contrasta con l'aspetto più guerriero di Grifone.

Entrambe le figure sono realizzazioni meravigliose, progettate per essere mobili nonostante la loro enorme dimensione. Probabilmente sono realizzate con materiali leggeri come la cartapesta su una struttura di legno o metallo, permettendo loro di essere manovrate per le strade senza compromettere la loro imponente statura. Dipinte con colori vivaci, questi giganti prendono vita mentre si muovono, forse con meccanismi che permettono movimenti sottili della testa o delle braccia, aumentando il senso di stupore che suscitano.

Mentre Mata e Grifone sfilano per Messina, svettano sopra la folla, creando uno spettacolo davvero magnifico. La loro enorme dimensione, combinata con musica vivace, danze entusiasmanti e il sonoro rintocco delle campane delle chiese, crea un'esperienza immersiva che coinvolge tutti i sensi. Il forte contrasto visivo tra le due figure serve come potente rappresentazione della narrazione storica di Messina, fatta di conquista e conversione.

Crowds gather to watch this dramatic procession, which weaves through the city's historic streets and is punctuated by various cultural performances. The parade culminates in a spectacular fireworks display over the city, symbolizing the triumph of light over darkness and the renewal of Messina's cultural spirit.

#2 Ferragosto

Following the grand Parade of Giants, Messina's Ferragosto celebrations continue with a series of events that blend ancient traditions with modern festivities. This mid-August holiday, deeply rooted in Italian culture, takes on a unique character in the Sicilian city of Messina.

History of Ferragosto

August 15th marks the celebration of Ferragosto, which has its origins in ancient Roman history and has developed into an important public holiday in Italy, with religious and cultural significance.

The name "Ferragosto" is derived from the Latin term Feriae Augusti, which means "Holidays of Augustus." Emperor Augustus established it in 18 BC as a period of rest and celebration after the hard labor of the harvest. Festivities during the holiday, which encompassed both religious and secular customs, included horse races, games, and feasts. Masters traditionally gave bonuses to servants on this day of rest for workers and animals.

August holidays blended with older Roman traditions, including the Vinalia Rustica and the Consualia, which recognized the agricultural cycle and harvest. During the Middle Ages and Renaissance, Ferragosto continued to hold significance as a holiday. It was a time when people came together for community events, religious practices, and local fairs.

In Christian tradition, August 15th is also the feast of the Assumption of Mary, adding a religious dimension to the holiday. This combination of ancient Roman traditions, Christian significance, and modern-day festivities during the midsummer holiday makes Ferragosto a distinctive and long-lasting celebration in Italian culture.

Le folle si radunano per assistere a questa scenografica processione, che attraversa le storiche strade della città ed è intervallata da varie rappresentazioni culturali. La parata culmina con uno straordinario spettacolo di fuochi d'artificio sulla città, simboleggiando il trionfo della luce sull'oscurità e il rinnovamento dello spirito culturale di Messina.

#2 Ferragosto

Dopo la grande Parata dei Giganti, le celebrazioni del Ferragosto a Messina proseguono con una serie di eventi che mescolano tradizioni antiche e festeggiamenti moderni. Questa festa di metà agosto, profondamente radicata nella cultura italiana, assume un carattere unico nella città siciliana di Messina.

La Storia del Ferragosto

Il 15 agosto segna la celebrazione del Ferragosto, che ha le sue origini nella storia dell'antica Roma ed è diventata una festa pubblica di grande importanza in Italia, con significato religioso e culturale.

Il nome "Ferragosto" deriva dal termine latino Feriae Augusti, che significa "Feste di Augusto". L'imperatore Augusto lo istituì nel 18 a.C. come periodo di riposo e celebrazione dopo i duri lavori della raccolta. Le celebrazioni durante la festa, che comprendevano sia usanze religiose che laiche, includevano corse di cavalli, giochi e banchetti. I padroni tradizionalmente davano premi ai servitori in questo giorno di riposo per i lavoratori e gli animali.

Le vacanze di agosto si mescolavano con le tradizioni romane più antiche, come le Vinalia Rustica e le Consualia, che celebravano il ciclo agricolo e il raccolto. Durante il Medioevo e il Rinascimento, il Ferragosto continuò a mantenere un significato come festa. Era un momento in cui la gente si riuniva per eventi comunitari, pratiche religiose e fiere locali.

Nella tradizione cristiana, il 15 agosto è anche la festa dell'Assunzione di Maria, aggiungendo una dimensione religiosa alla festa. Questa combinazione di tradizioni romane antiche, significato cristiano e festeggiamenti moderni durante la festa di mezza estate, rende il Ferragosto una celebrazione unica e duratura nella cultura italiana.

Ferragosto Celebrations in Messina

In Messina, Ferragosto is marked by a vibrant array of events that showcase the city's rich cultural heritage and festive spirit:

- **Religious Processions:** The day often begins with solemn religious processions honoring the Assumption of Mary. The Madonna Vara, a monumental votive float, is carried through the streets, accompanied by prayers and hymns.

- **Beach Festivities:** As a coastal city, Messina's beaches come alive during Ferragosto. Locals and tourists alike flock to the shores for picnics, swimming, and sunbathing. Many restaurants and beach clubs organize special events and parties.

- **Cultural Events:** The city hosts various cultural events, including open-air concerts, art exhibitions, and theatrical performances. These often take place in historic venues, blending Messina's rich past with contemporary celebrations.

- **Culinary Traditions:** Food plays a central role in Messina's Ferragosto celebrations. Local specialties like arancini (rice balls), pasta alla Norma, and granita are enjoyed in abundance. Many families gather for large feasts, often featuring traditional Sicilian dishes.

- **Fireworks Display:** The highlight of Messina's Ferragosto celebration is the spectacular fireworks show. As night falls, the sky over the Strait of Messina is illuminated with a dazzling pyrotechnic display, often lasting for over an hour. The fireworks are usually launched from barges in the strait, creating stunning reflections on the water and providing a perfect vantage point from the city's waterfront.

- ***Boat Procession:** Unique to Messina is the traditional boat procession in the Strait. Decorated vessels, from small fishing boats to larger yachts, parade along the coast, often carrying effigies of saints or the Virgin Mary.

- **Street Markets and Fairs:** The city's squares and main streets host lively markets and fairs, where local artisans sell traditional crafts, food products, and souvenirs.

Le Celebrazioni del Ferragosto a Messina

A Messina, il Ferragosto è caratterizzato da una serie vivace di eventi che mettono in mostra l'importante patrimonio culturale della città e lo spirito festivo:

- **Processioni religiose:** La giornata inizia spesso con solenni processioni religiose in onore dell'Assunzione di Maria. La Madonna Vara, un monumentale carro votivo, viene portata per le strade, accompagnata da preghiere e inni.

- **Festività sulla spiaggia:** Essendo una città costiera, le spiagge di Messina si animano durante il Ferragosto. Residenti e turisti si riversano sul litorale per picnic, nuotate e per prendere il sole. Molti ristoranti e stabilimenti balneari organizzano eventi speciali e feste.

- **Eventi culturali:** La città ospita vari eventi culturali, tra cui concerti all'aperto, mostre d'arte e rappresentazioni teatrali. Questi eventi si svolgono spesso in luoghi storici, unendo il ricco passato di Messina con le celebrazioni contemporanee.

- **Tradizioni culinarie:** Il cibo gioca un ruolo centrale nelle celebrazioni del Ferragosto a Messina. Specialità locali come arancini (palline di riso), pasta alla Norma e granita vengono gustate in abbondanza. Molte famiglie si riuniscono per grandi banchetti, spesso a base di piatti tradizionali siciliani.

- **Spettacolo pirotecnico:** Il culmine della celebrazione del Ferragosto a Messina è lo straordinario spettacolo di fuochi d'artificio. Quando cala la sera, il cielo sopra lo Stretto di Messina si illumina con uno straordinario spettacolo pirotecnico, che spesso dura oltre un'ora. I fuochi d'artificio vengono solitamente lanciati da chiatte nello stretto, creando riflessi mozzafiato sull'acqua ed offrendo un perfetto punto di osservazione dal lungomare della città.

- ***Processione in barca:*** Unica a Messina è la tradizionale processione in barca nello Stretto. Imbarcazioni decorate, che vanno dalle piccole barche da pesca a yacht più grandi, sfilano lungo la costa, spesso portando effigi di santi o della Vergine Maria.

- **Mercati e fiere di strada:** Le piazze e le strade principali della città ospitano mercati e fiere vivaci, dove gli artigiani locali vendono prodotti tradizionali, cibi e souvenir.

- **Sports Competitions:** Various sports events are organized, including swimming races in the Strait of Messina and friendly football matches between local teams.

The Ferragosto celebrations in Messina typically extend beyond August 15th, often lasting for several days. This extended festival period allows both residents and visitors to fully immerse themselves in the joyous atmosphere that envelops the city during this special time of year.

*Additional Detail for the Ferragosto Boat Procession

One of the most distinctive and captivating elements of Messina's Ferragosto celebration is the traditional boat procession in the Strait of Messina. This aquatic parade, known locally as "La Processione a Mare," is a vibrant display of faith, tradition, and maritime culture.

The boat procession typically takes place on the afternoon of August 15th, starting around 5:00 P.M. when the heat of the day begins to subside, but there's still plenty of daylight. The event is timed to conclude just before sunset, creating a spectacular view as the golden light reflects off the water and illuminates the decorated vessels.

The procession begins at the Port of Messina, near the statue of the Madonna della Lettera, the patroness of the city. From there, it proceeds along the coast, passing by notable landmarks such as the University of Messina, the Fountain of Neptune, and the Church of Christ the King.

The procession features a wide array of vessels, from small fishing boats and leisure crafts to larger yachts and even some historical replicas of traditional Sicilian boats. Many participants spend days or even weeks preparing their boats for the event, adorning them with colorful flags and banners, flower arrangements, religious symbols, and lights.

The centerpiece of the procession is usually a larger boat carrying a statue or effigy of the Virgin Mary, often the Madonna della Lettera. This boat is typically the most elaborately decorated and occupies a place of honor in the parade.

- **Competizioni sportive:** Vengono organizzati vari eventi sportivi, tra cui gare di nuoto nello Stretto di Messina e partite di calcio amichevoli tra squadre locali.

Le celebrazioni del Ferragosto a Messina di solito si estendono oltre il 15 agosto, durando spesso diversi giorni. Questo periodo prolungato di festività permette sia ai residenti che ai visitatori di immergersi completamente nell'atmosfera gioiosa che avvolge la città durante questo periodo speciale dell'anno.

*Dettagli Aggiuntivi per la Processione in Barca di Ferragosto

Uno degli elementi più distintivi ed affascinanti delle celebrazioni del Ferragosto a Messina è la tradizionale processione in barca nello Stretto di Messina. Questa sfilata acquatica, conosciuta localmente come La Processione a Mare, è una vivace manifestazione di fede, tradizione e cultura marittima.

La processione in barca solitamente ha luogo nel pomeriggio del 15 agosto, a partire dalle ore 17:00 circa, quando il caldo del giorno inizia a diminuire, ma c'è ancora molta luce solare. L'evento è organizzato per concludersi poco prima del tramonto, creando una panorama spettacolare mentre la luce dorata si riflette sull'acqua e illumina le imbarcazioni decorate.

La processione parte dal Porto di Messina, vicino alla statua della Madonna della Lettera, santa patrona della città. Da lì, il corteo procede lungo la costa, passando accanto a monumenti importanti come l'Università di Messina, la Fontana di Nettuno e la Chiesa di Cristo Re.

La parata presenta una vasta gamma di imbarcazioni, dalle piccole barche da pesca e imbarcazioni da diporto a yacht più grandi e addirittura alcune repliche storiche di tradizionali barche siciliane. Molti partecipanti trascorrono giorni o addirittura settimane a preparare le loro imbarcazioni per l'evento, decorandole con bandiere colorate, striscioni, composizioni floreali, simboli religiosi e luci.

Il fulcro della processione è solitamente una barca più grande che trasporta una statua o un'effigie della Vergine Maria, spesso la Madonna della Lettera. Questa barca è normalmente quella decorata in maniera più elaborata ed occupa un posto d'onore nel corteo.

The procession follows a route that hugs the coastline of Messina, allowing spectators on land to follow its progress. The boats travel at a leisurely pace, often making a loop that extends from the port area to the Capo Peloro lighthouse at the northernmost tip of Sicily, before returning to the starting point.

The entire event usually lasts about two to three hours, depending on the number of participating vessels and weather conditions. As the procession nears its conclusion, it's not uncommon for the boats to sound their horns in unison, creating a cacophonous but jubilant tribute to the Virgin Mary and the spirit of Ferragosto.

Thousands of spectators line the shores of Messina to watch the procession.

Popular viewing spots include:

- The waterfront promenade (Lungomare Vittorio Emanuele III)

- The steps of the Shrine of Christ the King

- The area around the Fountain of Neptune

- Various beaches along the coast, such as Spisone and Sant'Agata

Many people bring picnics or purchase food from the numerous vendors that set up along the route. The atmosphere is festive, with music playing from both the shore and the boats, creating a lively soundtrack for the event.

The boat procession is more than just a spectacle; it's a profound expression of Messina's maritime heritage and religious devotion. It symbolizes the deep connection between the people of Messina and the sea that has shaped their history and livelihoods for centuries.

As the boats make their way back to the port in the growing twilight, they set the stage for the grand finale of Messina's Ferragosto celebrations: the breathtaking fireworks display that will soon light up the night sky over the Strait of Messina.

Il percorso della processione segue la costa di Messina, permettendo agli spettatori sulla terraferma di seguirne l'andamento. Le barche viaggiano ad un ritmo tranquillo, spesso facendo un giro che si estende dall'area del porto fino al faro di Capo Peloro, all'estremità settentrionale della Sicilia, prima di tornare al punto di partenza.

L'intero evento dura solitamente dalle due alle tre ore circa, a seconda del numero di imbarcazioni partecipanti e delle condizioni meteorologiche. Quando la processione si avvicina alla sua conclusione, non è raro che le barche suonino le loro sirene all'unisono, creando un tributo sonoro ma gioioso alla Vergine Maria e allo spirito del Ferragosto.

Migliaia di spettatori si radunano lungo il litorale di Messina per assistere alla processione.

Popolari punti di osservazione:

- La passeggiata sul lungomare (Lungomare Vittorio Emanuele III)

- Le scale del Santuario di Cristo Re

- L'area intorno alla Fontana di Nettuno

- Diverse spiagge lungo la costa, come Spisone e Sant'Agata

Molte persone fanno picnic o acquistano cibo dai numerosi venditori che si posizionano lungo il percorso. L'atmosfera è vivace, con musica che risuona sia dalla riva che dalle barche, creando una colonna sonora festosa per l'evento.

La processione in barca è più che uno spettacolo; è una profonda espressione del patrimonio marittimo e della devozione religiosa di Messina. Simboleggia il forte legame tra il popolo di Messina e il mare, che ha modellato la sua storia e la sua esistenza per secoli.

Man mano che le barche si avvicinano al porto al calar della sera, l'attesa cresce per il gran finale delle celebrazioni del Ferragosto a Messina: il maestoso spettacolo pirotecnico che presto illuminerà il cielo notturno sopra lo Stretto di Messina.

#3 The Feast of the Assumption of Mary

The Feast of the Assumption of Mary, celebrated on August 15th, is a cornerstone of Messina's Ferragosto celebrations, blending religious devotion with cultural traditions. This feast day holds particular significance in Messina, a city with a long history of Marian devotion.

The Feast of the Assumption traces its origins back to early Christian tradition. By the 5th and 6th centuries, the belief in Mary's Assumption, that the Virgin Mary was taken body and soul into Heaven, was already widespread in both the Eastern and Western churches.

The feast was officially established in the Eastern Christian Church around the 6th century, initially known as the "Dormition" (meaning "falling asleep") of Mary. The Eastern Church celebrated the feast to commemorate the end of Mary's earthly life and her bodily ascendance into heaven.

In Italy, the Church aligned the pagan Ferragosto with the Feast of the Assumption. This adaptation enabled the ancient holiday to persist, now honoring Mary's assumption into heaven within a Christian context.

In Messina, the Feast of the Assumption takes on special significance, intertwining with local traditions and the city's maritime heritage:

- **The Madonna della Lettera:** Messina's celebration centers around their patroness, the Madonna della Lettera (Our Lady of the Letter). According to local tradition, the Virgin Mary sent a letter blessing the city of Messina. This unique aspect of Marian devotion adds an extra layer of importance to the Assumption celebrations in the city.

- **Religious Processions:** The day begins with solemn processions through the city streets. The focal point is often a statue of the Madonna della Lettera, carried on the shoulders of the faithful. These processions typically start from the Cathedral of Messina and wind through the historic center.

#3 La Festa dell'Assunzione di Maria

La Festa dell'Assunzione di Maria, celebrata il 15 agosto, è il fulcro delle celebrazioni del Ferragosto a Messina, mescolando devozione religiosa e tradizioni culturali. Questa festività ha un significato particolare a Messina, una città con una lunga storia di devozione mariana.

L'origine della Festa dell'Assunta risale alla tradizione cristiana primitiva. Già nei secoli V e VI, la convinzione nell'Assunzione di Maria, che la Vergine Maria fosse stata assunta in cielo con corpo e anima, era già diffusa sia nelle chiese orientali che occidentali.

La festa fu ufficialmente istituita nella Chiesa Cristiana Orientale intorno al VI secolo, inizialmente conosciuta come la "Dormizione" (che significa "addormentarsi") di Maria. La Chiesa Orientale celebrava la festa per commemorare la fine della vita terrena di Maria e la sua ascesa corporea al cielo.

In Italia, la Chiesa adattò il Ferragosto pagano alla Festa dell'Assunta. Questo adattamento consentì all'antica festività di perdurare, onorando ora l'Assunzione di Maria in cielo nel contesto cristiano.

A Messina, la Festa dell'Assunta assume un significato speciale, intrecciandosi con le tradizioni locali e l'eredità marittima della città:

- **La Madonna della Lettera**: La celebrazione a Messina si concentra sulla sua patrona, la Madonna della Lettera. Secondo la tradizione locale, la Vergine Maria avrebbe inviato una lettera che benediva la città di Messina. Questo aspetto unico della devozione mariana aggiunge un ulteriore livello di importanza alla celebrazione dell'Assunta in città.

- **Processioni religiose**: La giornata inizia con solenni processioni per le strade della città. La protagonista è spesso una statua della Madonna della Lettera, portata a spalla dai fedeli. Queste processioni solitamente partono dalla Cattedrale di Messina e attraversano il centro storico.

- ***The Vara:** A highlight of Messina's Assumption Day is the procession of the Vara, a massive, pyramid-shaped float over 13 meters tall. The Vara represents the Assumption of the Virgin and is adorned with clouds, angels, and at the top, figures representing the Holy Trinity crowning the Virgin Mary. The transportation of this enormous structure through the streets is a feat of coordination and devotion, often taking several hours.

- **Mass Celebrations:** Special masses are held throughout the day, with the most important one typically celebrated at the Cathedral of Messina. The cathedral, dedicated to the Assumption of the Virgin, becomes the spiritual center of the city on this day.

- **The Boat Procession:** As detailed earlier, the afternoon boat procession in the Strait of Messina is closely tied to the Assumption celebrations. Many boats carry images or statues of the Virgin Mary, creating a floating tribute to the Assumption.

- **Traditional Offerings**: In keeping with ancient traditions, many Messinese make offerings to the Virgin on this day. These can range from flowers and candles to more elaborate votive gifts.

- **Cultural Events:** The religious celebrations are often accompanied by cultural events such as concerts of sacred music, art exhibitions focusing on Marian themes, and historical reenactments.

*Additional Information - The Vara Procession in Messina

The Vara procession is one of the most spectacular and significant events of Messina's Feast of the Assumption celebrations. This ancient tradition, dating back to the 16th century, is a powerful display of faith, community, and Messinese cultural heritage.

From the Church of San Lorenzo, the procession heads towards Piazza Duomo via Via Garibaldi, with hundreds of participants pulling the immense Vara structure with thick ropes. The procession is slow, taking several hours with stops for prayers and hymns, creating a mix of solemnity and celebration. It culminates at the Cathedral of Messina, where a special Mass often marks the conclusion.

- ***La Vara:** Il momento culminante del giorno dell'Assunta a Messina è la processione della Vara, un enorme carro piramidale alto oltre 13 metri. La Vara rappresenta l'Assunzione della Vergine ed è adornata da nuvole, angeli e, in cima, figure che rappresentano la Santa Trinità che incorona la Vergine Maria. Il trasporto di questa struttura imponente per le strade è un'impresa di coordinazione e devozione, che spesso dura diverse ore.

- **Celebrazioni della Messa:** Durante la giornata si celebrano messe speciali, con la più importante che di solito si tiene nella Cattedrale di Messina. La cattedrale, dedicata all'Assunzione della Vergine, diventa il centro spirituale della città durante questa giornata.

- **La Processione in Barca:** Come descritto in precedenza, la processione in barca del pomeriggio nello Stretto di Messina è strettamente legata alle celebrazioni dell'Assunta. Molte barche trasportano immagini o statue della Vergine Maria, creando un tributo galleggiante all'Assunta.

- **Offerte tradizionali:** In linea con le tradizioni antiche, molti messinesi fanno offerte alla Vergine durante questo giorno. Queste possono variare da fiori e candele a doni votivi più elaborati.

- **Eventi culturali:** Le celebrazioni religiose sono spesso accompagnate da eventi culturali come concerti di musica sacra, mostre d'arte incentrate su temi mariani e rappresentazioni storiche.

* Informazioni aggiuntive - La Processione della Vara a Messina

La processione della Vara è uno degli eventi più spettacolari e significativi delle celebrazioni della Festa dell'Assunta a Messina. Questa antica tradizione, che risale al XVI secolo, rappresenta una potente manifestazione di fede, comunità e patrimonio culturale messinese.

La processione ha inizio nella Chiesa di San Lorenzo e prosegue lungo Via Garibaldi fino a raggiungere Piazza Duomo, con la struttura massiccia della Vara trascinata da centinaia di partecipanti che utilizzano corde robuste. La processione è lenta e dura diverse ore, con soste per preghiere e inni, creando un insieme di solennità e celebrazione. Termina nella Cattedrale di Messina, dove una Messa speciale ne segna spesso la conclusione.

The Vara: A Description

The Vara is a colossal votive chariot, standing approximately 13.5 meters (about 44 feet) tall. It's an intricate, pyramid-shaped structure that narrows as it rises, creating a dramatic vertical spectacle. The Vara is not just large; it's a complex, artistic representation of Catholic theology and Marian devotion.

Key features of the Vara include a large, sturdy base platform on wheels, adorned with religious symbols and decorative elements. The structure consists of several tiers, each smaller than the one below, creating the pyramid effect. Throughout these tiers are numerous figures, including larger-than-life statues of the Apostles and other biblical figures at the base, angels in various poses (some appearing to be in flight) in the middle tiers, and representations of the sun, moon, and stars near the top. At the very summit is a representation of the Holy Trinity (Father, Son, and Holy Spirit) crowning the Virgin Mary.

The entire structure is lavishly decorated with gold leaf, vibrant paints, flowers, and lights. Interspersed throughout are stylized cloud formations made of papier-mâché or lightweight materials, giving the impression that the scenes are taking place in the heavens. The overall effect is a stunning, three-dimensional representation of the Assumption of Mary, with earthly figures at the bottom transitioning to heavenly scenes at the top.

The movement of the Vara through the streets is a remarkable feat of coordination and strength. The structure's size and weight, combined with Messina's narrow streets and warm August weather, make the procession a true test of devotion for those involved.

For visitors, the Vara procession offers a unique spectacle that combines religious fervor, historical tradition, and community spirit. The sight of this enormous, ornate structure slowly making its way through the city, surrounded by crowds of devoted participants and onlookers, provides a vivid and unforgettable image of Messina's rich cultural heritage.

The Feast of the Assumption in Messina seamlessly blends with the broader Ferragosto celebrations:

- The religious processions and masses provide a spiritual foundation for the day's festivities.

La Vara: Una Descrizione

La Vara è un imponente carro votivo che si erge per circa 13,5 metri (circa 44 piedi) di altezza. E' un'elaborata struttura piramidale che si restringe man mano che sale, creando uno spettacolo verticale scenografico.

La Vara non è solo un'opera colossale; è una complessa rappresentazione artistica della teologia cattolica e della devozione mariana. Le caratteristiche principali della Vara sono una larga e solida base su ruote, decorata con simboli religiosi ed elementi ornamentali. La struttura è composta da più livelli, ognuno più piccolo del precedente, creando l'effetto piramidale. Su questi livelli ci sono numerose figure, tra cui statue giganti degli Apostoli e altre figure bibliche alla base, angeli in varie pose (alcuni dei quali sembrano essere in volo) nei livelli intermedi, e rappresentazioni del sole, della luna e delle stelle vicino alla cima. Sulla sommità spicca una rappresentazione della Santa Trinità (Padre, Figlio e Spirito Santo) che incorona la Vergine Maria.

L'intera struttura è riccamente decorata con foglia d'oro, pitture vivaci, fiori e luci. Sparse dappertutto sono formazioni nuvolose stilizzate, realizzate in cartapesta o materiali leggeri, che danno l'impressione di un evento che si svolge nei cieli. Il risultato complessivo è un'affascinante rappresentazione tridimensionale dell'Assunzione di Maria, con figure terrestri nella parte inferiore e scene celesti nella parte superiore.

Il movimento della Vara attraverso le strade è un'impresa straordinaria di coordinazione e forza. La grandezza e il peso della struttura, uniti alle strette strade di Messina e al caldo clima di agosto, rendono la processione una vera prova di devozione per chi vi partecipa.

Per i visitatori, la processione della Vara offre uno spettacolo unico che unisce fervore religioso, tradizione storica e spirito comunitario. La vista di questa enorme e sontuosa struttura che avanza lentamente per la città, circondata da una folla di partecipanti devoti e di spettatori, offre un'immagine vivida e indimenticabile del ricco patrimonio culturale di Messina.

La Festa dell'Assunta a Messina si integra perfettamente con le celebrazioni più ampie del Ferragosto:

- Le processioni religiose e le messe forniscono una base spirituale per le festività della giornata.

- The Vara procession often marks the official start of the Ferragosto celebrations in the city.

- The afternoon boat procession serves as a bridge between the religious observances and the more secular aspects of Ferragosto.

- The fireworks display at night, while part of the Ferragosto celebrations, is also seen by many as a tribute to the Assumption.

This integration of the Assumption feast into Ferragosto showcases Messina's ability to harmonize its deep religious traditions with its cultural heritage and love for festivity. It creates a unique celebration that honors both the spiritual significance of the Assumption and the joyous spirit of Ferragosto, making August 15th a truly special day in the Messinese calendar. This event draws crowds of about 100,000 each year.

Travel Trends during Ferragosto

Booking early is necessary if traveling to Messina for this FestaFusion. Many hotels and B&Bs in Messina may quickly fill up, and some visitors might need to seek accommodations in nearby areas or resort to vacation rentals. While a significant number of attendees are locals or Sicilians, a portion of the crowd comes from mainland Italy and other international destinations

High Travel Volume: Typically, around 30-35% of Italians take vacations during Ferragosto (the week of August 15). Roughly 18-21 million individuals are estimated to be traveling during this timeframe, taking into consideration Italy's population of around 60 million.

Messina Festivals and Sagre Throughout the Year

Festival of the Madonna della Lettera (Feast of St. Mary of the Letter)

June 3rd

The Festival of the Madonna della Lettera is one of the most important religious celebrations in Messina, honoring the city's patron saint. According to legend, in 42 AD, the apostle Paul visited Sicily and preached in Messina.

- La processione della Vara segna spesso l'inizio ufficiale delle celebrazioni del Ferragosto in città.

- La processione in barca del pomeriggio funge da ponte tra le osservanze religiose e gli aspetti più laici del Ferragosto.

- Lo spettacolo di fuochi d'artificio di notte, sebbene parte delle celebrazioni del Ferragosto, è anche visto da molti come un tributo all'Assunta.

Questa integrazione della festa dell'Assunta nel Ferragosto dimostra la capacità di Messina di armonizzare le sue profonde tradizioni religiose con il suo patrimonio culturale e il suo amore per la festività. Crea una celebrazione unica che onora sia il significato spirituale dell'Assunzione che lo spirito gioioso del Ferragosto, rendendo il 15 agosto un giorno davvero speciale nel calendario messinese. Ogni anno, questo evento attrae circa 100.000 persone.

Tendenze di viaggio durante il Ferragosto

Se si viaggia a Messina per questo FestaFusion, è necessario prenotare con anticipo. Molti hotel e B&B a Messina potrebbero riempirsi rapidamente, e alcuni visitatori potrebbero dover cercare sistemazioni nelle aree vicine o ricorrere ad affitti per vacanze. Sebbene una parte significativa dei partecipanti siano locali o siciliani, una porzione del pubblico proviene dal continente italiano e da altre destinazioni internazionali.

Alto volume di viaggiatori: Solitamente, circa il 30-35% degli italiani va in vacanza durante il Ferragosto (la settimana del 15 agosto). Si stima che circa 18-21 milioni di persone viaggino durante questo periodo, considerando una popolazione di circa 60 milioni in Italia.

Feste e Sagre a Messina Durante l'Anno

Festa della Madonna della Lettera

3 Giugno

La Festa della Madonna della Lettera è una delle celebrazioni religiose più importanti di Messina, dedicata alla santa patrona della città. Secondo leggenda, nel 42 d.C., l'apostolo Paolo visitò la Sicilia e predicò a Messina.

The festival begins with a solemn Mass at the Cathedral of Messina. Following this, a grand procession winds through the city streets, featuring a silver vara (a large, ornate platform) carrying a statue of the Madonna. The vara, weighing over a ton, is pulled by hundreds of devoted citizens.

As night falls, the celebrations culminate in a spectacular fireworks display over the Strait of Messina, illuminating the sky and reflecting off the water in a breathtaking show of lights and colors.

Festa di Sant'Antonio (Feast of Saint Anthony)

June 13th

The Festa di Sant'Antonio is a beloved religious celebration honoring Saint Anthony of Padua. While Saint Anthony is particularly associated with the city of Padua, he is also highly venerated in Messina and throughout Sicily.

The festival begins with a solemn Mass at the Church of Sant'Antonio. Following the Mass, a procession carries a statue of the saint through the streets of Messina. Devotees often distribute small loaves of bread, known as "pani di Sant'Antonio" (Saint Anthony's bread), a tradition that stems from the saint's reputation for helping the poor and hungry.

Festa del Mare (Sea Festival)

July (exact dates vary)

The Festa del Mare is a vibrant celebration of Messina's deep connection to the sea. The event features a variety of maritime-themed activities. Visitors can enjoy boat tours of the Strait of Messina, fishing competitions, and demonstrations of traditional fishing techniques. There are often exhibitions of historic photographs and artifacts related to Messina's maritime history.

A highlight of the festival is the "Palio Marinaro," a traditional boat race in the waters of the strait. Teams representing different neighborhoods of Messina compete in colorful, traditional boats, creating a spectacular sight for onlookers.

La festa inizia con una messa solenne nella Cattedrale di Messina. Successivamente, una grande processione attraversa le strade della città, con una vara d'argento (una larga base decorata) che porta una statua della Madonna. La vara, che pesa più di una tonnellata, è trainata da centinaia di cittadini devoti.

Quando arriva la sera, le celebrazioni culminano in un incredibile spettacolo di fuochi d'artificio sullo Stretto di Messina, illuminando il cielo e riflettendosi nelle acque in uno spettacolo mozzafiato di luci e colori.

Festa di Sant'Antonio

13 Giugno

La Festa di Sant'Antonio è una celebrazione religiosa molto sentita, dedicata a Sant'Antonio da Padova. Sebbene Sant'Antonio sia particolarmente associato alla città di Padova, è molto venerato anche a Messina e in tutta Sicilia.

La festa inizia con una messa solenne nella Chiesa di Sant'Antonio. Dopo la messa, una processione porta la statua del santo attraverso le strade di Messina. I devoti spesso distribuiscono piccole pagnotte, conosciute come "i pani di Sant'Antonio", una tradizione che deriva dalla reputazione del santo nell'aiutare i poveri e gli affamati.

Festa del Mare

Luglio (le date esatte variano)

La Festa del Mare è una vivace celebrazione del profondo legame di Messina con il mare. L'evento include una vasta gamma di attività a tema marittimo. I visitatori possono godere di giri in barca nello Stretto di Messina, gare di pesca e dimostrazioni delle antiche tecniche di pesca. Spesso ci sono mostre di fotografie storiche e di reperti legati alla storia marittima di Messina.

Un momento culminante della festa è il "Palio Marinaro", una tradizionale gara di barche che si svolge nelle acque dello stretto. Le squadre che rappresentano i vari quartieri di Messina gareggiano su imbarcazioni colorate e tradizionali, creando uno spettacolo suggestivo per i presenti.

The festival also celebrates the local seafood cuisine. Food stalls and restaurants offer a wide array of fresh seafood dishes, from grilled swordfish to seafood pasta. Live music performances, often featuring songs of the sea, and artisanal markets selling maritime-themed crafts add to the festive atmosphere.

Sagra della Melanzana (Eggplant Festival)

Typically held in August (exact dates may vary from year to year).

The Sagra della Melanzana is a gastronomic celebration of one of Sicily's most beloved vegetables: the eggplant. This festival takes place in various locations around Messina, with each town putting its own spin on the event. The eggplant, known locally as "melanzana," has been a staple of Sicilian cuisine for centuries, introduced by the Arabs during their occupation of the island.

During the festival, local restaurants and food stalls offer a wide array of eggplant dishes. Visitors can savor classic preparations like parmigiana di melanzane (eggplant parmesan), pasta alla Norma (pasta with eggplant and ricotta salata), and caponata (a sweet and sour eggplant relish). There are also more innovative creations, such as eggplant gelato or eggplant-based cocktails.

The sagra often features cooking demonstrations, allowing visitors to learn traditional recipes and techniques. Live music, folk dancing, and artisanal craft markets add to the festive atmosphere, making it a true celebration of local culture and cuisine.

Festa di San Nicola (Feast of Saint Nicholas)

December 6th

The Festa di San Nicola is an important winter celebration in Messina, particularly in the district of Ganzirri. Saint Nicholas, known for his generosity and gift-giving, is celebrated with both religious and secular traditions.

The day begins with a Mass at the Church of San Nicola in Ganzirri, followed by a procession carrying the saint's statue through the streets. In keeping with Saint Nicholas's reputation as a protector of children, there are often special events for young people, including gift distributions and storytelling sessions about the saint's life.

La festa celebra anche la cucina locale a base di pesce. Bancarelle e ristoranti offrono una vasta gamma di piatti a base di pesce fresco, dal pesce spada alla griglia alla pasta con frutti di mare. Le esibizioni di musica dal vivo, spesso con canti legati al mare, e i mercati artigianali che vendono prodotti ispirati al mare, contribuiscono a creare un'atmosfera festosa.

Sagra della Melanzana

Di solito si tiene ad agosto (le date esatte possono variare di anno in anno).

La Sagra della Melanzana è una celebrazione gastronomica di uno degli ortaggi più amati in Sicilia: la melanzana. Questa sagra si tiene in diverse località intorno a Messina, con ogni paese che offre una propria versione dell'evento. La melanzana è stata un ingrediente fondamentale della cucina siciliana per secoli, introdotta dagli arabi durante la loro occupazione dell'isola.

Durante la festa, ristoranti e bancarelle locali offrono una vasta gamma di piatti a base di melanzana. I visitatori possono gustare preparazioni classiche come la parmigiana di melanzane, la pasta alla Norma (pasta con melanzane e ricotta salata) e la caponata (un'insalata agrodolce a base di melanzane). Ci sono anche creazioni più innovative, come il gelato alla melanzana o i cocktail a base di melanzana.

La sagra spesso prevede dimostrazioni di cucina, dando la possibilità ai visitatori di imparare ricette tradizionali e tecniche culinarie. Musica dal vivo, balli popolari e mercati di artigianato arricchiscono l'atmosfera festosa, rendendo l'evento una vera e propria celebrazione della cultura e della cucina locali.

Festa di San Nicola

6 Dicembre

La Festa di San Nicola è un'importante celebrazione invernale a Messina, particolarmente nel quartiere di Ganzirri. San Nicola, conosciuto per la sua generosità e per i suoi doni, viene festeggiato con tradizioni sia religiose che laiche.

La giornata inizia con una messa nella Chiesa di San Nicola a Ganzirri, seguita da una processione che porta la statua del santo per le strade. In linea con la reputazione di San Nicola come protettore dei bambini, ci sono spesso eventi speciali per i più piccoli, come distribuzioni di regali e sedute di racconti sulla vita del santo.

22
Savoring Bronte's Green Gold

Sagra del Pistachio

Where: Bronte

When: Last week of September, first week of October, aligned with pistachio harvest.

Website: https://www.sagradelpistacchiodibronte.com/

Average Festival Temperatures: High: 27°C (81°F). Low: 13° (55°F).

Discovering Bronte: The Emerald Town in Etna's Shadow

Nestled on the western slopes of Mount Etna, Bronte stands as a testament to Sicily's rich agricultural heritage and complex historical tapestry.

Sagra del Pistacchio

Dove: Bronte

Quando: Ultima settimana di settembre, prima settimana di ottobre, in coincidenza con il raccolto del pistacchio.

Sito web: https://www.sagradelpistacchiodibronte.com/

Temperature medie durante la festa: Massima: 27°C (81°F). Minima: 13°C (55°F).

Scoprire Bronte: La Città di Smeraldo all'Ombra dell'Etna

Abbarbicata sulle pendici occidentali del Monte Etna, Bronte è un testimone della ricca tradizione agricola e della complessa eredità storica della Sicilia.

Pistacchio

Known worldwide as the "City of Pistachios," this small inland town offers visitors a unique blend of natural beauty, gastronomic delight, and surprising historical connections. Bronte's story is one of resilience and adaptation, shaped by the fertile volcanic soil of Etna and the diverse cultures that have left their mark on this corner of Sicily.

The history of Bronte stretches back to ancient times, with evidence of Greek and Roman settlements in the area. However, the town's modern identity took shape in the medieval period. The name "Bronte" is believed to derive from the Greek word "bronté," meaning thunder, perhaps a reference to the rumbling of nearby Mount Etna. The town's history took an unexpected turn in 1799 when King Ferdinand IV of Naples granted the estate of Bronte to British Admiral Horatio Nelson, in gratitude for his support against the French. This created the curious title of "Duke of Bronte," which was held by Nelson and his heirs until the 20th century. This British connection, while titular, added an intriguing layer to Bronte's cultural identity.

Bronte is 50 kilometers northwest of Catania, on the western slopes of Mount Etna. The town's territory spans a diverse landscape, from the volcanic foothills of Etna to the valley of the Simeto River. This unique position, with its volcanic soil enriched by centuries of Etna's eruptions, has created ideal conditions for agriculture, particularly for the cultivation of pistachios. The "Pistacchio Verde di Bronte DOP" is renowned worldwide for its intense flavor and vibrant green color. The looming presence of Etna, Europe's largest active volcano, not only shapes the landscape but also the daily lives and culture of Bronte's inhabitants.

Bronte has a population of approximately 19,000 residents. The town's economy is primarily based on agriculture, with pistachio cultivation and processing at its heart.

The Pistachio Festival

Bronte is a charming village nestled on the western slopes of Mount Etna, Europe's largest active volcano. While it's not the only town in this region - other notable communities on Etna's slopes include Zafferana Etnea, Nicolosi, and Randazzo - Bronte has gained particular fame for its pistachios and the festival that celebrates them.

Conosciuta in tutto il mondo come la "Città dei Pistacchi," questa piccola cittadina dell'entroterra offre ai visitatori una miscela unica di bellezza naturale, delizie gastronomiche e sorprendenti legami storici. La storia di Bronte è quella di una terra di resilienza e adattamento, plasmata dal fertile suolo vulcanico dell'Etna e dalle diverse culture che hanno lasciato la loro impronta in questo angolo di Sicilia.

La storia di Bronte risale ai tempi antichi, con tracce di insediamenti greci e romani nell'area. Tuttavia, l'identità moderna della città si è formata durante il periodo medievale. Il nome "Bronte" si ritiene derivi dalla parola greca "bronté", che significa tuono, forse un riferimento ai rombi del vicino Monte Etna. La storia della città subì una svolta inaspettata nel 1799, quando re Ferdinando IV di Napoli concesse la proprietà di Bronte all'ammiraglio britannico Horatio Nelson, in segno di gratitudine per il suo sostegno contro i francesi. Questo diede vita al curioso titolo di "Duca di Bronte," che fu detenuto da Nelson e dai suoi eredi fino al XX secolo. Questa connessione britannica, sebbene solo formale, aggiunse uno strato intrigante all'identità culturale di Bronte.

Bronte si trova a 50 chilometri a nord-ovest di Catania, sulle pendici occidentali del Monte Etna. Il territorio della città si estende su un paesaggio variegato, dalle pendici vulcaniche dell'Etna alla valle del fiume Simeto. Questa posizione unica, con il suo suolo vulcanico arricchito da secoli di eruzioni dell'Etna, ha creato le condizioni ideali per l'agricoltura, in particolare per la coltivazione dei pistacchi. Il "Pistacchio Verde di Bronte DOP" è rinomato in tutto il mondo per il suo sapore intenso e il suo vivace colore verde. La presenza imponente dell'Etna, il più grande vulcano attivo d'Europa, non solo plasma il paesaggio, ma anche la vita quotidiana e la cultura degli abitanti di Bronte.

Bronte ha una popolazione di circa 19.000 abitanti. L'economia della città si basa principalmente sull'agricoltura, con la coltivazione e la lavorazione del pistacchio al suo centro.

La Festa del Pistacchio

Bronte è un affascinante villaggio situato sulle pendici occidentali del Monte Etna, il vulcano attivo più grande d'Europa. Sebbene non sia l'unico paese di questa regione, altre note località sulle pendici dell'Etna includono Zafferana Etnea, Nicolosi e Randazzo, Bronte ha acquisito una particolare fama per i suoi pistacchi e per la festa che li celebra.

Why Pistachios Thrive in Bronte

Bronte's pistachios are exceptionally high quality because of the unique conditions in the area. The fertile, mineral-rich soil from Mount Etna's volcanic activity provides an ideal growing medium for pistachio trees. The nuts' distinctive flavor and vibrant green color are attributed to the soil's high levels of potassium, phosphorus, and magnesium.

Pistachio cultivation in Bronte benefits from the specific microclimate found on the western slopes of Etna. The area experiences hot, dry summers and mild winters, with significant temperature variations between day and night. This climate stress encourages the trees to produce more flavorful nuts. Bronte's pistachios are grown at elevations between 400 and 900 meters (1300to 3000 feet) above sea level, which contributes to their slow growth and intense flavor development.

Local farmers still use many traditional, non-intensive cultivation techniques, which, combined with the unique environment, result in pistachios of exceptional quality.

The Festival Experience

The festival showcases an impressive array of pistachio-based foods. Visitors can sample traditional dishes like pasta with pistachio pesto and arancini with pistachio filling, as well as sweets such as pistachio gelato, cakes, cookies, and cannoli. More innovative creations like pistachio pizza and pistachio-flavored sausages are also available, alongside various pistachio-based products, including spreads, oils, and liqueurs.

Local chefs and home cooks give cooking demonstrations, highlighting traditional Sicilian recipes featuring pistachios. These shows often showcase both classic preparations and modern interpretations of dishes. The festival also includes demonstrations of traditional pistachio harvesting and processing methods. Visitors can observe hand-picking techniques used on the steep slopes of Etna, traditional roasting methods, and the process of removing pistachios from their shells.

Perché i Pistacchi Crescono Bene a Bronte

I pistacchi di Bronte sono di qualità eccezionale grazie alle condizioni uniche della zona. Il terreno fertile e ricco di minerali derivante dall'attività vulcanica del Monte Etna offre un ambiente ideale per la crescita degli alberi di pistacchio. Il sapore particolare dei frutti e il colore verde brillante sono attribuiti ai livelli elevati di potassio, fosforo e magnesio presenti nel terreno.

La coltivazione del pistacchio a Bronte beneficia del microclima specifico che caratterizza le pendici occidentali dell'Etna. La zona vive estati calde e secche e inverni miti, con significative variazioni di temperatura tra il giorno e la notte. Questa sollecitazione climatica stimola gli alberi a produrre frutti più saporiti. I pistacchi di Bronte crescono ad un'altitudine tra i 400 e i 900 metri sul livello del mare, il che contribuisce alla loro crescita lenta e allo sviluppo del sapore intenso.

I contadini locali utilizzano ancora molte tecniche di coltivazione tradizionali e non intensive che, unite all'ambiente unico, portano alla produzione di pistacchi di qualità eccezionale.

L'Esperienza della Festa

La festa presenta una vasta gamma di cibi a base di pistacchio. I visitatori possono assaporare piatti tradizionali come la pasta con pesto di pistacchio e gli arancini con ripieno di pistacchio, oltre a dolci come gelato al pistacchio, torte, biscotti e cannoli. Sono anche presenti creazioni più innovative come la pizza al pistacchio e le salsicce aromatizzate al pistacchio, insieme a vari prodotti a base di pistacchio, tra cui creme spalmabili, oli e liquori.

Chef locali e cuochi amatoriali organizzano dimostrazioni culinarie, mettendo in evidenza le ricette siciliane tradizionali a base di pistacchi. Questi spettacoli spesso presentano sia preparazioni classiche che interpretazioni moderne dei piatti. La festa include anche dimostrazioni dei metodi tradizionali di raccolta e lavorazione del pistacchio. I visitatori possono osservare le tecniche di raccolta manuale utilizzate sulle ripide pendici dell'Etna, i metodi tradizionali di tostatura e il processo di rimozione dei pistacchi dai gusci.

Beyond food, the festival celebrates local culture with folk music and dance performances, craft demonstrations, and sales of local artisanal products. Historical exhibits about Bronte and its pistachio heritage provide context for visitors.

The educational component of the festival often includes conferences about sustainable agriculture and the importance of protecting traditional foods, guided tours of nearby pistachio groves, and workshops on the nutritional benefits of pistachios.

The festival highlights the importance of the DOP (Protected Designation of Origin) status of Bronte pistachios. Since 2009, the "Pistacchio Verde di Bronte DOP" label guarantees that only pistachios grown in the Bronte area using traditional methods can be recognized.

The Pistachio Festival not only celebrates a unique local product but also serves as a vibrant showcase of Sicilian culture, culinary tradition, and agricultural heritage. It has become a significant draw for both domestic and international tourists, helping to boost the local economy and preserve traditional farming practices in the region.

The Pistachio Delights to Find at the Sagra

- Pistachio Arancini: Traditional Sicilian rice balls filled with a savory pistachio mixture, offering a delightful twist on a classic favorite.

- Pistachio Gelato: Creamy and rich ice cream that captures the distinct taste of Bronte pistachios, providing a refreshing treat.

- Pistachio Pesto: A flavorful sauce made by blending pistachios with olive oil and herbs, commonly used to dress pasta dishes, adding a unique Sicilian flair.

- Pistachio Cannoli: Crisp pastry shells filled with sweetened ricotta cheese and studded with chopped pistachios, combining textures and flavors in a beloved dessert.

- Pistachio Granita: A semi-frozen dessert that offers a cool and nutty refreshment, perfect for warm festival days.

Oltre al cibo, la festa celebra la cultura locale con performance di musica e danza popolare, dimostrazioni di artigianato e vendite di prodotti artigianali locali. Mostre storiche su Bronte e il suo patrimonio del pistacchio offrono un contesto interessante per i visitatori.

La componente educativa della festa spesso include conferenze sull'agricoltura sostenibile e sull'importanza di proteggere i cibi tradizionali, visite guidate ai vicini pistacchieti e laboratori sui benefici nutrizionali dei pistacchi.

La festa sottolinea l'importanza del riconoscimento DOP (Denominazione di Origine Protetta) dei pistacchi di Bronte. Dal 2009, l'etichetta "Pistacchio Verde di Bronte DOP" garantisce che solo i pistacchi coltivati nell'area di Bronte con metodi tradizionali possano essere riconosciuti come tali.

La Festa del Pistacchio non solo celebra un prodotto locale unico, ma funge anche da vivace vetrina della cultura siciliana, della tradizione culinaria e del patrimonio agricolo. È diventato un importante richiamo per turisti sia nazionali che internazionali, contribuendo a stimolare l'economia locale e a preservare le pratiche agricole tradizionali della regione.

Le Delizie al Pistacchio da Scoprire alla Sagra

- Arancini al Pistacchio: Tradizionali palline di riso siciliane farcite con un gustoso ripieno di pistacchio, che offrono una variante deliziosa di un grande classico.

- Gelato al Pistacchio: Un gelato cremoso e ricco che cattura il sapore unico dei pistacchi di Bronte, offrendo un piacere rinfrescante.

- Pesto al Pistacchio: Una salsa saporita preparata frullando i pistacchi con olio d'oliva ed erbe aromatiche, utilizzata principalmente per condire i piatti di pasta, aggiungendo un tocco siciliano unico.

- Cannoli al Pistacchio: Croccanti involucri di pasta farciti con ricotta dolcificata e arricchiti con pistacchi tritati, unendo consistenze e sapori in un dolce prediletto.

- Granita al Pistacchio: Un dessert semi-ghiacciato che offre un fresco e gustoso ristoro, perfetto per le calde giornate della festa.

- Pistachio-Infused Sausages: Savory sausages enhanced with the subtle sweetness of pistachios, showcasing the nut's versatility in meat dishes.

- Pistachio-Studded Salami and Mortadella: Traditional cured meats embedded with pistachios, adding both visual appeal and a distinctive taste.

- Pistachio Pecorino Cheese: Aged sheep's milk cheese interspersed with pistachios, offering a harmonious blend of sharp and nutty flavors.

- Pistachio Pastries and Cakes: Various baked goods, including tarts and traditional Sicilian desserts, all featuring pistachios as a central ingredient.

Bronte Festivals Throughout the Year

Festa di San Biagio (Saint Blaise)

Held annually on February 3.

San Biagio is a patron of Bronte, and his feast day is celebrated with processions and cultural events. The festival includes a solemn Mass at the Church of San Biagio, followed by a procession through the town streets. Local artisans set up stalls selling traditional crafts and foods, including pistachio-based treats.

Carnevale di Bronte

Held in February, leading up to Lent.

This carnival celebration features colorful parades, masquerade balls, and street performances. Local schools and community groups create elaborate floats and costumes, often incorporating themes related to Bronte's history and culture.

Festa di San Vincenzo Ferreri (St. Vincent Ferreri)

April 5-10

The Festa di San Vincenzo Ferreri in Bronte is a deeply rooted religious and cultural celebration.

- Salsicce aromatizzate al Pistacchio: Salsicce saporite arricchite dalla dolcezza delicata dei pistacchi, che ne esaltano la versatilità nei piatti di carne.

- Salame e Mortadella con Pistacchi: Salumi tradizionali arricchiti da pistacchi, che aggiungono sia fascino visivo che sapore unico.

- Pecorino al Pistacchio: Formaggio di pecora stagionato, arricchito con pistacchi, che offre una miscela armoniosa di sapori decisi e di frutta secca.

- Pasticcini e Torte al Pistacchio: Varie preparazioni da forno, comprese crostate e dolci siciliani tradizionali, tutte con il pistacchio come ingrediente centrale.

Feste a Bronte Durante l'Anno

Festa di San Biagio

Si tiene annualmente il 3 febbraio.

San Biagio è il patrono di Bronte e la sua festa è celebrata con processioni ed eventi culturali. La festa include una Messa solenne presso la Chiesa di San Biagio, seguita da una processione per le vie della città. Gli artigiani locali allestiscono bancarelle che vendono artigianato tradizionale e cibi, tra cui dolci a base di pistacchio.

Carnevale di Bronte

Si tiene a febbraio, prima dell'inizio della Quaresima.

Questa celebrazione del carnevale è caratterizzata da parate colorate, balli in maschera e spettacoli di strada. Le scuole locali e i gruppi della comunità creano carri allegorici e costumi elaborati, spesso ispirati alla storia e alla cultura di Bronte.

Festa di San Vincenzo Ferreri

Dal 5 al 10 aprile.

La Festa di San Vincenzo Ferreri a Bronte è una celebrazione religiosa e culturale profondamente radicata.

The tradition dates back centuries, with a significant religious procession featuring a statue of the saint carried through the town's streets. Community members, clergy, and musicians participate in this colorful event, which also includes a fair with rides, games, and concerts showcasing traditional Sicilian folk music.

Sagra della Ricotta e del Formaggio (Ricotta and Cheese Festival)

Spring

Visitors can taste and purchase various types of locally produced cheeses, take part in cheese-making demonstrations, and enjoy traditional Sicilian dishes featuring ricotta and other cheeses.

Festa di Santa Maria dell'Odigitria (Feast of Mary Who Shows the Way)

Second Sunday in August.

This festival in honor of the Madonna dell'Odigitria is a significant religious and cultural celebration in Sicily. The event includes religious ceremonies, processions, and various local festivities that bring the community together.

The highlight is the procession of the Madonna's statue through the streets, accompanied by fireworks and traditional Sicilian music. Townspeople celebrate with Sicilian customs, creating a vibrant atmosphere that blends faith and cultural pride, bonding the entire community.

Festa della Vendemmia (Grape Harvest Festival)

Held in late September or early October, coinciding with the grape harvest season. This event celebrates the local wine-making tradition with grape stomping competitions, wine tastings, and folk music performances.

Festa di San Nicola (Feast of St. Nicholas)

December 6

This festival honors Saint Nicholas, another patron saint of Bronte. The celebration includes a special Mass, a procession with the saint's statue, and the distribution of small gifts to children, reflecting the saint's reputation for generosity.

La tradizione risale a secoli fa, con una significativa processione religiosa in cui viene portata per le strade della città una statua del santo. I membri della comunità, il clero e i musicisti partecipano a questo evento colorato, che include anche una fiera con giostre, giochi e concerti di musica popolare siciliana tradizionale.

Sagra della Ricotta e del Formaggio

Di solito si tiene in primavera.

I visitatori possono assaporare ed acquistare vari tipi di formaggi prodotti localmente, partecipare a dimostrazioni di produzione del formaggio e gustare piatti tipici siciliani a base di ricotta ed altri formaggi.

Festa di Santa Maria dell'Odigitria (Festa della Madonna che Mostra la Via)

La seconda domenica di agosto.

Questa festa in onore della Madonna dell'Odigitria è una celebrazione religiosa e culturale di grande importanza in Sicilia. L'evento include cerimonie religiose, processioni e diverse festività locali che uniscono la comunità.Il momento culminante è la processione della statua della Madonna per le vie della città, accompagnata da fuochi d'artificio e musica tradizionale siciliana. I cittadini festeggiano secondo le usanze siciliane, creando un'atmosfera vivace che mescola fede e orgoglio culturale, legando l'intera comunità.

Festa della Vendemmia

Si tiene a fine settembre o inizio ottobre, in coincidenza con la stagione della vendemmia. Questo evento celebra la tradizione vinicola locale con gare di pigiatura dell'uva, degustazioni di vino e spettacoli di musica popolare.

Festa di San Nicola

6 dicembre

Questa festa onora San Nicola, un altro santo patrono di Bronte. La celebrazione include una Messa speciale, una processione con la statua del santo e la distribuzione di piccoli regali ai bambini, rispecchiando la reputazione di generosità del santo.

Winter Celebrations
Celebrazioni Invernali

23
Light of Syracusa: Celebrating Santa Lucia

Festa di Santa Lucia

Where: Syracusa (Siracuse)

When: November 30. Main Events December 9-13 and Final Event December 20.

Average Festival Temperatures: High: 18°C (64°F). Low: 7°C (45°F).

Discover Syracuse and Ortygia: Crossroads of Ancient Civilizations

With its ancient heart of Ortygia, Syracuse stands as a living testament to the grand sweep of Mediterranean history. Once the most powerful city in the ancient Greek world, rivaling Athens in size and influence, Syracuse today offers visitors an unparalleled journey through time.

La Festa di Santa Lucia

Dove: Siracusa

Quando: 30 novembre. Eventi principali dal 9 al 13 dicembre ed evento finale il 20 dicembre.

Temperature medie durante la festa: Massima: 18°C (64°F). Minima: 7°C (45°F).

Scopri Siracusa ed Ortigia: Crocevia di Antiche Civiltà

Con il suo cuore antico di Ortigia, Siracusa si erge come un testimone vivente dell'ampio corso della storia mediterranea. Un tempo la città più potente del mondo greco antico, rivaleggiando con Atene per grandezza e influenza, Siracusa oggi offre ai visitatori un viaggio senza pari nel tempo.

Cattedrale di Syracusa

From its stunning Greek theaters to its baroque piazzas, from its Doric temples to its medieval streets, Syracuse and Ortygia together form a palimpsest of civilizations, each layer revealing a new chapter in the story of Sicily and the wider Mediterranean world.

The history of Syracuse is nothing short of epic. Founded by Corinthian Greeks in 734 BC, the city rapidly grew to become one of the most important centers of the ancient world. Its power and wealth were such that it successfully resisted an Athenian invasion in 415 BC, a pivotal moment in the Peloponnesian War. The city reached its zenith under the rule of Dionysius the Elder in the 4th century BC, when its influence extended across much of Sicily and southern Italy. Syracuse later fell to the Romans in 212 BC, despite the ingenious defensive inventions of its native son, Archimedes. In subsequent centuries, the city passed through Byzantine, Arab, Norman, and Spanish hands, each leaving its mark on the urban fabric. Throughout these changes, the island of Ortygia remained the heart of the city, a compact space where millennia of history coexist in a stunning architectural ensemble.

Syracuse is located on the southeastern coast of Sicily, about 250 kilometers (155 miles) southeast of Palermo. The modern city spreads across the coastal plain and nearby hills, but its historical core is concentrated on Ortygia, a small island connected to the mainland by two bridges. This unique geography has shaped Syracuse's destiny for nearly three millennia, providing natural defenses and a sheltered port that made it a coveted prize for successive empires. The surrounding landscape is one of remarkable beauty, with the Iblean Mountains rising to the north and west, and the azure waters of the Ionian Sea stretching to the east.

The commune of Syracuse has a population of approximately 120,000, making it the fourth largest city in Sicily. While the broader city has expanded inland, Ortygia remains the cultural and touristic heart of Syracuse, with a population of about 4,500 residents. The economy of Syracuse is diverse, with tourism playing a major role alongside agriculture, fishing, and services. The city's deep-water port continues to be significant for both commerce and tourism, with cruise ships bringing visitors from around the world.

Dai suoi splendidi teatri greci alle piazze barocche, dai suoi templi dorici alle strade medievali, Siracusa e Ortigia insieme formano un palinsesto di civiltà, con ogni strato che rivela un nuovo capitolo nella storia della Sicilia e del più ampio mondo mediterraneo.

La storia di Siracusa è davvero epica. Fondata dai Greci corinzi nel 734 a.C., la città crebbe rapidamente fino a diventare uno dei centri più importanti del mondo antico. Il suo potere e la sua ricchezza furono tali che riuscì a resistere con successo ad un'invasione ateniese nel 415 a.C., un momento cruciale nella guerra del Peloponneso. La città raggiunse il suo apice sotto il governo di Dionisio il Vecchio nel IV secolo a.C., quando la sua influenza si estese su gran parte della Sicilia e dell'Italia meridionale. Siracusa cadde poi sotto i Romani nel 212 a.C., nonostante le ingegnose invenzioni difensive del suo figlio illustre, Archimede. Nei secoli successivi, la città passò sotto il controllo bizantino, arabo, normanno e spagnolo, ognuno dei quali lasciò il proprio segno sul tessuto urbano. Nonostante questi cambiamenti, l'isola di Ortigia rimase il cuore della città, uno spazio compatto dove coesistono millenni di storia in un insieme architettonico straordinario.

Siracusa si trova sulla costa sud-orientale della Sicilia, a circa 250 chilometri a sud-est di Palermo. La città moderna si estende sulla pianura costiera e sulle colline circostanti, ma il suo nucleo storico è concentrato su Ortigia, una piccola isola collegata alla terraferma da due ponti. Questa geografia unica ha modellato il destino di Siracusa per quasi tre millenni, offrendo difese naturali e un porto riparato che la rendeva un obiettivo ambito per gli imperi successivi. Il paesaggio circostante è di straordinaria bellezza, con le Montagne Iblee che si ergono a nord e ad ovest, e le acque azzurre del Mar Ionio che si estendono ad est.

Il comune di Siracusa ha una popolazione di circa 120.000 abitanti, rendendola la quarta città più grande della Sicilia. Sebbene la città moderna si sia espansa verso l'interno, Ortigia rimane il cuore culturale e turistico di Siracusa, con una popolazione di circa 4.500 residenti. L'economia di Siracusa è variegata, con il turismo che gioca un ruolo importante accanto all'agricoltura, alla pesca e ai servizi. Il porto della città dalle acque profonde continua ad essere significativo sia per il commercio che per il turismo, con le navi da crociera che portano visitatori da tutto il mondo.

The Festival of Santa Lucia

The Feast of Santa Lucia, celebrated on December 13th, began formally in the 11th century, although she had been venerated since the 4th century. Churches were built in her honor, and her devotion spread from Sicily to the rest of Italy and the wider Christian world.

The Catholic Church chose December 13th for her feast day because it was believed to be the winter solstice, the shortest day of the year. The choice symbolized bringing light to the darkest day, reflecting St. Lucy's association with light. After the introduction of the Gregorian calendar by Pope Gregory XIII in 1582, the solstice shifted to December 21st.

By the 13th century, Santa Lucia's celebrations in Sicily had become more organized, with processions and public festivities playing a key role in local traditions. Today, the feasts of Santa Lucia and Saint Agatha are among the most important events in Sicily's festival calendar.

Who is Santa Lucia?

According to legend, Santa Lucia was born around 283 AD in Syracuse. She was a young Christian noblewoman renowned for her piety and devotion. Despite being promised for marriage at the tender age of 5, Lucia pledged herself to Christ, setting the stage for a life of faith and sacrifice.

A pivotal moment in Lucia's story occurred when she and her mother visited St. Agatha's tomb to pray for her mother's healing. Through a vision and unwavering faith, her mother was miraculously cured. This event strengthened Lucia's resolve, leading her to ask for freedom from her marriage arrangement and permission to donate her dowry to the poor.

Lucia's decision to reject marriage, especially to a wealthy pagan suitor, brought her into conflict with the authorities during Emperor Diocletian's reign, a time of intense Christian persecution. Her arrest marked the beginning of her trials and the miraculous events that would define her legacy.

La Festa di Santa Lucia

La Festa di Santa Lucia, celebrata il 13 dicembre, ha avuto inizio formalmente nell'XI secolo, sebbene sia stata venerata sin dal IV secolo. Furono costruite chiese in suo onore, e la sua devozione si diffuse dalla Sicilia al resto d'Italia e al più ampio mondo cristiano.

La Chiesa Cattolica scelse il 13 dicembre come giorno della sua festa poiché si credeva che fosse il solstizio d'inverno, il giorno più corto dell'anno. Questa scelta simboleggiava l'introduzione della luce nel giorno più buio, rispecchiando il legame di Santa Lucia con la luce. Dopo l'introduzione del calendario gregoriano da parte di Papa Gregorio XIII nel 1582, il solstizio passò al 21 dicembre.

Dal XIII secolo, le celebrazioni di Santa Lucia in Sicilia sono diventate più organizzate, con processioni e festeggiamenti pubblici che giocano un ruolo fondamentale nelle tradizioni locali. Oggi, le feste di Santa Lucia e di Sant'Agata sono tra gli eventi più importanti nel calendario delle festività siciliane.

Chi è Santa Lucia?

Secondo la leggenda, Santa Lucia era nata intorno al 283 d.C. a Siracusa. Era una giovane nobildonna cristiana conosciuta per la sua religiosità e devozione. Nonostante fosse stata promessa sposa alla tenera età di 5 anni, Lucia si dedicò a Cristo, ponendo le basi per una vita di fede e sacrificio.

Un momento cruciale nella storia di Lucia si verificò quando lei e sua madre visitarono la tomba di Sant'Agata per pregare per la guarigione della madre. Grazie ad una visione e ad una fede incrollabile, sua madre fu miracolosamente guarita. Questo evento rafforzò la determinazione di Lucia, portandola a chiedere la libertà dal matrimonio combinato e il permesso di donare la sua dote ai poveri.

La decisione di Lucia di rifiutare il matrimonio, soprattutto con un ricco pretendente pagano, la mise in conflitto con le autorità durante il regno dell'imperatore Diocleziano, un periodo di intensa persecuzione dei cristiani. Il suo arresto segnò l'inizio dei suoi processi e degli eventi miracolosi che avrebbero definito la sua eredità.

As the authorities attempted to execute Lucia, a series of supernatural occurrences unfolded. They found themselves unable to move her, even with the strength of a thousand men and oxen. She survived being set on fire and having boiling oil poured over her. When stabbed in the throat, Lucia continued to speak, prophesying Diocletian's fall and the coming peace for Christian believers.

Lucia's martyrdom came in 310 AD, but not before she received the sacrament, affirming her faith until the very end. Her death, however, was not the end of her story. Lucia became venerated as a saint, particularly beloved in Sicily. She gained renown as a protector of the blind and those with eye disorders.

In art and iconography, Santa Lucia is often depicted holding her eyes on a plate or carrying a lamp, symbolizing her role as a bearer of light and spiritual vision. These symbols became crucial in the Middle Ages when most people were illiterate and relied on such imagery to recognize and remember their saints.

Santa Lucia's story, a testament to unwavering faith and the power of belief in the face of persecution, continues to inspire and captivate people centuries after her death. Her feast day remains a significant occasion on the Christian calendar, keeping her memory and the values she embodied alive in the hearts of the faithful.

Festival Events

In Syracuse, the Santa Lucia celebrations begin on November 30th in the afternoon, featuring a vibrant parade in the streets of the historic center.

December 9

Dating back to 1599, statue of Saint Lucia is a rare silver simulacrum showing the saint with a palm and lily, representing purity, and a dagger embellished with gems. She holds a plate adorned with eyes, embodying the legend of losing her sight and becoming the Guardian of Vision. Lucia's name has its roots in the Latin word lux, which translates to light.

On December 9, the hidden silver statue of Santa Lucia is revealed in her chapel at the Cathedral of Syracuse, marking the start of the main events. For the rest of the year, she's locked in a cabinet, unseen by visitors.

Quando le autorità tentarono di eseguire la condanna a morte di Lucia, si verificarono una serie di eventi soprannaturali. Non riuscirono a muoverla, neppure con la forza di mille uomini e buoi. Sopravvisse al rogo e all'olio bollente versato su di lei. Quando fu pugnalata alla gola, Lucia continuò a parlare, profetizzando la caduta di Diocleziano e la futura pace per i cristiani.

Il martirio di Lucia avvenne nel 310 d.C., ma non prima di aver ricevuto il sacramento, confermando la sua fede fino alla fine. La sua morte, tuttavia, non fu la fine della sua storia. Lucia fu venerata come santa, particolarmente amata in Sicilia. Divenne famosa come protettrice dei ciechi e di chi soffriva di disturbi agli occhi.

Nell'arte e nell'iconografia, Santa Lucia è spesso rappresentata mentre tiene i suoi occhi su un piatto o mentre porta una lampada, simboleggiando il suo ruolo di portatrice di luce e visione spirituale. Questi simboli divennero cruciali nel Medioevo, quando la maggior parte delle persone era analfabeta e si affidava a queste immagini per riconoscere e ricordare i santi.

La storia di Santa Lucia, una dimostrazione di fede incrollabile e il potere della convinzione di fronte alla persecuzione, continua ad ispirare e affascinare le persone secoli dopo la sua morte. Il giorno della sua festa rimane una significativa ricorrenza nel calendario cristiano, mantenendo vivi la sua memoria ed i valori che incarnava nei cuori dei fedeli.

Eventi della Festa

A Siracusa, le celebrazioni di Santa Lucia iniziano il 30 novembre durante il pomeriggio, con una vivace parata nelle strade del centro storico.

9 dicembre

La statua di Santa Lucia, risalente al 1599, è un raro simulacro in argento che raffigura la santa con una palma ed un giglio, che rappresentano la purezza, ed un pugnale decorato con gemme. Possiede un piatto ornato di occhi, che rappresenta la leggenda della perdita della sua vista e del suo ruolo di Guardiana della Visione. Il nome Lucia deriva dalla parola latina lux, che significa luce.

Il 9 dicembre, la statua in argento di Santa Lucia viene mostrata nella sua cappella della Cattedrale di Siracusa, segnando l'inizio degli eventi principali. Per il resto dell'anno, rimane chiusa a chiave in un armadio, non visibile ai visitatori.

December 12

During a religious ceremony in the Cathedral on the evening of December 12th, the silver figure of Lucia is moved from its chapel to the high altar.

December 13

On December 13, the primary celebration begins with a morning Pontifical Mass in the Cathedral. Starting at 3:30 p.m., the grand procession embarks on a route through the historic city center, culminating at the Basilica of Santa Lucia al Sepolcro. Relics and silver statue proceed solemnly to the Basilica, built on her martyrdom site. The Arab domination in Sicily resulted in the destruction of the original church, which was subsequently replaced in 1100AD.

During the several-hour procession, devoted participants fervently chant "Siracusana jè!" (She is a Syracusan) as part of their pilgrimage. Many pilgrims walk barefoot, holding lit candles, either to express gratitude or seek divine grace. Following Santa Lucia, twelve floral-adorned wooden candelabras lead the Senate Carriage and the Line, all dressed in 18th-century fashion. Upon arrival at Piazza Santa Lucia, the chimes of bells welcome the believers.

Santa Lucia on Procession

The Basilica attracts worshippers over eight days, who come to see the tomb of the saint and martyr and the exhibited relics. The 60 men carrying the statue wear green hats as they represent the Confraternity of Santa Lucia, a lay brotherhood.

12 dicembre

Durante una cerimonia religiosa nella Cattedrale la sera del 12 dicembre, la statua d'argento di Lucia viene spostata dalla sua cappella all'altare maggiore.

13 dicembre

Il 13 dicembre la prima celebrazione inizia con una Messa Pontificale al mattino nella Cattedrale. A partire dalle 15:30, la grande processione parte attraverso il centro storico della città, culminando alla Basilica di Santa Lucia al Sepolcro. Le reliquie e la statua d'argento procedono solennemente verso la Basilica, costruita sul sito del suo martirio. La dominazione araba in Sicilia causò la distruzione della chiesa originale, che fu poi sostituita nel 1100 d.C.

Durante la processione, che dura diverse ore, i partecipanti devoti cantano con fervore "Siracusana jè!" (Lei è siracusana), come parte del loro pellegrinaggio. Molti pellegrini camminano a piedi nudi, portando candele accese, per esprimere gratitudine o cercare grazia divina. Dopo Santa Lucia, dodici candelabri di legno decorati con fiori guidano la Carrozza del Senato e la Linea, tutti decorati nello stile del XVIII secolo. All'arrivo in Piazza Santa Lucia, i rintocchi delle campane accolgono i fedeli.

La Basilica attira i devoti per otto giorni, che vengono a vedere la tomba della santa e martire e le reliquie esposte. I 60 uomini che portano la statua indossano cappelli verdi, rappresentando la Confraternita di Santa Lucia, una confraternita laica.

December 20

On December 20, Santa Lucia makes her way back to the Cathedral in a lengthy procession, pausing at the Basilica Santuario della Madonna delle Lacrime and the Umberto I Hospital for prayer. At Ponte Umbertino, fireworks light up the sky to celebrate the arrival of the group before the Saint moves on to the Cathedral and her chapel. Being part of this connected community during such a meaningful moment is incredibly moving.

In the oldest part of the city, devotees carry the statue on their shoulders through the historic streets of Ortygia, accompanied by flowers and flickering candles. The atmosphere is electric as crowds from the region, Sicily, and the world show immense emotion for their saint.

If you want to fully embrace the rich traditions and celebrations of Santa Lucia, it's advisable to arrive in Syracuse ahead of time. On December 9th, there will be lively celebrations, including a musical band parade, religious masses, and the blessing of relics.

Special Festival Treat
Cuccia

Cuccìa, a traditional Sicilian dish, is prepared by boiling wheat berries. Typically, people sweeten cuccìa and add ingredients such as ricotta, honey, sugar, cinnamon, and chocolate.

The recipe commemorates a miraculous event that occurred during a famine in Sicily. Legend has it that a grain-filled ship arrived in Syracuse on Santa Lucia's feast day, rescuing the starving population. As an expression of gratitude, the people abstained from baking bread and boiled the grain instead. Even now, on December 13th, Sicilians maintain their tradition of abstaining from bread and pasta as a type of fast.

---

20 dicembre

Il 20 dicembre Santa Lucia torna alla Cattedrale durante una lunga processione, fermandosi alla Basilica Santuario della Madonna delle Lacrime e all'Ospedale Umberto I per una preghiera. Presso il Ponte Umbertino, i fuochi d'artificio illuminano il cielo per celebrare l'arrivo del gruppo prima che la Santa prosegua verso la Cattedrale e la sua cappella. Far parte di questa comunità unita durante un momento così significativo è incredibilmente emozionante.

Nella parte più antica della città, i devoti portano la statua sulle spalle attraverso le strade storiche di Ortigia, accompagnati da fiori e candele tremolanti. L'atmosfera è elettrizzante, con folle provenienti dalla zona, dalla Sicilia e dal mondo, dimostrando un'emozione immensa per la loro santa.

Se vuoi immergerti completamente nelle ricche tradizioni e celebrazioni di Santa Lucia, è consigliabile arrivare a Siracusa in anticipo. Il 9 dicembre ci saranno celebrazioni animate, inclusa una parata con la banda musicale, messe religiose e la benedizione delle reliquie.

Dolce Speciale della Festa
La Cuccìa

La cuccìa è un piatto tradizionale siciliano preparato facendo bollire i chicchi di grano. Di solito, la cuccìa viene dolcificata e arricchita con ingredienti come ricotta, miele, zucchero, cannella e cioccolato.

La ricetta commemora un evento miracoloso che accadde durante una carestia in Sicilia. La leggenda racconta che una nave carica di grano arrivò a Siracusa il giorno della festa di Santa Lucia, salvando la popolazione affamata. Come segno di gratitudine, la gente si asteneva dalla preparazione del pane e bolliva invece il grano. Anche oggi, il 13 dicembre, i siciliani mantengono la tradizione di astenersi dal pane e dalla pasta come un tipo di digiuno.

Syracuse Festivals and Sagre Throughout the Year

Festa di San Sebastiano (St. Sebastian)

January 20th

Saint Sebastian is an important patron saint of Syracuse. This festival has been celebrated for centuries, with its origins dating back to the early Christian era. The main events include religious processions through the streets, masses at the Church of San Sebastiano, traditional music and hymns, food stalls, and markets.

Festa di San Corrado (St. Corrado)

February 19th

San Corrado Confalonieri is the patron saint of Noto, a city near Syracuse. While the main celebrations occur in Noto, Syracuse also honors this saint. The festival dates back to the 14th century when San Corrado lived as a hermit near Syracuse. Events include religious processions, masses, and small local celebrations.

Festa di Santa Lucia delle Quaglie (St. Lucy of the Quails)

First Sunday in May

This festival honors Santa Lucia, the patron saint of Syracuse, and is connected to a miracle attributed to her in 1646. During a severe famine, a ship full of quails unexpectedly arrived in the harbor, providing food for the starving population. The festival includes a procession of Santa Lucia's silver statue, the release of quails (now symbolic and not involving live birds), masses, religious ceremonies, music, and dance performances.

Sagra del Pesce (Fish Festival)

May to July

This modern festival celebrates Syracuse's rich fishing tradition and seafood cuisine. While not as old as the religious festivals, it has become an important part of the city's cultural calendar. Events typically include cooking demonstrations by local chefs, music and entertainment, and boat tours of the harbor.

Feste e Sagre a Siracusa durante l'anno

Festa di San Sebastiano

20 gennaio

San Sebastiano è un importante santo patrono di Siracusa. Questa festa viene celebrata da secoli, con origini che risalgono ai primi tempi del cristianesimo. Gli eventi principali includono: processioni religiose per le strade, messe presso la Chiesa di San Sebastiano, musica ed inni tradizionali, bancarelle di cibo e mercati.

Festa di San Corrado

19 febbraio

San Corrado Confalonieri è il santo patrono di Noto, una città vicina a Siracusa. Sebbene le celebrazioni principali si svolgano a Noto, anche Siracusa onora questo santo. La festa risale al XIV secolo, quando San Corrado viveva come eremita vicino a Siracusa. Gli eventi comprendono processioni religiose, messe e piccole celebrazioni locali.

Festa di Santa Lucia delle Quaglie

Prima domenica di maggio

Questa festa onora Santa Lucia, la santa patrona di Siracusa, ed è legata ad un miracolo a lei attribuito nel 1646. Durante una grave carestia, una nave carica di quaglie arrivò inaspettatamente al porto, fornendo cibo alla popolazione affamata. La festa include una processione con la statua d'argento di Santa Lucia, la liberazione delle quaglie (ora simbolica e che non coinvolge più uccelli vivi), messe, cerimonie religiose, musica e spettacoli di danza.

Sagra del Pesce

Da maggio a luglio

Questa festa moderna celebra la ricca tradizione della pesca di Siracusa e la sua cucina a base di pesce. Sebbene non sia antica come le feste religiose, è diventata una parte importante del calendario culturale della città. Gli eventi includono normalmente: dimostrazioni culinarie da parte di chef locali, musica ed intrattenimento, e gite in barca nel porto.

Ortigia Sound System Festival

July

A relatively new addition to Syracuse's festival calendar, this electronic music festival has been running since 2014. It takes place on the island of Ortigia and features performances by international and local electronic music artists, DJ sets in various locations around the island, art installations and multimedia projects, daytime beach parties, and nighttime concerts.

Ortigia Film Festival

July

This annual independent film festival, established in 2009, takes place in the historic center of Ortigia. It showcases: Italian and international independent films, short film competitions, and outdoor screenings in picturesque locations.

Festa della Madonna delle Lacrime (The Crying Madonna)

August 29th to September 1st

The Festa della Madonna delle Lacrime (Feast of the Crying Madonna) is held annually in Syracuse from August 29th to September 1st, commemorating a miraculous event in 1953 when a plaster image of the Virgin Mary was said to have wept tears. This event deeply moved the faithful and led to the construction of the Santuario della Madonna delle Lacrime, a large basilica that now houses the image.

The celebration includes masses, a candlelight procession through the streets, and fireworks, drawing pilgrims and visitors from around Sicily and beyond. The event is a poignant reflection of the local community's devotion to the Virgin Mary and the lasting impact of the miraculous event.

Ortigia Sound System Festival

Luglio

Un'aggiunta relativamente recente al calendario delle feste di Siracusa, questo festival di musica elettronica si svolge dal 2014. Ha luogo sull'isola di Ortigia e presenta performance di artisti internazionali e locali di musica elettronica, DJ set in diversi punti dell'isola, installazioni artistiche e progetti multimediali, feste in spiaggia durante il giorno e concerti notturni.

Ortigia Film Festival

Luglio

Questo festival annuale del cinema indipendente, fondato nel 2009, si tiene nel centro storico di Ortigia. Presenta film indipendenti italiani ed internazionali, concorsi di cortometraggi e proiezioni all'aperto in luoghi pittoreschi.

Festa della Madonna delle Lacrime

Dal 29 agosto al 1 settembre

La Festa della Madonna delle Lacrime si tiene ogni anno a Siracusa dal 29 agosto al 1 settembre, commemorando un evento miracoloso del 1953 quando un'immagine in gesso della Vergine Maria si dice che abbia pianto lacrime. Questo evento toccò profondamente i fedeli e portò alla costruzione del Santuario della Madonna delle Lacrime, una grande basilica che ora ospita la statua.

La celebrazione include messe, una processione con candele per le strade e fuochi d'artificio, attirando pellegrini e visitatori da tutta la Sicilia e oltre. Questa festività è una riflessione commovente della devozione della comunità locale alla Vergine Maria e dell'impatto duraturo di questo evento miracoloso.

Caravaggio in Sicily

Michelangelo Merisi da Caravaggio, one of the most renowned Baroque painters, fled to Syracuse in 1608 after escaping from prison in Malta, where he had been detained following a violent altercation. In Syracuse, he found refuge under the protection of local nobility, who recognized his extraordinary talent despite his troubled past.

During his stay, Caravaggio painted several notable works, including the "Burial of Saint Lucy" for the Basilica of Santa Lucia. This masterpiece, characterized by his signature dramatic use of light and shadow (chiaroscuro), captures the martyrdom of Saint Lucy with poignant realism and emotional intensity.

While originally housed in the basilica, the painting was later moved to the Church of Santa Lucia al Sepolcro, where it remains today (featured in the Day 2 tour).

Caravaggio's time in Syracuse was a pivotal moment in his life and career. It was part of his larger flight across Sicily as he sought sanctuary from his legal troubles, which had escalated following his conviction for murder in Rome. This turbulent period saw the creation of some of his most profoundly spiritual and emotionally charged works, reflecting both his artistic brilliance and the desperation of a man on the run.

His stay in Syracuse exemplifies how his personal struggles deeply influenced his art, infusing it with a raw power that continues to captivate audiences centuries later.

Caravaggio in Sicilia

Michelangelo Merisi da Caravaggio, uno dei pittori più rinomati del Barocco, fuggì a Siracusa nel 1608 dopo essere evaso da una prigione a Malta, dove era stato detenuto a seguito di una violenta rissa. A Siracusa, trovò rifugio sotto la protezione della nobiltà locale, che riconobbe il suo straordinario talento nonostante il suo passato turbolento.

Durante il suo soggiorno, Caravaggio dipinse diverse opere notevoli, tra cui il "Seppellimento di Santa Lucia" per la Basilica di Santa Lucia. Questo capolavoro, caratterizzato dal suo distintivo utilizzo sensazionale della luce e delle ombre (chiaroscuro), cattura il martirio di Santa Lucia con un realismo struggente ed un'intensità emotiva.

Originariamente ospitato nella basilica, il dipinto fu successivamente trasferito nella Chiesa di Santa Lucia al Sepolcro, dove si trova ancora oggi (incluso nel giro del Giorno 2).

Il periodo di Caravaggio a Siracusa rappresentò un momento cruciale della sua vita e carriera. Fu parte della sua più ampia fuga attraverso la Sicilia, mentre cercava rifugio dai suoi problemi legali, che erano aumentati dopo la sua condanna per omicidio a Roma. Questo periodo turbolento vide la creazione di alcune delle sue opere più profondamente spirituali e cariche di emozione, riflettendo sia la sua genialità artistica che la disperazione di un uomo in fuga.

Il suo soggiorno a Siracusa esemplifica come le sue difficoltà personali influenzarono profondamente la sua arte, infondendola con una potenza cruda che continua a catturare il pubblico secoli dopo.

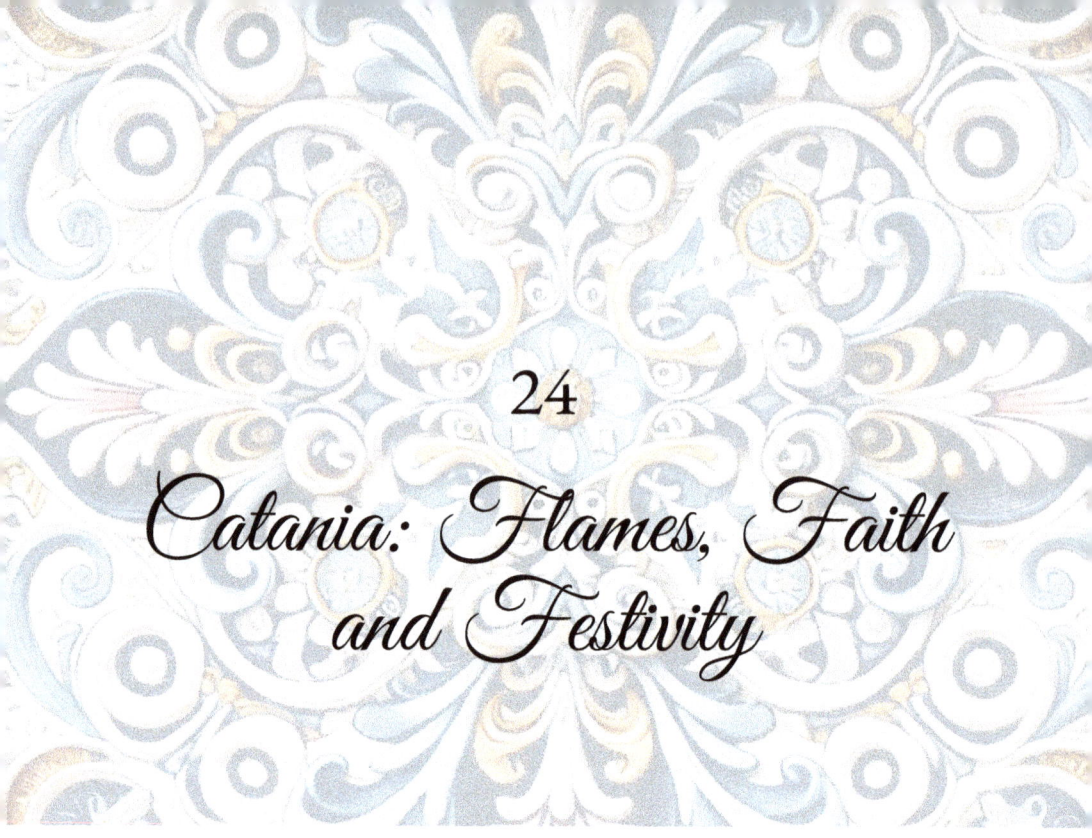

24
Catania: Flames, Faith and Festivity

La Festa di Sant'Agata

Where: Catania

When: February 3-5

Event Website: https://santagatacatania.it/en/

Average Festival Temperatures: High: 17 °C (63 °F). Low: 8°C (46°F).

Discovering Resilient Catania: City in the Shadow of Etna

Rising from the ashes of devastating earthquakes and volcanic eruptions, Catania stands as a testament to human resilience and creativity. Sicily's second-largest city, with its striking baroque architecture carved from dark volcanic stone, presents a dramatic contrast against the backdrop of Mount Etna, Europe's most active volcano.

Catania: Fiamme, Fede e Festività. La Tradizione della Festa di Sant'Agata

La Festa di Sant'Agata

Dove: Catania

Quando: dal 3 al 5 febbraio

Sito Web dell'Evento: https://santagatacatania.it/en/

Temperature Medie durante la Festa: Massima: 17 °C (63°F). Minima: 8°C (46°F).

Scoprire la Catania Resiliente: Una città all'ombra dell'Etna

Sorgendo dalle ceneri di devastanti terremoti ed eruzioni vulcaniche, Catania si erge come una testimonianza della resilienza e della creatività umane. La seconda città più grande della Sicilia, con la sua suggestiva architettura barocca scolpita nella pietra lavica scura, crea un contrasto scenografico con lo sfondo del Monte Etna, il vulcano più attivo d'Europa.

Monte Etna

This vibrant metropolis, where ancient ruins coexist with bustling markets and innovative industries, offers visitors a dynamic blend of historical grandeur, culinary delights, and the raw power of nature.

The history of Catania is one of repeated destruction and rebirth. Founded by Greek colonists in the 8th century BC, the city has been shaped by successive civilizations - Greek, Roman, Byzantine, Arab, Norman, and Spanish - each leaving its mark on the urban fabric. However, it was the catastrophic earthquake of 1693 that most profoundly transformed Catania. In its aftermath, the city was rebuilt in the Baroque style, using the abundant local black lava stone, creating the unique architectural character that defines Catania today. This rebirth earned the city its nickname "la città nera" (the black city) for its distinctive lava stone buildings, and exemplified the resilient spirit that has come to characterize Catania throughout its tumultuous history.

Catania occupies a strategic position on Sicily's eastern coast, nestled between the Ionian Sea and the imposing mass of Mount Etna. This location has been both a blessing and a curse - the fertile volcanic soil has supported rich agriculture, while periodic eruptions and earthquakes have posed constant threats.

The city of Catania has a population of approximately 300,000, with over 750,000 in its metropolitan area, making it the center of Sicily's most populous conurbation. The economy of Catania is diverse and dynamic, blending traditional industries with high-tech sectors. The city has earned the "European Silicon Valley" moniker for its growing IT and tech industry, hosted in the Etna Valley technology park. Traditional sectors such as agriculture, fishing, and food processing remain significant, while tourism, boosted by the city's rich cultural heritage and proximity to Mount Etna, plays an increasingly important role.

The Festival of Saint Agatha

Sicilians view the festival of Saint Agatha as a major celebration. She is additionally a patron saint for the Republic of San Marino and the island of Malta. People have celebrated her since her martyrdom on the 5th of February in 251 AD. As per Italian media, the St. Agatha festival is the world's third largest in attendance. It has been celebrated for centuries.

Questa vivace metropoli, dove antiche rovine coesistono con mercati animati ed industrie innovative, offre ai visitatori una combinazione dinamica di grandezza storica, prelibatezze culinarie e potenza grezza della natura.

La storia di Catania è fatta di distruzione e rinascita continue. Fondata dai coloni greci nell'VIII secolo a.C., la città è stata plasmata da successive civiltà - greca, romana, bizantina, araba, normanna e spagnola - ognuna lasciando il proprio segno sul tessuto urbano. Tuttavia, fu il devastante terremoto del 1693 a trasformare più profondamente Catania. Di seguito la città fu ricostruita in stile barocco, utilizzando l'abbondante pietra nera lavica locale, dando vita al carattere architettonico unico che definisce Catania oggi. Questa rinascita le valse il soprannome di "la città nera" per i suoi particolari edifici in pietra lavica, e rappresentò lo spirito resiliente che ha caratterizzato Catania lungo la sua tumultuosa storia.

Catania occupa una posizione strategica sulla costa orientale della Sicilia, situata tra il Mar Ionio e l'imponente massa del Monte Etna. Questa posizione è stata sia una benedizione che una maledizione: il fertile terreno vulcanico ha favorito una ricca agricoltura, mentre le eruzioni periodiche e i terremoti hanno rappresentato minacce costanti.

La città di Catania ha una popolazione di circa 300.000 abitanti, con oltre 750.000 nella sua area metropolitana, rendendola il centro di conurbazione più popoloso della Sicilia. L'economia di Catania è diversificata e dinamica, combinando industrie tradizionali con settori ad alta tecnologia. La città si è guadagnata il soprannome di "Silicon Valley Europea" per la sua industria tecnologica e IT in crescita, ospitata nel parco tecnologico della Valle dell'Etna. I settori tradizionali come l'agricoltura, la pesca e la lavorazione alimentare rimangono significativi, mentre il turismo, potenziato dal ricco patrimonio culturale della città e dalla vicinanza al Monte Etna, gioca un ruolo sempre più importante.

La Festa di Sant'Agata

I siciliani considerano la festa di Sant'Agata una celebrazione importante. È anche la santa patrona della Repubblica di San Marino e dell'isola di Malta. Le persone l'hanno celebrata fin dal suo martirio il 5 febbraio del 251 d.C. Secondo i media italiani, la festa di Sant'Agata è la terza più grande al mondo per affluenza. Viene celebrata da secoli.

Who is St. Agatha?

Saint Agatha was a 3rd-century Christian martyr from Catania, Sicily. Historical records confirm her existence and veneration, though many details of her life are based on legend.

According to tradition, Agatha was a beautiful noblewoman who dedicated herself to Christianity. Quintianus, the Roman consul in Sicily, sought to marry her and force her to renounce her faith. When Agatha refused, Quintianus had her imprisoned and tortured. Despite severe physical abuse, including the mutilation of her breasts, Agatha remained steadfast in her beliefs.

Legend tells that during her imprisonment, St. Peter appeared to Agatha in a vision, miraculously healing her wounds. This event, while not historically verified, is a significant part of her hagiography.

After further torture, including being rolled over hot coals, Agatha died in prison in 251 AD. Her death was said to be accompanied by an earthquake, which some interpreted as divine judgment against her persecutors.

Chi è Sant'Agata?

Sant'Agata era una martire cristiana del III secolo originaria di Catania, Sicilia. I documenti storici confermano la sua esistenza e venerazione, anche se molti dettagli della sua vita sono basati su leggende.

Secondo la tradizione, Agata era una bellissima nobildonna che si dedicò al cristianesimo. Quinziano, il console romano in Sicilia, cercò di sposarla e costringerla ad abbandonare la sua fede. Quando Agata rifiutò, Quinziano la fece imprigionare e torturare. Nonostante le gravi torture fisiche, tra cui la mutilazione dei suoi seni, Agata rimase ferma nella sua fede.

La leggenda narra che durante la sua prigionia, San Pietro apparve ad Agata in una visione, guarendo miracolosamente le sue ferite. Questo evento, pur non essendo storicamente verificato, è una parte significativa della sua agiografia. Dopo ulteriori torture, tra le quali essere fatta rotolare su carboni ardenti, Agata morì in prigione nel 251 d.C. Si dice che la sua morte fosse stata accompagnata da un terremoto, che alcuni interpretarono come un giudizio divino contro i suoi persecutori.

Dopo la sua morte, la tomba di Agata divenne un luogo di pellegrinaggio. Circolava una storia secondo la quale dei misteriosi giovani posero una lastra di marmo sulla sua tomba, incisa con parole che onoravano la sua fedeltà ed il suo patriottismo.

Cattedrale di Sant'Agata dall'alto

Throughout history, many miracles have been attributed to Saint Agatha's intercession. She remains an important figure in Christian tradition, particularly venerated in Catania and other parts of Sicily.

The Festival of Saint Agatha

Taking place from the 3rd to the 5th of February every year, the event can incorporate upwards of one million people, comprising locals, devotees, and tourists. Years after the death of Saint Agatha, Mount Etna threatened Catania with a violent eruption. To stop the lava from advancing, the inhabitants used the white veil that was placed over Agatha's tomb. A miracle took place. On the 5th of February, the anniversary of her martyrdom, the veil turned red and halted the eruption. The citizens annually adorn it with lights in commemoration of this triumphant event.

February 3

The celebration starts with a ceremonial opening of the gate in the Cathedral, and removal of the statue and relics of Saint Agatha. The atmosphere as the saint is prepared for the festivities is electric. Government, schools, and businesses close from February 3rd through the 6th. The pinnacle of Catania's yearly events. The church overflows with locals who wave white fabric known as "cannamuni" or "cannemi," large white handkerchiefs or cloths, often embroidered with images related to Saint Agatha or religious motifs.

The waving of these handkerchiefs holds symbolic significance. The white color symbolizes purity and devotion to Saint Agatha. Waving these towels is believed to call upon Saint Agatha's protection and blessing in the city and its people. The waving of cannamuni is a crucial element of the rituals and ceremonies during the Feast of Saint Agatha, adding to the solemnity and fervor of the religious celebrations in Catania.

Procession of the Candelore

The festivities begin on February 3rd with the Procession of the Candelore, eleven large, gilded candles symbolizing the various trades of Catania. Each Candelora is a tall, beautifully decorated wooden structure, often adorned with flowers, ribbons, and lights, standing several meters high and weighing several hundred kilograms. These Candelore represent the different guilds or trades of the town, with each guild traditionally having its own Candelora.

Nel corso della storia, molti miracoli sono stati attribuiti all'intercessione di Santa Agata. Rimane una figura importante nella tradizione cristiana, particolarmente venerata a Catania ed in altre parti della Sicilia.

La Festa di Sant'Agata

La festa si svolge ogni anno dal 3 al 5 febbraio e può coinvolgere fino ad un milione di persone, comprendendo residenti, devoti e turisti. Anni dopo la morte di Santa Agata, il Monte Etna minacciò Catania con una violenta eruzione. Per fermare l'avanzamento della lava, gli abitanti utilizzarono il velo bianco che era stato posto sulla tomba di Agata. Si verificò un miracolo. Il 5 febbraio, anniversario del suo martirio, il velo divenne rosso e fermò l'eruzione. Ogni anno i cittadini lo decorano con luci in commemorazione di questo evento trionfante.

3 febbraio

La celebrazione inizia con l'apertura cerimoniale della porta nella Cattedrale e la rimozione della statua e delle reliquie di Sant'Agata. L'atmosfera, mentre la santa viene preparata per le festività, è elettrica. L'amministrazione, le scuole e le attività commerciali chiudono dal 3 al 6 febbraio. Il momento culminante degli eventi annuali di Catania. La chiesa trabocca di locali che sventolano tessuti bianchi noti come "cannamuni" o "cannemi", grandi fazzoletti o pezzi di stoffa bianchi, spesso ricamati con immagini legate a Sant'Agata o motivi religiosi.

Il gesto di sventolare questi fazzoletti ha un significato simbolico. Il colore bianco simboleggia la purezza e la devozione a Sant'Agata. Si crede che sventolare questi fazzoletti invochi la protezione e la benedizione di Sant'Agata sulla città e sui suoi abitanti. Il gesto di sventolare i cannamuni è un elemento cruciale dei rituali e delle cerimonie durante la Festa di Sant'Agata, che aggiunge solennità e fervore alle celebrazioni religiose di Catania.

Processione delle Candelore

Le festività iniziano il 3 febbraio con la Processione delle Candelore, undici grandi candele dorate che simboleggiano i vari mestieri di Catania. Ogni Candelora è una struttura di legno alta e splendidamente decorata, spesso adornata con fiori, nastri e luci, che può raggiungere diversi metri di altezza e pesare diverse centinaia di chilogrammi. Queste Candelore rappresentano le diverse corporazioni o mestieri della città, con ciascuna corporazione tradizionalmente associata alla propria Candelora.

Una Candelore

The procession, accompanied by local leaders, civil and military authorities, as well as townspeople, moves through the streets to Piazza Duomo, where the Processione della Cera begins. This is the offering of candles to Saint Agatha, starting at Piazza Stesicoro and ending at the Cathedral of Sant'Agata.

During the procession, powerful men known as "Candelori" carry the Candelore, performing coordinated movements to maneuver these heavy structures through the streets. Music, cheers, and prayers accompany them, adding to the excitement and fervor of the event. The day concludes with a grand fireworks display in Piazza Duomo, an integral and highly anticipated part of the celebration.

La processione, accompagnata dai capi locali, dalle autorità civili e militari, nonché dalla gente del posto, si snoda per le strade fino a Piazza Duomo, dove inizia la Processione della Cera. Questa è l'offerta di candele a Sant'Agata, che parte da Piazza Stesicoro e termina alla Cattedrale di Sant'Agata.

Durante la processione, uomini forti noti come "Candelori" portano le Candelore, eseguendo movimenti coordinati per manovrare queste pesanti strutture tra le strade. La musica, i cori di incitamento e le preghiere li accompagnano, aumentando l'emozione ed il fervore dell'evento. La giornata si conclude con un grande spettacolo di fuochi d'artificio in Piazza Duomo, una parte integrante e molto attesa della celebrazione.

Le Candelore in Processione

February 4

The second day of the Festa di Sant'Agata begins with the Aurora Mass at dawn, held in the Cathedral of Catania. After the Mass, the dramatic exit of the statue of Saint Agatha takes place, a moment filled with anticipation and emotion. The statue is carried on the fercolo, a large, intricately decorated silver carriage adorned with beautiful metalwork and flowers, which holds the saint's relics.

The procession is led by hundreds of "devoti," followers dressed in traditional white tunics ('u saccu) and black caps. Carrying the fercolo is a physically demanding task due to its weight and the long duration of the march, as it continues through the streets of Catania from early morning until late at night.

The devoti and other participants follow the statue with large candles, chanting and shouting, "All devout, all citizens, long live Sant'Agata!" as a sign of their devotion.

Sant'Agata during the procession

4 febbraio

Il secondo giorno della Festa di Sant'Agata inizia con la Messa dell'Aurora all'alba, celebrata nella Cattedrale di Catania. Dopo la Messa, ha luogo l'emozionante uscita della statua di Sant'Agata, un momento carico di attesa e commozione. La statua viene trasportata sul fercolo, un grande carro d'argento finemente decorato con metallo lavorato e fiori, che contiene le reliquie della santa.

Busto di Sant'Agata

La processione è guidata da centinaia di "devoti", seguaci vestiti con tuniche bianche tradizionali ('u saccu) e cappelli neri. Portare il fercolo è un compito fisicamente impegnativo a causa del suo peso e della lunga durata della marcia, che continua per le strade di Catania dalla mattina presto fino a tarda notte.

I devoti e gli altri partecipanti seguono la statua con grandi candele, intonando e gridando, "Tutti devoti, tutti cittadini, lunga vita a Sant'Agata!" come segno della loro devozione.

As the procession winds through the Baroque streets, it passes key sites related to Saint Agatha's life, including locations connected to her imprisonment, torture, and eventual martyrdom. These pauses are marked by special prayers and blessings, allowing moments of reflection amidst the celebratory atmosphere.

Key moments include a stop at Piazza Borgo, where a fireworks display lights up the sky, and the exhilarating cchianata de' Cappuccini at Via Sangiuliano, where the statue is pulled uphill in a symbolic display of strength and devotion. This rush, filled with cheers and the waving of handkerchiefs, leads to Piazza San Domenico before the procession continues into the night.

The event concludes late at night with the fercolo's return to the Cathedral, closing the second day of this deeply spiritual and grand celebration.

February 5th and 6th

On February 5th, the third day of the Festa di Sant'Agata, the grand celebration continues with one of the most exciting and highly anticipated events of the festival: the long procession through the heart of Catania, beginning in the morning. The statue of Saint Agatha, carried on the fercolo, travels along Via Etnea, passing significant landmarks in the city, including Piazza Università, Piazza Stesicoro, and Villa Bellini.

One of the emotional highlights of this day is the cchianata di San Giuliano, where devotees pull the heavy silver fercolo uphill at a run along the steep Via Sangiuliano, symbolizing their intense devotion and strength.

Thousands of onlookers line the streets, cheering and waving handkerchiefs in support of the participants. The procession continues late into the night, eventually reaching Piazza Cavour, where a sense of anticipation builds as the celebration approaches its final hours.

As the early morning of February 6th nears, the most awaited moment arrives: the return of the statue to the Cathedral. This moment is never precisely timed, adding to the excitement and anxious anticipation as thousands of followers await the statue's return.

Throughout the night, the façade of the Cathedral of Catania is beautifully illuminated with a stunning light projection, while fireworks fill the sky above Piazza Duomo, creating a spectacular grand finale to the third day of celebrations.

Mentre la processione si snoda attraverso le strade barocche, passa per luoghi chiave legati alla vita di Sant'Agata, inclusi i siti connessi al suo imprigionamento, tortura e martirio finale. Questi momenti sono segnati da preghiere e benedizioni speciali, che offrono occasioni di riflessione in mezzo all'atmosfera festosa.

Momenti significativi includono una sosta a Piazza Borgo, dove uno spettacolo pirotecnico illumina il cielo, e l'esilarante cchianata de' Cappuccini in Via Sangiuliano, dove la statua viene tirata in salita in una simbolica dimostrazione di forza e devozione. Questa corsa, accompagnata dagli applausi e dallo sventolio di fazzoletti, porta a Piazza San Domenico prima che la processione continui fino a notte fonda.

L'evento si conclude a tarda notte con il ritorno del fercolo alla Cattedrale, chiudendo il secondo giorno di questa grandiosa e profondamente spirituale celebrazione.

5 e 6 febbraio

Il 5 febbraio, il terzo giorno della Festa di Sant'Agata, la grande celebrazione continua con uno degli eventi più emozionanti ed attesi della festa: la lunga processione nel cuore di Catania, che inizia di mattina. La statua di Sant'Agata, portata sul fercolo, percorre Via Etnea, passando per luoghi significativi della città, tra cui Piazza Università, Piazza Stesicoro e Villa Bellini.

Uno dei momenti più emozionanti di questa giornata è la cchianata di San Giuliano, dove i devoti tirano il pesante fercolo d'argento in salita, correndo lungo la ripida Via Sangiuliano, simboleggiando la loro intensa devozione e forza.

Migliaia di spettatori affollano le strade, applaudendo e sventolando fazzoletti a sostegno dei partecipanti. La processione continua fino a tarda notte, arrivando infine a Piazza Cavour, dove cresce la sensazione di attesa mentre la celebrazione si avvicina alle sue ultime ore.

Quando si avvicina la mattina del 6 febbraio, arriva il momento più atteso: il ritorno della statua alla Cattedrale. Questo momento non è mai pianificato con precisione, aumentando l'emozione e l'attesa impaziente mentre migliaia di fedeli aspettano il ritorno della statua.

Durante tutta la notte, la facciata della Cattedrale di Catania è magnificamente illuminata con una straordinaria proiezione di luci, mentre i fuochi d'artificio riempiono il cielo sopra Piazza Duomo, creando uno spettacolare gran finale per il terzo giorno delle celebrazioni.

Special Festival Foods
The Minni, the Olivette, Le Crespelle, and the Polpette di Cavallo

The Festival of Sant'Agata in Catania is one of the oldest and most deeply rooted celebrations in Sicily, and its long history is reflected in the abundance of festival foods associated with it. Over centuries, these foods have become a way to honor the saint while showcasing Catania's rich culinary heritage.

Minni di Sant'Agata

The first food that is a tradition of this annual festival is called the Minni di Sant'Agata which means Saint Agatha's breasts. Don't blame the messenger! These are to remind us of the miracle in which St. Peter restored her breasts after her torturers had cut them off.

A traditional sweet and specialty in Catania, this shortbread pastry cup is filled with fresh sweetened ricotta cheese, and often seasoned with orange zest or candied orange, and covered with white icing. There is a pink version filled with pastry cream, always with a cherry on top.

Minni di Sant'Agata

Olivette di Sant'Agata

The Olivette di Sant'Agata: small almond pastries that pay tribute to the olive tree that miraculously sustained Saint Agatha. The bakers primarily use almond paste (marzipan) to make these pastries, shaping them into small olive-like forms and then coating them in green sugar. They are often prepared at home, sold in bakeries, and shared with family and friends during the celebration.

Le Crespelle

You'll find crespelle con la ricotta—dough balls fried golden brown and filled with creamy ricotta cheese – at street vendors along the parade route.

Polpette di Cavallo

Food vendors along the route sell polpette di cavallo: large meatballs that seem more like a small hamburgers and are made from horse meat. Americans may find it strange to eat horse meat, but it is more common, even as carpaccio (raw), in Italy. No, my husband and I have not built up the courage to try them.

Cibi Tipici della Festa
I Minni, le Olivette, le Crespelle e le Polpette di Cavallo

La Festa di Sant'Agata a Catania è una delle celebrazioni più antiche e profondamente radicate in Sicilia, e la sua lunga storia si riflette nell'abbondanza di cibi tradizionali legati alla festività. Nel corso dei secoli, questi piatti sono diventati un modo per onorare la santa e per mettere in mostra il ricco patrimonio culinario di Catania.

Minni di Sant'Agata

Il primo piatto tradizionale di questa festa annuale sono le Minni di Sant'Agata, che significa "i seni di Sant'Agata". Non incolpate il messaggero! Questi dolci richiamano il miracolo in cui San Pietro restituì a Sant'Agata il suo seno dopo che i suoi torturatori glielo avevano tagliato.Un dolce tradizionale ed una specialità di Catania, questa coppa di pasta frolla è ripiena di fresca ricotta dolcificata e spesso aromatizzata con scorza d'arancia o arancia candita, e ricoperta di glassa bianca. Esiste una versione rosa ripiena di crema pasticcera, sempre con una ciliegia sopra.

Olivette di Sant'Agata

Le Olivette di Sant'Agata: piccole paste di mandorle che rendono omaggio all'olivo che miracolosamente sostenne Santa Agata. I pasticceri usano principalmente la pasta di mandorle (marzapane) per preparare queste dolcezze, modellandole in piccole forme simili ad olive e poi ricoprendole con zucchero verde. Vengono spesso preparate a casa, vendute nelle panetterie e condivise con familiari e amici durante la celebrazione.

Olivette di Sant'Agata

Le Crespelle

Troverete le crespelle con la ricotta, palline di pasta fritta dorata e ripiena di ricotta cremosa, presso i venditori ambulanti lungo il percorso della parata.

Polpette di Cavallo

I venditori di cibo lungo il percorso offrono le polpette di cavallo: grandi polpette che sembrano più come piccoli hamburger, fatte di carne di cavallo. Gli americani potrebbero trovare strano mangiare la carne di cavallo, ma in Italia è più comune, anche come carpaccio (cruda). No, io e mio marito non abbiamo ancora trovato il coraggio di provarle!

Catania Festivals and Sagre Throughout the Year

One Day Music Festival

May 1, 2024

One Day Music Festival is one of Sicily's most popular music events, held annually on La Playa Beach in Catania. The festival is known for its mix of electronic, rap, and alternative music, drawing both local and international artists. The all-day event runs from morning until evening, providing festival-goers with a full day of music and beach fun. Since its founding in 2009, the festival has grown steadily, attracting more than 20,000 participants in recent years.

Beer Catania Spring

Late May

The Beer Catania Spring festival is a celebration of craft beer, held annually in late May. It brings together beer enthusiasts and features around 20 Sicilian and Italian craft beer producers. The festival is set in the scenic cloisters of Istituto Ardizzone Gioeni, near the top of Via Etnea. The event also includes street food stalls, live music performances, and workshops, making it a lively cultural gathering. It's a chance to taste locally brewed beers while enjoying Catania's vibrant atmosphere.

Etna Comics

June 6-9, 2024

Etna Comics is the largest comic and pop culture festival in southern Italy, attracting tens of thousands of visitors each year. Held at the Le Ciminiere Trade Fair Centre, this vibrant event offers something for fans of comics, games, TV series, cinema, music, and more. It's an immersive experience featuring special guests, workshops, concerts, and exhibitions, making it a must-attend for pop culture enthusiasts. The festival has grown exponentially since its inception in 2009, and it's now a major cultural event in Sicily. The schedule typically runs from morning until late evening, with a bustling atmosphere throughout the four-day event.

Feste e Sagre a Catania Durante l'Anno

One Day Music Festival

1 maggio

Il One Day Music Festival è uno degli eventi musicali più amati della Sicilia, che si svolge ogni anno su La Playa Beach a Catania. Conosciuto per la sua combinazione di musica elettronica, rap ed alternativa, il festival attira sia artisti locali che internazionali. L'evento dura dalla mattina fino alla sera, offrendo ai partecipanti una giornata intera di musica e divertimento in spiaggia. Dalla sua fondazione nel 2009, il festival è cresciuto rapidamente, attirando più di 20.000 partecipanti negli ultimi anni.

Beer Catania Spring

Fine maggio

Il Beer Catania Spring festival è una celebrazione della birra artigianale, che si svolge ogni anno alla fine di maggio. Unisce gli amanti della birra e presenta circa 20 produttori di birra artigianale siciliani ed italiani. Il festival si tiene nei suggestivi chiostri dell'Istituto Ardizzone Gioeni, vicino alla sommità di Via Etnea. L'evento include anche stand gastronomici, concerti dal vivo e laboratori, rendendolo un vivace incontro culturale. E' un'opportunità per assaggiare le birre prodotte localmente mentre si gode dell'atmosfera dinamica di Catania.

Etna Comics

6-9 giugno 2024

Etna Comics è il più grande festival di fumetti e cultura pop del sud Italia, che attira decine di migliaia di appassionati ogni anno. Questo entusiasmante evento si svolge al Centro Fieristico Le Ciminiere ed offre di tutto per gli appassionati di fumetti, giochi, serie TV, cinema, musica e molto altro. È un'esperienza immersiva con ospiti speciali, laboratori, concerti ed esposizioni, rendendolo un evento imperdibile per gli appassionati di cultura pop. Il festival è cresciuto esponenzialmente dalla sua fondazione nel 2009, ed ora è un evento culturale di rilievo in Sicilia. Il programma di solito dura dalla mattina fino a tarda sera, con un'atmosfera frenetica in tutti e quattro i giorni.

Catania Summer Festival

June to September

The Catania Summer Festival is a series of cultural events held throughout the summer in various historic locations across the city. From June to September, you can experience concerts, theater performances, and dance shows set against the backdrop of Catania's iconic landmarks, such as the Villa Bellini and Castello Ursino. The festival showcases both local and international talent, transforming the city into a hub of artistic activity and offering something for every cultural taste.

Marranzano World Fest (Folk Music Festival)

June

The Marranzano World Fest in Catania is a unique celebration of the harp, known locally as the marranzano. This annual festival, typically held in September, brings together musicians, artisans, and enthusiasts from around the world to honor this small yet versatile instrument.

The marranzano, deeply rooted in Sicilian folk tradition, takes center stage in a series of concerts, workshops, and exhibitions. Visitors can experience performances ranging from traditional Sicilian folk music to contemporary experimental sounds, all featuring the distinctive twang of the jew's harp.

Catania Summer Festival

Giugno - Settembre

Il Catania Summer Festival è una serie di eventi culturali che si svolgono durante tutta l'estate in vari luoghi storici della città. Da giugno a settembre, si possono vivere concerti, spettacoli teatrali e danze ambientati sullo sfondo di celebri monumenti di Catania, come Villa Bellini e Castello Ursino. Il festival mette in luce sia talenti locali che internazionali, trasformando la città in un centro di attività artistica ed offrendo qualcosa per ogni gusto culturale.

Marranzano World Fest (Festival di Musica Popolare)

Giugno

Il Marranzano World Fest di Catania è una celebrazione unica dell'arpa, conosciuta localmente come marranzano. Questo festival annuale, solitamente organizzato a settembre, riunisce musicisti, artigiani e appassionati provenienti da tutto il mondo per onorare questo piccolo ma versatile strumento.

Il marranzano, profondamente radicato nella tradizione popolare siciliana, è il protagonista di una serie di concerti, laboratori ed esposizioni. I visitatori possono assistere a spettacoli che vanno dalla musica popolare siciliana tradizionale a suoni sperimentali contemporanei, tutti caratterizzati dal tipico suono dell'arpa ebraica.

Spring Celebrations
Celebrazioni Primaverili

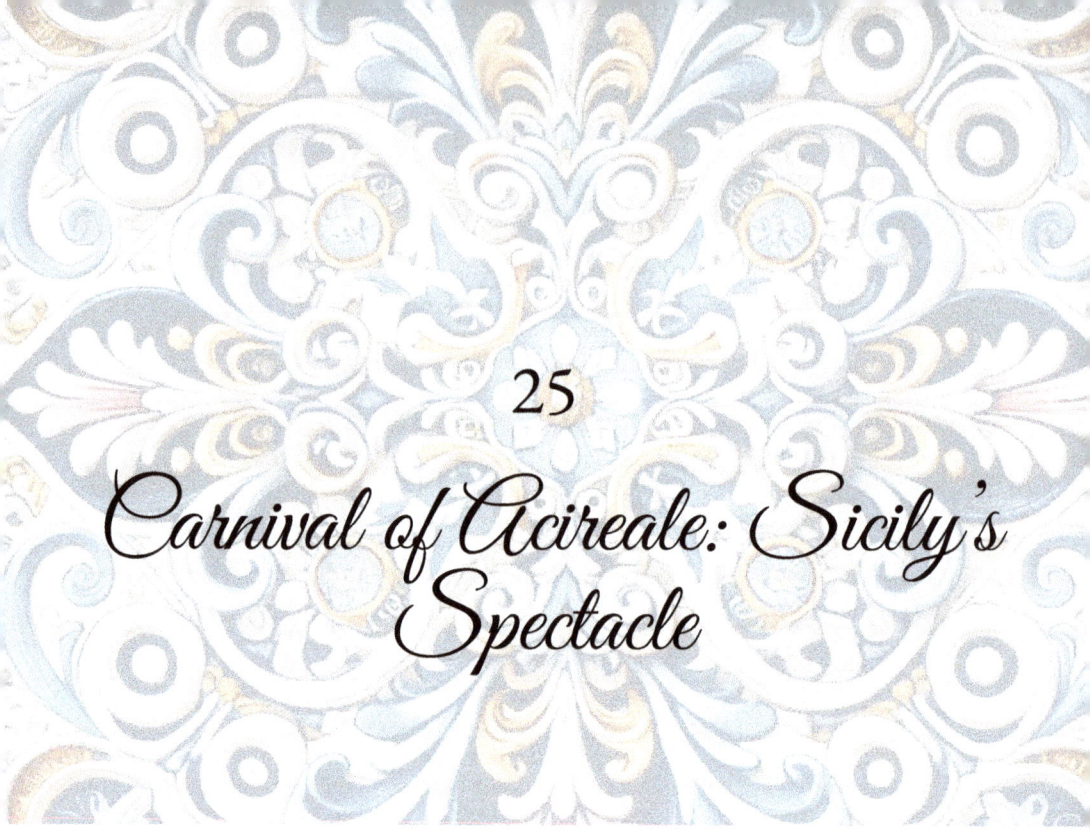

25

Carnival of Acireale: Sicily's Spectacle

Carnivale Acireale

Where: Acireale

When: March (date varies by year calculated as 40+ days before Easter)

Event Website: https://www.carnevaleacireale.eu/en

Average Festival Temperatures: High: 14°C (57°F). Low: 7°C (44°F).

Discovering Acireale: Baroque Jewel of the Ionian Coast

Perched on a series of lava terraces overlooking the Ionian Sea, Acireale stands as a testament to Sicilian resilience and artistic splendor. This elegant town, renowned for its ornate baroque architecture and vibrant Carnival celebrations, offers visitors a captivating blend of natural beauty, historical richness, and lively Sicilian culture. Nestled between the azure waters of the Mediterranean and the looming presence of Mount Etna, Acireale invites exploration of its lavish churches, bustling piazzas, and the fascinating legends that have shaped its identity.

Carnevale di Acireale: Lo Spettacolo della Sicilia

Carnevale di Acireale

Dove: Acireale

Quando: Febbraio / Marzo (la data varia ogni anno, circa 40 giorni prima di Pasqua).

Sito dell'evento: https://www.carnevaleacireale.eu/it

Temperature medie durante la festa: Massima: 14°C (57°F). Minima: 7°C (44°F).

Scoprire Acireale: Gioiello Barocco della Costa Ionica

Adagiata su una serie di terrazze laviche che si affacciano sul Mar Ionio, Acireale rappresenta un simbolo della resilienza siciliana e della sua splendida arte. Questa elegante cittadina, famosa per la sua architettura barocca ornamentale e le vivaci celebrazioni del carnevale, offre ai visitatori un insieme affascinante di bellezze naturali, ricchezza storica ed un'animata cultura siciliana. Situata tra le acque azzurre del Mediterraneo e la maestosa presenza del Monte Etna, Acireale invita ad esplorare le sue chiese sontuose, le piazze animate e le leggende affascinanti che hanno forgiato la sua identità.

Cattedrale di Acireale

The history of Acireale is steeped in myth and marked by natural calamities that have repeatedly reshaped the town. According to legend, the area was originally settled by Xiphonia, a nymph who fled the cyclops Polyphemus. The town's name derives from Aci, a mythical shepherd turned river-god, whose tales are interwoven with the local landscape.

The modern town, however, began to take shape in the 14th century, growing around the Basilica of Saints Peter and Paul. Acireale's defining moment came in the aftermath of the catastrophic 1693 earthquake, which devastated much of eastern Sicily. In the rebuilding that followed, the town emerged as a showcase of Sicilian Baroque architecture, with grand churches and palazzi rising from the ruins, crafted from the dark volcanic stone that gives Acireale its distinctive appearance.

Acireale occupies a stunning position on Sicily's eastern coast, about 16 kilometers north of Catania. The town is built on a plateau of lava rock, formed by ancient flows from Mount Etna, which looms majestically to the west. This elevation, rising about 161 meters above sea level, provides Acireale with breathtaking views of the Ionian Sea and the rugged coastline known as the Riviera dei Ciclopi.

The surrounding area is characterized by citrus groves, benefiting from the fertile volcanic soil, and dramatic geological features such as the Timpa, a steep volcanic cliff that separates the town from the sea.

Acireale has a population of approximately 50,000 residents, making it one of the larger towns in the Province of Catania.

Carnivale of Acireale

The Carnival of Acireale, also known as Carnevale di Acireale, is one of Italy's most famous pre-Lenten celebrations, transforming the baroque town into a vibrant spectacle of art, culture, and festivities. Near Catania on the eastern coast of Sicily, Acireale's carnival dates back to the 16th century.

La storia di Acireale è intrisa di miti e segnata da calamità naturali che hanno ripetutamente ridisegnato la città. Secondo la leggenda, l'area fu inizialmente abitata da Xiphonia, una ninfa che fuggiva dal ciclope Polifemo. Il nome della città deriva da Aci, un mitico pastore trasformato in dio-fiume, le cui storie sono intrecciate con il paesaggio locale.

La città moderna, tuttavia, cominciò a prendere forma nel XIV secolo, sviluppandosi attorno alla Basilica dei Santi Pietro e Paolo. Il momento decisivo per Acireale arrivò dopo il devastante terremoto del 1693, che distrusse gran parte della Sicilia orientale. Nella ricostruzione che seguì, la città emerse come esempio di architettura barocca siciliana, con grandiose chiese e palazzi che sorsero dalle rovine, realizzati con la pietra lavica scura che conferisce ad Acireale il suo aspetto distintivo.

Acireale occupa una posizione spettacolare sulla costa orientale della Sicilia, a circa 16 chilometri a nord di Catania. La città è costruita su un altopiano di roccia lavica, formato da antiche colate provenienti dal Monte Etna, che si erge maestosamente ad ovest. Questa altitudine, che si trova a circa 161 metri sopra il livello del mare, offre ad Acireale viste mozzafiato sul Mar Ionio e sulla costa frastagliata conosciuta come la Riviera dei Ciclopi.

Il territorio circostante è caratterizzato da coltivazioni di agrumi, che traggono beneficio dal fertile suolo vulcanico, e da spettacolari formazioni geologiche come la Timpa, una ripida scogliera vulcanica che separa la città dal mare.

Acireale ha una popolazione di circa 50.000 abitanti, rendendola una delle città più grandi della provincia di Catania.

Carnevale di Acireale

Il carnevale di Acireale è una delle celebrazioni pre-pasquali più famose d'Italia, che trasforma la città barocca in uno spettacolo vivace di arte, cultura e festività. Situato vicino a Catania, sulla costa orientale della Sicilia, il carnevale di Acireale risale al XVI secolo.

It began as a simple festivity with playful throwing of citrus fruits and eggs but has since evolved into one of the island's most important cultural events. The introduction of the Cassariata, parades of ornately decorated horse-drawn carriages in the 19th century, marked a pivotal moment in its history, laying the foundation for the elaborate floats seen today.

The Catholic Significance of Carnival

The name "Carnival" itself reveals its deep connection to the Catholic faith. The word comes from the Latin "carne" (meat) and "vale" (farewell), literally meaning "farewell to meat." Carnival marks the final indulgent days before Lent, the 40-day period of fasting and penitence leading up to Easter. During Lent, Catholics traditionally abstain from eating meat, reflecting a period of spiritual preparation, repentance, and simplicity. Carnival, therefore, represents a last chance for celebration and feasting before this solemn period begins.

The timing of Carnival is closely linked to the date of Easter, with festivities culminating on Martedì Grasso (Fat Tuesday), the day before Ash Wednesday, which marks the start of Lent. This celebratory period often begins as early as a month before, building in excitement and culminating in the vibrant parades and events leading up to Fat Tuesday.

Acireale's Carnival embraces this joyous tradition with its spectacular parades of allegorical and flower-covered floats, each a reflection of local artistry and satire. Carnival is not just about fun, it symbolizes the duality of life's pleasures and the reflection that follows during Lent. It blends historical religious significance with modern-day creativity, maintaining its role as both a cultural and spiritual event in Sicily.

The Festival Highlights

The festival runs for several weeks, culminating in the days before Martedì Grasso (Shrove Tuesday). Each day of the carnival brings a different set of spectacles, combining artistic expression, local culture, and community participation. Here's a breakdown of what visitors can expect throughout the festival:

Opening Weekend

The festivities begin with a grand opening parade, introducing the first set of Carri Allegorici Grotteschi, or allegorical floats.

Iniziò come una semplice festività caratterizzata dal lancio scherzoso di agrumi e uova, ma nel tempo si è evoluto in uno degli eventi culturali più importanti dell'isola. L'introduzione della Cassariata, le sfilate di carri trainati da cavalli adornati nel XIX secolo, segnò un momento cruciale nella sua storia, gettando le basi per i carri allegorici elaborati che vediamo oggi.

Il Significato Cattolico del Carnevale

Il nome stesso "carnevale" rivela la sua profonda connessione con la fede cattolica. La parola deriva dal latino "carne" (carne) e "vale" (addio), che significa letteralmente "addio alla carne". Il carnevale segna gli ultimi giorni di indulgenza prima della Quaresima, il periodo di 40 giorni di digiuno e penitenza che precede la Pasqua. Durante la Quaresima, i cattolici tradizionalmente si astengono dal mangiare carne, rispecchiando un periodo di preparazione spirituale, pentimento e semplicità. Il carnevale, quindi, rappresenta un'ultima occasione di celebrazione e abbuffata prima che inizi questo periodo solenne.

La tempistica del carnevale è strettamente legata alla data di Pasqua, con i festeggiamenti che culminano il Martedì Grasso, il giorno prima del Mercoledì delle Ceneri, che segna l'inizio della Quaresima. Questo periodo di celebrazione spesso inizia anche un mese prima, accrescendo l'emozione e culminando nelle parate e negli eventi vivaci che precedono il Martedì Grasso.

Il carnevale di Acireale abbraccia questa tradizione gioiosa con le sue spettacolari sfilate di carri allegorici e fioriti, ognuno dei quali è un riflesso dell'arte e della satira locale. Il carnevale non è solo divertimento, simboleggia la dualità dei piaceri della vita e la riflessione che segue durante la Quaresima. Unisce il significato religioso storico con la creatività moderna, mantenendo il suo ruolo di evento sia culturale che spirituale in Sicilia.

I Momenti Salienti della Festa

La festa dura diverse settimane, culminando nei giorni precedenti al Martedì Grasso. Ogni giorno del carnevale offre uno spettacolo diverso, combinando espressione artistica, cultura locale e partecipazione della comunità. Ecco una panoramica di ciò che i visitatori possono aspettarsi durante la festa:

Weekend di Apertura

Le festività iniziano con una grande parata di apertura, che introduce la prima parte di Carri Allegorici Grotteschi.

These monumental creations, crafted by local artisans from papier-mâché, showcase satirical depictions of political and cultural figures. As the parade commences, the streets fill with excited spectators eager to see this year's designs.

The floats, some reaching heights of several stories, slowly make their way through the city. Each one presents a unique caricature, exaggerating the features and actions of well-known personalities. Politicians might be seen in comical poses; their policies lampooned through clever visual metaphors. Cultural icons and celebrities are transformed into larger-than-life figures, their public personas playfully distorted.

Float from the Carnival Parade

Many floats incorporate simple animatronics, bringing an element of movement to the sculptures. Heads might turn, arms wave, or mouths open and close in sync with recorded speeches or sound effects. These mechanical elements add to the overall spectacle, drawing laughs and cheers from the crowd.

The artistry is evident in the detailed paintwork and the skillful molding of the papier-mâché. Vibrant colors and intricate designs catch the eye, while the sheer scale of the floats impresses onlookers. As each new creation passes by, it provokes discussion, amusement, and sometimes heated debate among the spectators.

Queste monumentali creazioni, realizzate da artigiani locali in cartapesta, mostrano raffigurazioni satiriche di figure politiche e culturali. Man mano che la parata inizia, le strade si riempiono di spettatori entusiasti, ansiosi di vedere le creazioni di quest'anno.

I carri, alcuni dei quali raggiungono l'altezza di diversi piani, si fanno strada lentamente per la città. Ognuno presenta una caricatura unica, esagerando le caratteristiche e le azioni di personalità molto conosciute. I politici potrebbero essere visti in pose comiche; le loro politiche vengono derise attraverso astute metafore visive. Le icone culturali e le celebrità sono trasformate in figure giganti, con le loro personalità pubbliche giocosamente distorte.

Molti carri incorporano semplici automi, che aggiungono un elemento di movimento alle sculture. Le teste possono girare, le braccia agitarsi, o le bocche aprirsi e chiudersi in sincronia con discorsi registrati od effetti sonori. Questi elementi meccanici contribuiscono allo spettacolo complessivo, suscitando risate ed applausi dal pubblico.

Un caro aligorico

L'arte è evidente nella pittura dettagliata e nella lavorazione sapiente della cartapesta. I colori vivaci ed i disegni elaborati catturano l'attenzione, mentre la grandezza dei carri impressiona gli spettatori. Ogni nuova creazione che passa provoca discussioni, divertimento e, a volte, dibattiti accesi tra il pubblico.

This parade sets the tone for the Carnivale, showcasing the creativity, humor, and artistic skill of the local community. It's a celebration of satire and craftsmanship that brings the town together in a spirit of festivity and cultural expression.

Street performers, including jugglers, stilt-walkers, and musicians, flood the streets to entertain crowds, and food stalls offer delicious foods, as always!

Weekday Events

During the weekdays, smaller parades continue, and workshops for mask-making and float construction are available for visitors who wish to immerse themselves in the artistic process. Street musicians and theatrical performances are also common, creating an energetic and colorful atmosphere.

As evening falls, the atmosphere of the Carnivale transforms with the Sfilata dei Carri Infiorati, parades of flower-covered floats. These delicate floral masterpieces add a romantic and ethereal quality to the festivities as they wind through the lamp-lit streets of Acireale.

Evening Parade

Each float is a stunning display of natural beauty, covered entirely in a vibrant tapestry of flowers. Local artisans and florists work tirelessly to create intricate designs using a variety of blooms, from fragrant roses and carnations to delicate daisies and orchids. The floats depict various scenes and themes, often drawing inspiration from Sicilian folklore, nature, or classical art.

Questa parata imposta il tono per il carnevale, mostrando la creatività, l'umorismo e l'abilità artistica della comunità locale. È una celebrazione della satira e della maestria artigianale che unisce la città in uno spirito di festa ed espressione culturale.

Arte sulla strada

Artisti di strada, tra cui giocolieri, acrobati e musicisti, invadono le strade per intrattenere la folla, mentre le bancarelle offrono cibi deliziosi, come sempre!

Eventi durante la Settimana

Durante i giorni feriali continuano le parate più piccole e laboratori per la realizzazione di maschere e la costruzione di carri sono disponibili per i visitatori che desiderano immergersi nel processo artistico. Sono anche comuni musicisti di strada e spettacoli teatrali, che creano un'atmosfera energetica e colorata.

Quando cala la sera, l'atmosfera del carnevale si trasforma con la Sfilata dei Carri Infiorati, le parate di carri ricoperti di fiori. Queste delicate opere floreali aggiungono una caratteristica romantica ed eterea ai festeggiamenti che si snodano attraverso le strade illuminate di Acireale.

Ogni carro è una straordinaria esposizione di bellezza naturale, interamente ricoperta da un vivace mosaico di fiori. Artigiani locali e fioristi lavorano instancabilmente per creare disegni elaborati utilizzando una varietà di fiori, dalle rose profumate e i garofani alle delicate margherite e le orchidee. I carri raffigurano varie scene e temi, spesso ispirandosi al folklore siciliano, alla natura o all'arte classica.

As the parade begins, the sweet scent of thousands of flowers fills the air, mingling with the coolness of the evening breeze. The soft glow of street lamps illuminates the floats, creating a magical ambiance that captivates spectators. The petals seem to shimmer and dance in the gentle light, bringing the floral sculptures to life.

Music accompanies the procession, with traditional Sicilian melodies floating through the streets. The slow movement of the floats allows onlookers to appreciate the intricate details of each creation, from carefully arranged color gradients to three-dimensional figures formed entirely of blossoms.

Spectators line the route, their faces lit with wonder as they witness this unique blend of nature and artistry. Children point excitedly at their favorite designs, while adults marvel at the skill and patience required to create such ephemeral beauty.

The Sfilata dei Carri Infiorati offers a serene and poetic counterpoint to the earlier satirical parades, showcasing a different facet of Acireale's artistic heritage. It's a celebration of nature's beauty and human creativity, leaving a lasting impression on all who witness it and adding a touch of floral elegance to the vibrant tapestry of Carnivale festivities.

Final Weekend (Saturday to Martedì Grasso)

The festival reaches its crescendo during the final weekend, from Saturday to Martedì Grasso (Shrove Tuesday). This period showcases the most impressive Carri Allegorici, massive floats standing up to 12 meters tall, which represent the pinnacle of the carnival's artistic expression. Unlike the earlier floats, these behemoths are equipped with intricate mechanical parts that bring the satirical characters to life, moving and gesturing to the delight of onlookers. These masterpieces are the result of months of painstaking work by local artisans, who combine traditional papier-mâché techniques with modern engineering to create truly awe-inspiring spectacles.

The Carri Allegorici are the stars of a highly anticipated contest, judged on criteria such as artistic merit, technical complexity, and effectiveness of satire. This competition is a source of great pride and fierce rivalry among the city's different quarters, each vying for the prestigious title of best float. Alongside these grand displays, the streets come alive with masked balls and costume contests for both children and adults. Revelers don elaborate outfits ranging from traditional Sicilian characters to contemporary pop culture figures, adding to the carnival's vibrant tapestry of color and creativity.

Quando la parata inizia, il dolce profumo di migliaia di fiori riempie l'aria, mescolandosi con la freschezza della brezza serale. La luce soffusa dei lampioni stradali illumina i carri, creando un'atmosfera magica che cattura gli spettatori. I petali sembrano scintillare e danzare nella luce delicata, dando vita alle sculture floreali.

La musica accompagna il corteo, con melodie tradizionali siciliane che fluttuano attraverso le strade. Il lento movimento dei carri consente agli spettatori di apprezzare i dettagli elaborati di ogni creazione, dalle gradazioni di colore accuratamente disposte alle figure tridimensionali formate interamente da fiori.

Gli spettatori si affollano lungo il percorso, i loro volti illuminati dallo stupore mentre assistono a questa fusione unica di natura ed arte. I bambini indicano con entusiasmo i loro disegni preferiti, mentre gli adulti si meravigliano dell'abilità e della pazienza necessarie per creare una bellezza così effimera.

La Sfilata dei Carri Infiorati offre un contrasto sereno e poetico rispetto alle precedenti parate satiriche, mostrando un diverso aspetto del patrimonio artistico di Acireale. È una celebrazione della bellezza della natura e della creatività umana, lasciando un'impressione duratura su tutti coloro che la osservano e aggiungendo un tocco di eleganza floreale al vivace mosaico delle festività del carnevale.

Ultimo Weekend (dal Sabato al Martedì Grasso)

La festa raggiunge il suo apice durante l'ultimo weekend, da sabato a Martedì Grasso. Questo periodo mette in mostra i Carri Allegorici più impressionanti, giganteschi carri che raggiungono i 12 metri di altezza, rappresentando il culmine dell'espressione artistica del carnevale. A differenza dei carri precedenti, questi colossi sono dotati di parti meccaniche elaborate che danno vita ai personaggi satirici, facendoli muovere e gesticolare per la gioia degli spettatori. Queste opere d'arte sono il risultato di mesi di lavoro meticoloso da parte degli artigiani locali, che combinano le tecniche tradizionali della cartapesta con la moderna ingegneria per creare spettacoli veramente impressionanti.

I Carri Allegorici sono le stelle di una gara molto attesa, giudicata su criteri come il merito artistico, la complessità tecnica e l'efficacia della satira. Questa competizione è una fonte di grande orgoglio ed accesa rivalità tra i diversi quartieri della città, ognuno in lotta per il prestigioso titolo di miglior carro. Accanto a queste grandiose esibizioni, le strade si animano con balli in maschera e concorsi di costumi per bambini ed adulti. I festaioli indossano abiti elaborati che vanno dai personaggi tradizionali siciliani a figure della cultura pop contemporanea, aggiungendo al carnevale una vivace trama di colore e creatività.

Martedì Grasso (Fat Tuesday) marks the grand finale of the Carnivale. The day is filled with a whirlwind of activities, including the final parades of the competing floats and the much-awaited announcement of the contest winners. As night falls, all eyes turn to the Ionian Sea, where a spectacular fireworks display illuminates the sky. This dazzling show symbolizes both the joyous conclusion of the carnival and the solemn beginning of Lent, bridging the gap between celebration and reflection.

Throughout the festivities, the Carnivale of Acireale serves as a powerful platform for artistic expression and social commentary. Many of the floats and performances offer humorous and satirical takes on current events, cleverly addressing political issues or cultural trends.

This tradition of satire allows the community to engage with and critique societal norms in a festive, accessible manner. Moreover, the carnival plays a crucial role in preserving traditional crafts. The intricate art of papier-mâché float construction is passed down through generations, ensuring that this unique form of artistic expression continues to thrive in the modern era.

Why Acireale?

Acireale's carnival is not just a local celebration; it is a cultural landmark that attracts over 100,000 visitors annually, swelling the town's population far beyond its usual 50,000 residents. The economic impact is substantial, generating millions of euros through tourism, local spending, and artisanal sales. This festival keeps Acireale's historic traditions alive while offering a fresh and creative take on Sicily's dynamic cultural identity.

Whether you visit for the colorful parades, the artistic floats, or simply to immerse yourself in the local culture, the Carnival of Acireale provides an unforgettable experience, a dazzling showcase of Sicilian artistry and festive spirit.

Martedì Grasso segna il gran finale del carnevale. La giornata è piena di un vortice di attività, tra cui le ultime parate dei carri in competizione e l'attesissima proclamazione dei vincitori del concorso. Con il calar della notte, tutti gli occhi si rivolgono al Mar Ionio, dove uno splendido spettacolo di fuochi d'artificio illumina il cielo. Questo straordinario spettacolo simboleggia sia la gioiosa conclusione del carnevale che l'inizio solenne della Quaresima, colmando il divario tra celebrazione e riflessione.

Durante tutte le festività, il carnevale di Acireale funge da potente piattaforma per l'espressione artistica e la cronaca sociale. Molti dei carri e delle performance offrono letture umoristiche e satiriche sugli eventi attuali, affrontando astutamente questioni politiche o tendenze culturali.

Questa tradizione di satira permette alla comunità di interagire con e criticare le norme sociali in modo festoso ed accessibile. Inoltre, il carnevale svolge un ruolo fondamentale nella preservazione dei mestieri tradizionali. L'arte elaborata della costruzione dei carri in cartapesta viene tramandata di generazione in generazione, garantendo che questa forma unica di espressione artistica continui a prosperare nell'era moderna.

Perché Acireale?

Il carnevale di Acireale non è solo una celebrazione locale; è un punto di riferimento culturale che attira oltre 100.000 visitatori ogni anno, facendo lievitare la popolazione della città ben oltre i suoi soliti 50.000 abitanti. L'impatto economico è notevole, generando milioni di euro grazie al turismo, alle spese locali e alle vendite artigianali. Questa festa mantiene vive le tradizioni storiche di Acireale, offrendo al contempo una nuova e creativa interpretazione dell'identità culturale dinamica della Sicilia.

Che tu lo visiti per le parate colorate, i carri artistici, o semplicemente per immergerti nella cultura locale, il carnevale di Acireale offre un'esperienza indimenticabile, un'esibizione straordinaria dell'arte siciliana e dello spirito festivo.

Food Recommendations During Carnival

While enjoying the carnival, don't miss traditional street foods like pasta alla norma (classic pasta dish with fried eggplant, tomato sauce, ricotta salata, and basil), panelle (Thin, crispy chickpea flour fritters, usually served in a sandwich with a squeeze of lemon), sfincione (thick, spongy pizza topped with tomato sauce, onions, anchovies, and breadcrumbs, more akin to focaccia than traditional pizza.), and of course, the island's famous sweets like cassata and granita.

Acrireale Festivals and Sagre Throughout the Year

Festa dell'Epifania (Epiphany Festival)

January 6

This enchanting festival marks the ceremonial conclusion of the Christmas season in Acireale, blending religious devotion with folklore traditions. The city's historic center transforms into a living tableau, featuring an elaborate presepe vivente (living nativity scene) where local residents dress in period costumes to recreate scenes from Biblical times. The highlight of the celebration is the much-anticipated arrival of La Befana, a beloved character in Italian folklore depicted as a kindly witch who delivers gifts to children.

Festa di San Sebastiano (Saint Sebastian Festival)

January 20

One of the city's most significant religious celebrations, the Festa di San Sebastiano holds particular importance in Acireale's spiritual calendar. The festival honors Saint Sebastian, the third-century Christian martyr known as a protector against plague and illness. The celebration begins with a solemn Mass at the Church of San Sebastiano, followed by an elaborate procession through the city's baroque streets.

The procession features the ornate silver statue of the saint, carried on the shoulders of the faithful (called portatori), who consider this task a great honor passed down through generations. The statue's journey is accompanied by the city's historic brass band playing traditional marches and religious hymns.

Consigli Culinari Durante il Carnevale

Mentre ti godi il carnevale, non perdere i cibi tradizionali di strada come la pasta alla norma (un classico piatto di pasta con melanzane fritte, salsa di pomodoro, ricotta salata e basilico), le panelle (frittelle sottili e croccanti di farina di ceci, di solito servite in un panino con una spruzzata di limone), lo sfincione (una pizza spessa e soffice, condita con salsa di pomodoro, cipolle, acciughe e pangrattato, simile più alla focaccia che alla pizza tradizionale) e, naturalmente, i dolci tipici dell'isola come la cassata e la granita.

Feste e Sagre ad Acireale Durante l'Anno

Festa dell'Epifania

6 gennaio

Questa incantevole festa segna la conclusione cerimoniale della stagione natalizia ad Acireale, fondendo devozione religiosa con tradizioni folkloristiche. Il centro storico della città si trasforma in un quadro vivente, con un elaborato presepe vivente nel quale i residenti locali indossano costumi d'epoca per ricreare scene bibliche. Il momento culminante della celebrazione è l'attesissimo arrivo della Befana, una figura amata del folklore italiano, rappresentata come una strega gentile che porta regali ai bambini.

Festa di San Sebastiano

20 gennaio

Una delle celebrazioni religiose più significative della città, la Festa di San Sebastiano ha un'importanza particolare nel calendario spirituale di Acireale. La festa onora San Sebastiano, il martire cristiano del III secolo noto come protettore contro la peste e le malattie. La celebrazione inizia con una messa solenne presso la Chiesa di San Sebastiano, seguita da una sfarzosa processione per le strade barocche della città.

La processione è accompagnata dalla statua d'argento decorata del santo, portata sulle spalle dei fedeli (chiamati portatori), che considerano questo compito un grande onore tramandato di generazione in generazione. Il viaggio della statua è accompagnato dalla storica banda musicale della città, che suona marce tradizionali ed inni religiosi.

Local confraternities, dressed in their ceremonial robes, participate in the procession, carrying ancient banners and religious symbols.

Around the festival, the streets are lined with bancarelle (traditional stalls) selling local delicacies such as pasta alla Norma, arancini, and traditional almond pastries. The evening culminates in a spectacular fireworks display over the Baroque cityscape, with the best viewing spots along Via Galatea.

Settimana Santa (Holy Week)

The week leading up to Easter Sunday (dates vary each year)

Acireale's Holy Week observations represent some of Sicily's most evocative religious traditions. The week begins with Palm Sunday, when olive branches (traditionally used in place of palms in Sicily) are blessed and distributed to the faithful. Each day features distinct ceremonies and processions, with the most significant events occurring during the Triduum (Holy Thursday through Easter Sunday).

On Holy Thursday, the churches of Acireale prepare their "Sepolcri" – elaborate altars decorated with wheat sprouts grown in darkness (symbolic of Christ's death and resurrection), surrounded by flowers and candles. Local families traditionally visit seven churches on this evening, a practice known as "La Visita dei Sepolcri."

Good Friday witnesses the most somber procession, the "Processione dei Misteri," featuring life-sized sculptural groups depicting scenes from Christ's passion. These processional groups, some dating back to the 18th century, are carried through torch-lit streets while the "Lamentazioni" (traditional funeral dirges) are sung by local choirs.

Easter Sunday transforms the city's mood with joyous celebrations, including the "Madonna che Scappa" (Running Madonna) ceremony in Piazza Duomo, where a statue of the Virgin Mary is carried in a running motion to meet the risen Christ – a moment celebrated with doves

Le confraternite locali, vestite con i loro abiti cerimoniali, partecipano alla processione portando antichi stendardi e simboli religiosi.

Durante la festa, le strade sono fiancheggiate da bancarelle che vendono prelibatezze locali come pasta alla Norma, arancini e tradizionali dolci di mandorla. La serata culmina in uno splendido spettacolo di fuochi d'artificio sopra il paesaggio urbano barocco, con i migliori punti panoramici lungo Via Galatea.

Settimana Santa

La settimana che precede la Domenica di Pasqua (le date variano ogni anno)

Le celebrazioni della Settimana Santa ad Acireale rappresentano alcune delle tradizioni religiose più suggestive della Sicilia. La settimana inizia con la Domenica delle Palme, quando i rami di ulivo (usati tradizionalmente al posto delle palme in Sicilia) vengono benedetti e distribuiti ai fedeli. Ogni giorno presenta cerimonie e processioni distinte, con gli eventi più significativi che si svolgono durante il Triduo (dal Giovedì Santo alla Domenica di Pasqua).

Durante il Giovedì Santo, le chiese di Acireale preparano i loro "Sepolcri" – elaborati altari decorati con germogli di grano cresciuti al buio (simbolo della morte e risurrezione di Cristo), circondati da fiori e candele. Le famiglie locali tradizionalmente visitano sette chiese quella sera, una pratica conosciuta come "La Visita dei Sepolcri."

Il Venerdì Santo segna la processione più solenne, la "Processione dei Misteri," che presenta gruppi scultorei a grandezza naturale raffiguranti scene della passione di Cristo. Questi gruppi processionali, alcuni risalenti al XVIII secolo, vengono portati attraverso le strade illuminate dalle torce, mentre le "Lamentazioni" (canti funebri tradizionali) vengono intonati dai cori locali.

La Domenica di Pasqua trasforma l'atmosfera della città con celebrazioni gioiose, tra cui la cerimonia della "Madonna che Scappa" in Piazza Duomo, dove una statua della Vergine Maria viene portata di corsa ad incontrare il Cristo risorto, un momento celebrato con il rilascio di colombe nel cielo e le campane delle chiese che suonano in tutta la città.

Festa del Limone (Lemon Festival)

Typically held in June

Celebrating Acireale's renowned citrus heritage, the Festa del Limone showcases the prized local lemons, particularly the IGP-protected Femminello variety, known for its intense fragrance and essential oil content. The festival transforms the city's main thoroughfares into a citrus-themed exposition, with elaborate displays featuring thousands of lemons arranged in artistic patterns.

Local producers present an array of lemon-based products, from traditional limoncello and marmalades to contemporary innovations in cosmetics and household products. Culinary highlights include chef demonstrations of classic Sicilian lemon-based dishes such as pasta al limone, granita al limone, and the famous lemon salad with red onions.

Festa di Santa Venera (Saint Venera Festival)

July 26

The Festa di Santa Venera stands as Acireale's preeminent religious and cultural celebration, honoring the city's patron saint with a grandeur that draws visitors from across Sicily. Saint Venera, a 2nd-century martyr, is deeply venerated in Acireale, with celebrations spanning several days around her feast day.

The festival begins with the opening of the silver urn containing the saint's relics, housed in the Cathedral. The main procession features the saint's massive silver vara (ceremonial carriage) carried by over a hundred faithful portatori, followed by religious confraternities, brass bands, and thousands of devotees carrying traditional candles called "torce."

The procession's route passes through elaborately decorated streets, with baroque buildings illuminated by artistic light installations known as luminarie. Traditional street foods like scacciate (stuffed focaccia) and iris (fried sweet pastries) are sold from stands throughout the historic center.

The celebration culminates in a renowned fireworks display over the Timpa coastline, considered one of Sicily's finest pyrotechnic shows, featuring unique effects that reflect off the Ionian Sea. Local pyrotechnic artists compete to create the most spectacular display, a tradition dating back centuries.

Festa del Limone

Normalmente si svolge a giugno

Celebrando l'illustre patrimonio agrumicolo di Acireale, la Festa del Limone mette in mostra i pregiati limoni locali, in particolare la varietà Femminello IGP, conosciuta per il suo intenso profumo ed il contenuto di olio essenziale. La festa trasforma le principali vie della città in una mostra a tema agrumicolo, con esposizioni elaborate caratterizzate da migliaia di limoni disposti in forme artistiche.

I produttori locali presentano una varietà di prodotti a base di limone, dai tradizionali limoncello e marmellate alle innovazioni moderne in cosmetici e prodotti per la casa. Le attrazioni culinarie comprendono dimostrazioni da parte degli chef di piatti siciliani classici a base di limone, come la pasta al limone, la granita al limone e la famosa insalata di limone con cipolle rosse.

Festa di Santa Venera

26 luglio

La Festa di Santa Venera è la celebrazione religiosa e culturale di punta di Acireale, che onora la santa patrona della città con una magnificenza che attira visitatori da tutta la Sicilia. Santa Venera, una martire del II secolo, è profondamente venerata ad Acireale, con celebrazioni che si estendono per diversi giorni attorno alla sua festa.

La festa inizia con l'apertura dell'urna d'argento che contiene le reliquie della santa, custodita nella Cattedrale. La processione principale è caratterizzata dalla grande vara (carro cerimoniale) d'argento della santa, portata da oltre cento fedeli portatori, seguita da confraternite religiose, bande musicali e migliaia di devoti con candele tradizionali chiamate "torce."

Il percorso della processione attraversa strade decorate con cura, con gli edifici barocchi illuminati da artistiche installazioni di luci conosciute come luminarie. I cibi di strada tradizionali, come le scacciate (focacce ripiene) e gli iris (dolci fritti), vengono venduti da bancarelle sparse nel centro storico.

La celebrazione culmina con un famoso spettacolo di fuochi d'artificio sulla costa della Timpa, considerato uno dei migliori spettacoli pirotecnici della Sicilia, con effetti unici che si riflettono sul Mar Ionio. Gli artisti pirotecnici locali competono per creare il più spettacolare dei fuochi d'artificio, una tradizione che risale a secoli fa.

Festa dei Sapori e dei Saperi (Festival of Flavors and Knowledge)

Usually held in October

This autumn festival celebrates the rich gastronomic and cultural heritage of Acireale and the surrounding area. Set against the backdrop of harvest season, the festival transforms the city's historic center into an open-air museum of Sicilian culinary traditions.

Local producers set up themed areas dedicated to different aspects of regional cuisine: from street food specialists preparing arancini and scacciata to pastry artisans showcasing traditional sweets like pasta di mandorle (almond pastries) and granita with brioche. Master chefs conduct workshops on traditional recipes, with a particular focus on dishes that represent Acireale's unique position between Mount Etna and the Ionian Sea.

The "saperi" (knowledge) component includes demonstrations of traditional crafts such as puppet making, ceramic painting, and lace making. Cultural events feature performances of traditional music and dancing, storytelling sessions sharing local legends, and lectures on the area's culinary history.

Festa dei Sapori e dei Saperi

Generalmente si svolge ad ottobre

Questa festa autunnale celebra il ricco patrimonio gastronomico e culturale di Acireale e dei suoi dintorni. Sullo sfondo della stagione del raccolto, la festa trasforma il centro storico della città in un museo all'aperto delle tradizioni culinarie siciliane.

I produttori locali allestiscono aree tematiche dedicate ai vari aspetti della cucina regionale: dagli specialisti del cibo di strada che preparano arancini e scacciate ai pasticceri che mostrano prelibatezze tradizionali come la pasta di mandorle (pasticcini alle mandorle) e la granita con brioche. Chef esperti conducono laboratori su ricette tradizionali, con un'attenzione particolare sui piatti che rappresentano la posizione unica di Acireale tra il Monte Etna ed il Mar Ionio.

La componente dei "saperi" include dimostrazioni di arti tradizionali come la creazione di pupi, la pittura su ceramica e la lavorazione del merletto. Gli eventi culturali comprendono spettacoli di musica e danza tradizionali, sessioni di racconti sulle leggende locali e conferenze sulla storia culinaria della zona.

26
Holy Week & Easter in Caltanissetta

La Settimana Santa e La Pasqua

Where: Caltanissetta

When: Week leading up to Easter; dates vary by year but March or April.

Average Festival Temperatures: High: 19°C (66°F). Low 9°C (48°F).

Discover Caltanissetta: The Heart of Sicily's Interior

High in the rolling hills of central Sicily, Caltanissetta stands as a testament to the island's diverse history and the resilience of its inland communities. Often bypassed by tourists heading to the coast, this provincial capital offers a true taste of Sicilian life, away from crowded areas. With its mining history, baroque buildings, and position at ancient trade crossroads, it invites visitors to discover a lesser-known side of Sicily.

Settimana Santa e Pasqua a Caltanissetta

La Settimana Santa e La Pasqua

Dove: Caltanissetta

Quando: La settimana che precede la Pasqua; le date variano ogni anno, ma solitamente a marzo o aprile.

Temperature medie della festa: Massima: 19°C (66°F). Minima: 9°C (48°F).

Scoprire Caltanissetta: Il Cuore dell'Entroterra Siciliano

Immersa tra le colline ondulate della Sicilia centrale, Caltanissetta è una testimonianza della storia diversificata dell'isola e della resilienza delle sue comunità interne. Spesso trascurata dai turisti diretti verso la costa, questo capoluogo di provincia offre un vero assaggio della vita siciliana, lontano dalle zone affollate. Con la sua storia mineraria, i suoi edifici barocchi e la sua posizione ad un antico incrocio commerciale, invita i visitatori a scoprire un lato meno conosciuto della Sicilia.

Chiesa di San Sebastiano

The history of Caltanissetta stretches back to ancient times, with evidence of settlements dating to the Sicani and Sicels, the island's early inhabitants. The city's name is believed to derive from the Arabic "Qal'at an-Nisa" meaning "Castle of Women," hinting at its importance during the Arab domination of Sicily.

However, it was during the Norman conquest in the 11th century that Caltanissetta gained prominence. The city flourished under successive rulers, including the Chiaramonte family in the 14th century, who left their mark on its urban fabric. The discovery of sulfur deposits in the 19th century transformed Caltanissetta into a key center of Sicily's mining industry, bringing both prosperity and social upheaval that would shape its modern identity.

Caltanissetta is in the heart of Sicily, approximately 95 kilometers southeast of Palermo and 140 kilometers northwest of Syracuse. The city is built on a series of hills at an elevation of about 600 meters above sea level, providing panoramic views of the surrounding countryside. This inland location, far from the coastal areas that dominate Sicily's tourism, has helped preserve Caltanissetta's authentic character. The landscape around the city is characterized by gently rolling hills, wheat fields, and remnants of the once-booming sulfur mines, creating a unique blend of natural and industrial heritage.

Caltanissetta has a population of approximately 60,000 residents, making it a medium-sized city by Sicilian standards. Once heavily dependent on sulfur mining, the economy has diversified in recent decades. Agriculture remains important, with the production of wheat, almonds, and olives being significant.

Holy Week and Easter

Holy Week and Easter in Sicily are times of profound cultural and spiritual significance, offering a unique experience for visitors of all backgrounds. While deeply rooted in Catholic traditions, these celebrations also showcase Sicily's rich history, art, and community spirit. Whether you're a devout Catholic, a follower of another faith, or simply a curious traveler, the spectacle and emotion of these events can be deeply moving and enlightening.

La storia di Caltanissetta risale ai tempi antichi, con prove di insediamenti risalenti ai Sicani e Siceli, i primi abitanti dell'isola. Il nome della città si ritiene derivi dall'arabo "Qal'at an-Nisa", che significa "Castello delle Donne", alludendo alla sua importanza durante la dominazione araba della Sicilia.

Tuttavia, fu durante la conquista normanna nell'XI secolo che Caltanissetta acquisì importanza. La città prosperò sotto i successivi regnanti, tra cui la famiglia Chiaramonte nel XIV secolo, che lasciò il suo segno nel tessuto urbano. La scoperta di depositi di zolfo nel XIX secolo trasformò Caltanissetta in un centro chiave dell'industria mineraria siciliana, portando sia prosperità che sconvolgimenti sociali che avrebbero plasmato la sua identità moderna.

Caltanissetta si trova nel cuore della Sicilia, a circa 95 chilometri a sud-est di Palermo e a 140 chilometri a nord-ovest di Siracusa. La città è costruita su una serie di colline ad un'altitudine di circa 600 metri sul livello del mare, offrendo viste panoramiche sulla campagna circostante. Questa posizione interna, lontana dalle zone costiere che dominano il turismo siciliano, ha contribuito a preservare il carattere autentico di Caltanissetta. Il paesaggio attorno alla città è caratterizzato da colline dolcemente ondulate, campi di grano e resti delle un tempo fiorenti miniere di zolfo, creando una combinazione unica di patrimonio naturale e industriale.

Caltanissetta ha una popolazione di circa 60.000 abitanti, rendendola una città di dimensioni medie per gli standard siciliani. Un tempo fortemente dipendente dall'industria mineraria dello zolfo, l'economia si è diversificata negli ultimi decenni. L'agricoltura rimane un settore importante, con la produzione di grano, mandorle ed olive che rappresentano risorse significative.

Settimana Santa e Pasqua

La Settimana Santa e la Pasqua in Sicilia sono momenti di profondo significato culturale e spirituale, offrendo un'esperienza unica ai visitatori di tutte le provenienze. Pur essendo profondamente radicate nelle tradizioni cattoliche, queste celebrazioni mettono anche in risalto la ricca storia, l'arte e lo spirito di comunità della Sicilia. Che tu sia un devoto cattolico, un seguace di un'altra fede o semplicemente un viaggiatore curioso, lo spettacolo e l'emozione di questi eventi possono essere profondamente commoventi e illuminanti.

Easter week in Sicily is a glorious time, with spring sunshine warming the days and nature coming to life. While Caltanissetta serves as our focal point for exploring Easter traditions, the island offers a wealth of experiences in various towns. With a car, you can easily access several Holy Week events, each with its own local flavor and customs. However, it's worth noting that accommodations can be limited during this popular period, so planning is essential.

The Resurrection of Christ is at the heart of Easter celebrations, marking the culmination of His redemptive mission. Easter Sunday's date varies annually, falling on the first Sunday after the first full moon of spring, between March 22nd and April 25th. This moveable feast influences the timing of other religious observances, like Ascension and Pentecost. Easter Monday is also recognized as a national holiday throughout Italy and much of Europe, extending the festive period.

For Catholics, Easter is preceded by Lent, a period of fasting and reflection. While many Sicilians observe these traditions privately, visitors can witness the public aspects of the celebrations. Easter morning typically begins with Mass, followed by festive gatherings.

For those interested in experiencing local customs, some agriturismi (farm restaurants) and family-run restaurants offer traditional Easter meals, featuring dishes like roast lamb and artichokes. While many shops close for the holiday, essential services and public transport usually remain operational, albeit with reduced schedules.

Holy Week, known as "Settimana Santa" in Italian, transforms Sicily into a vibrant tapestry of religious processions, ancient rituals, and community events. These ceremonies attract pilgrims and tourists from around the world, creating a unique atmosphere that blends devotion, tradition, and spectacle. Even for non-religious visitors, the historical and cultural significance of these events offers a fascinating glimpse into Sicily's heritage and the enduring power of communal traditions.

La settimana di Pasqua in Sicilia è un periodo splendido, con il sole primaverile che riscalda le giornate e la natura che prende vita. Sebbene Caltanissetta sia il nostro punto di riferimento per esplorare le tradizioni pasquali, l'isola offre una ricchezza di esperienze in varie città. Con un'auto, è facile accedere a numerosi eventi della Settimana Santa, ciascuno con il proprio sapore locale e le proprie usanze. Tuttavia, è importante notare che le sistemazioni possono essere limitate durante questo periodo popolare, quindi la pianificazione è essenziale.

La Resurrezione di Cristo è al cuore delle celebrazioni pasquali, segnando il culmine della Sua missione redentrice. La data della Domenica di Pasqua varia ogni anno, cadendo la prima domenica dopo la prima luna piena di primavera, tra il 22 marzo e il 25 aprile. Questa festa mobile influenza la tempistica di altre osservanze religiose, come l'Ascensione e la Pentecoste. Anche il Lunedì dell'Angelo è riconosciuto come festa nazionale in tutta Italia ed in gran parte d'Europa, prolungando il periodo festivo.

Per i cattolici, la Pasqua è preceduta dalla Quaresima, un periodo di digiuno e riflessione. Sebbene molti siciliani osservino queste tradizioni in modo privato, i visitatori possono assistere agli aspetti pubblici delle celebrazioni. La mattina di Pasqua inizia solitamente con la Messa, seguita da raduni festosi.

Per coloro che sono interessati a sperimentare le usanze locali, alcuni agriturismi e ristoranti a conduzione familiare offrono piatti tradizionali pasquali, come l'agnello arrosto ed i carciofi. Sebbene molti negozi chiudano per le festività, i servizi essenziali ed i trasporti pubblici generalmente rimangono operativi, sebbene con orari ridotti.

La Settimana Santa trasforma la Sicilia in un vivace mosaico di processioni religiose, antichi rituali ed eventi comunitari. Queste cerimonie attirano pellegrini e turisti da tutto il mondo, creando un'atmosfera unica che mescola devozione, tradizione e spettacolo. Anche per i visitatori non religiosi, il significato storico e culturale di questi eventi offre uno spunto affascinante sul patrimonio della Sicilia e sulla potenza duratura delle tradizioni della comunità.

Palm Sunday

The Palm Sunday celebrations in Caltanissetta mark the beginning of Holy Week with a blend of solemn ritual and community spirit. The day begins with a special Mass at the Cathedral of Caltanissetta, where the priest blesses palm branches and olive fronds. These blessed branches, symbolizing the crowds that welcomed Jesus into Jerusalem, play a crucial role in the day's ceremonies and hold deep significance for the faithful.

The Procession

Following the Mass, a grand procession winds its way through the streets of Caltanissetta, starting from the Cathedral. This procession is a vibrant display of faith and tradition, bringing together various segments of the community. Members of local confraternities, clergy, and parishioners form the core of the parade, many carrying their freshly blessed palms. The inclusion of children and families in the procession underscores the event's importance as a unifying force within the community, bridging generations in a shared expression of devotion.

Holy Week Procession

Domenica delle Palme

Le celebrazioni della Domenica delle Palme a Caltanissetta segnano l'inizio della Settimana Santa con una fusione di rituale solenne e spirito di comunità. La giornata inizia con una Messa speciale presso la Cattedrale di Caltanissetta, dove il sacerdote benedice i rami di palma e le fronde d'ulivo. Questi rami benedetti, che simboleggiano le folle che accolsero Gesù a Gerusalemme, rivestono un ruolo cruciale nelle cerimonie di questa giornata e hanno un profondo significato per i fedeli.

La Processione

Dopo la Messa, una grande processione si snoda per le strade di Caltanissetta, partendo dalla Cattedrale. Questa processione è una vivace espressione di fede e tradizione, che unisce diverse parti della comunità. I membri delle confraternite locali, il clero ed i parrocchiani formano il nucleo del corteo, molti dei quali portano i loro rami di palma appena benedetti. L'inclusione di bambini e famiglie nella processione sottolinea l'importanza dell'evento come forza unificante all'interno della comunità, creando un ponte tra le generazioni in una comune espressione di devozione.

The visual spectacle of the procession is enhanced by the traditional attire worn by many participants, especially those belonging to religious brotherhoods. Their customary robes add a layer of historical and cultural richness to the event, connecting present-day observers with centuries of Sicilian tradition. As the procession moves through the city, it is accompanied by the sound of traditional music and chanting, creating an atmosphere that is both spiritual and emotionally stirring.

Throughout the procession route, there are designated stops for prayers and reflections. These pauses serve as moments of collective meditation, allowing participants to contemplate the deeper meanings of Palm Sunday and the week to come. These brief interludes of quiet reflection amidst the pageantry of the procession offer a balanced experience of communal celebration and personal spiritual journey.

The Palm Sunday celebrations in Caltanissetta thus serve as a powerful prelude to Holy Week, setting the tone for the solemn and joyous observances that will follow. They exemplify how religious tradition, community participation, and cultural heritage intertwine in Sicilian Easter celebrations, creating an experience that resonates with locals and visitors alike.

Holy Tuesday: Continuation of Devotional Activities

While there is no major procession on Holy Tuesday, local churches often hold special masses, and preparations continue for the events later in the week. It's a good day to explore the city's religious sites and observe the communities as they ready themselves for the upcoming processions.

Holy Wednesday (Mercoledì Santo): Procession of the Real Maestranza

The Real Maestranza of Caltanissetta is one of the most ancient and prestigious traditions in Sicily, deeply embedded in the city's Holy Week celebrations. Dating back to the 16th century, the guild was originally formed by various artisans and artisans who played a significant role in both the religious and social life of the city.

Lo spettacolo visivo della processione è arricchito dai costumi tradizionali indossati da molti partecipanti, in particolare da quelli appartenenti alle confraternite religiose. Le loro vesti tradizionali aggiungono uno strato di ricchezza storica e culturale all'evento, collegando gli osservatori contemporanei a secoli di tradizioni siciliane. Mentre la processione si snoda per la città, è accompagnata dal suono di musica tradizionale e canti, creando un'atmosfera che è sia spirituale che emotivamente coinvolgente.

Lungo il percorso della processione, ci sono delle fermate designate per preghiere e riflessioni. Queste pause servono come momenti di meditazione collettiva, permettendo ai partecipanti di contemplare i significati più profondi della Domenica delle Palme e della settimana che sta per iniziare. Questi brevi intervalli di riflessione silenziosa, in mezzo alla solennità della processione, offrono un'esperienza equilibrata di celebrazione comunitaria e viaggio spirituale personale.

Le celebrazioni della Domenica delle Palme a Caltanissetta, dunque, rappresentano un potente preludio alla Settimana Santa, dando tonalità alle osservanze solenni e gioiose che seguiranno. Esse esemplificano come la tradizione religiosa, la partecipazione della comunità ed il patrimonio culturale si intreccino nelle celebrazioni pasquali siciliane, creando un'esperienza che ha risonanza sia tra i locali che tra i visitatori.

Martedì Santo: Continuazione delle Attività Devozionali

Anche se non ci sono grandi processioni il Martedì Santo, le chiese locali celebrano spesso messe speciali e continuano i preparativi per gli eventi più avanti durante la settimana. È una buona giornata per esplorare i luoghi religiosi della città ed osservare le comunità mentre si preparano per le prossime processioni.

Mercoledì Santo: Processione della Real Maestranza

La Real Maestranza di Caltanissetta è una delle tradizioni più antiche e prestigiose della Sicilia, profondamente radicata nelle celebrazioni della Settimana Santa della città. Risalente al XVI secolo, la corporazione fu originariamente formata da vari artigiani che ebbero un ruolo importante sia nella vita religiosa che in quella sociale della città.

During the Spanish rule of Sicily, these guilds were an essential part of urban society, not only representing different trades but also holding civic and religious duties such as assisting in public works and contributing to major religious events. The guild's name, "Real" (meaning Royal), was likely conferred by a Spanish monarch, acknowledging their loyalty and service to the city.

At the heart of the Holy Thursday procession, the Real Maestranza takes center stage during Caltanissetta's Holy Week, a highlight of the city's religious calendar. The members wear traditional black suits, complete with a cape, gloves, and top hat, which reflect the somber tone of the religious occasion. They also carry the insignia of their respective trades, which could represent professions such as blacksmiths, carpenters, bakers, or goldsmiths. In addition to their black attire, the members carry ceremonial swords, symbolizing their historical role as protectors of the city and the Church, and embodying their loyalty to both their craft and their faith.

Each year, a captain is elected from among the guild members, tasked with leading the procession and carrying the ceremonial sword. The Captain represents the guild in all official matters and plays a central role in the religious rituals of Holy Week. One of the most symbolic moments of the procession occurs when the Captain, in an act of humility, lays the sword at the feet of the Bishop of Caltanissetta. This gesture represents the guild's submission to the Church and its deep-rooted dedication to faith and tradition.

Holy Week Reenactment

Rievocazione della settimana santa

Durante la dominazione spagnola in Sicilia, queste corporazioni erano una parte essenziale della società urbana, non solo rappresentando i diversi mestieri, ma anche svolgendo funzioni civili e religiose, come l'assistenza nelle opere pubbliche e la partecipazione agli eventi religiosi maggiori. Il nome della corporazione, "Real", fu probabilmente conferito da un monarca spagnolo, a riconoscimento della loro fedeltà e servizio alla città.

Nel cuore della processione del Giovedì Santo, la Real Maestranza occupa una posizione centrale durante la Settimana Santa di Caltanissetta, un momento culminante del calendario religioso della città. I membri indossano abiti tradizionali neri, completi di mantello, guanti e cilindro, che riflettono il tono solenne dell'occasione religiosa. Portano anche gli stemmi dei loro rispettivi mestieri, che possono rappresentare professioni come fabbri, falegnami, panettieri od orafi. Oltre agli abiti neri, i membri portano spade cerimoniali, che simboleggiano il loro ruolo storico come protettori della città e della Chiesa, incarnando la loro lealtà sia verso il loro mestiere che verso la fede.

Ogni anno, un capitano viene eletto tra i membri della corporazione, incaricato di guidare la processione e di portare la spada cerimoniale. Il Capitano rappresenta la corporazione in tutte le questioni ufficiali e gioca un ruolo centrale nei rituali religiosi della Settimana Santa. Uno dei momenti più simbolici della processione si verifica quando il Capitano, in un atto di umiltà, posa la spada ai piedi del Vescovo di Caltanissetta. Questo gesto rappresenta la sottomissione della corporazione alla Chiesa e la sua dedizione radicata alla fede e alla tradizione.

The Holy Thursday procession, led by the Real Maestranza, is known as the Processione della Real Maestranza. This grand procession begins at the Cathedral of Santa Maria la Nova and weaves through the streets of Caltanissetta, drawing the entire community together. The procession, accompanied by other religious groups and confraternities, returns to the cathedral for a solemn religious ceremony, marking one of the most poignant events of Holy Week.

Holy Thursday: Procession of the Vare Statues

On Holy Thursday in Caltanissetta, visitors can expect to witness one of the most profound and visually captivating events of Holy Week: the Procession of the Vare. This procession, which has been part of the city's tradition since the 1700s, showcases 16 life-size statue groups representing different scenes from the Passion of Christ. These statues are carried through the historic streets of Caltanissetta, accompanied by emotional funeral marches performed by local and regional bands.

What to See and Experience:

The Vare Statues

These statues, made from wood, terracotta, and papier-mâché, were created by the renowned Biangardi family of Neapolitan sculptors. Each one represents a unique moment from Christ's Passion, such as the Last Supper, the Crucifixion, and the Pietà, bringing these sacred scenes to life in vivid detail. The statues are beautifully adorned with flowers and candles, and their intricate craftsmanship offers a glimpse into Sicily's artistic heritage.

The Procession Route

The procession starts at sunset and winds through the narrow, historic streets of Caltanissetta, creating a powerful visual experience against the backdrop of the city's ancient architecture. Thousands of spectators line the streets, many holding candles and observing in silence as the statues pass by. The procession is slow and deliberate, emphasizing reflection and reverence.

La processione del Giovedì Santo, guidata dalla Real Maestranza, è conosciuta come la Processione della Real Maestranza. Questa grande processione ha inizio dalla Cattedrale di Santa Maria la Nova e si snoda attraverso le strade di Caltanissetta, coinvolgendo l'intera comunità. La processione, accompagnata da altri gruppi religiosi e confraternite, ritorna alla cattedrale per una solenne cerimonia religiosa, segnando uno degli eventi più toccanti della Settimana Santa.

Giovedì Santo: Processione delle Statue Vare

Il Giovedì Santo a Caltanissetta, i visitatori possono assistere ad uno degli eventi più profondi e visivamente affascinanti della Settimana Santa: la Processione delle Vare. Questa processione, che fa parte della tradizione della città sin dal 1700, presenta 16 gruppi di statue a grandezza naturale che rappresentano diverse scene dalla Passione di Cristo. Queste statue vengono portate attraverso le storiche strade di Caltanissetta, accompagnate da emozionanti marce funebri eseguite da bande locali e regionali.

Cosa Vedere e Sperimentare

Le Statue Vare

Le statue, realizzate in legno, terracotta e cartapesta, furono create dalla rinomata famiglia Biangardi, scultori napoletani. Ognuna rappresenta un momento unico della Passione di Cristo, come l'Ultima Cena, la Crocifissione e la Pietà, dando vita a queste scene sacre con dettagli vividi. Le statue sono magnificamente adornate con fiori e candele, e la loro maestria elaborata offre uno spunto sul patrimonio artistico della Sicilia.

Il Percorso della Processione

La processione inizia al tramonto e si snoda per le strette e storiche strade di Caltanissetta, creando una potente esperienza visiva sullo sfondo dell'antica architettura della città. Migliaia di spettatori si allineano lungo le strade, molti con candele in mano e osservando in silenzio mentre le statue passano. La processione è intenzionalmente lenta, enfatizzando la riflessione e la devozione.

Music and Atmosphere

The sound of funeral marches, played by Sicilian bands, adds to the deeply somber and emotional atmosphere. The music heightens the spiritual intensity of the event and echoes throughout the city, reinforcing the reflective nature of the procession.

Holy Thursday Procession

The Spartenza (Separation)

As the night progresses, the procession reaches Piazza Garibaldi, where the final act known as the Spartenza takes place. Here, the statues are separated and returned to their respective churches or homes, symbolizing the end of the communal journey through Christ's Passion. This moment is highly symbolic, marking the conclusion of the Holy Thursday rituals.

The Holy Thursday Procession is a key part of Caltanissetta's Holy Week and offers a unique opportunity to experience the city's rich traditions, deep spirituality, and artistic heritage. Whether you are religious, the atmosphere, folklore, and history makes this an unforgettable event.

Musica e Atmosfera

Il suono delle marce funebri, eseguite dalle bande siciliane, contribuisce ad amplificare l'atmosfera profondamente solenne ed emotiva. La musica accresce l'intensità spirituale dell'evento e risuona in tutta la città, rafforzando la natura riflessiva della processione.

La Spartenza (Separazione)

Con l'avanzare della notte, la processione arriva in Piazza Garibaldi, dove avviene l'atto finale conosciuto come la Spartenza. Qui, le statue vengono separate e riportate alle loro rispettive chiese o abitazioni, simboleggiando la fine del viaggio comunitario attraverso la Passione di Cristo. Questo momento è altamente simbolico, segnando la conclusione dei rituali del Giovedì Santo.

La Processione del Giovedì Santo è una parte fondamentale della Settimana Santa di Caltanissetta ed offre un'opportunità unica per vivere le ricche tradizioni, la spiritualità profonda ed il patrimonio artistica della città. Che tu sia religioso o meno, l'atmosfera, il folklore e la storia rendono questo evento indimenticabile.

Giovedi Santo

Good Friday: Procession of the Black Christ

On Good Friday in Caltanissetta, the most important event is the Procession of the Black Christ, a deeply moving and solemn occasion. The day is characterized by silence, mourning, and reflection as the community gathers to remember the crucifixion of Jesus.

The central figure of the procession is the Black Christ, a revered wooden crucifix from the 15th century. This crucifix is said to have been discovered in a cave by two local herb gatherers, or fogliamari, and has since become one of the most venerated religious symbols in the city.

During the procession, the fogliamari, dressed in purple tunics and barefoot as a sign of penitence, carry the crucifix through the streets on their shoulders. Accompanied by mournful music and lamentations in Sicilian dialect, the procession moves through the San Francesco district and winds its way across the city.

Good Friday Procession

Venerdì Santo: Processione del Cristo Nero

Venerdi Santo

Il Venerdì Santo a Caltanissetta, l'evento più importante è la Processione del Cristo Nero, un'occasione profondamente commovente e solenne. La giornata è caratterizzata dal silenzio, dal lutto e dalla riflessione mentre la comunità si raccoglie per ricordare la crocifissione di Gesù.

La figura centrale della processione è il Cristo Nero, un venerato crocifisso in legno risalente al XV secolo. Si dice che questo crocifisso sia stato scoperto in una grotta da due raccoglitori di erbe locali, o fogliamari, e da allora è diventato uno dei simboli religiosi più venerati della città.

Durante la processione, i fogliamari, vestiti con tuniche viola e a piedi nudi come segno di penitenza, portano il crocifisso attraverso le strade sulle loro spalle. Accompagnata da musica malinconica e lamenti in dialetto siciliano, la processione si snoda nel quartiere di San Francesco ed attraversa la città.

The participants include not only the fogliamari but also local artisans representing the Real Maestranza, alongside clergy, nuns, monks, and the public. Many of the faithful walk barefoot as an expression of devotion, fulfilling vows, or asking for divine grace. The procession is followed by sizeable crowds, and its solemnity reflects the deep spiritual connection that the people of Caltanissetta have with this centuries-old tradition.

This event is an emotionally charged and highly symbolic part of the city's Holy Week, offering visitors an opportunity to witness one of the most powerful expressions of faith in Sicily.

Il Cristo Nero

Holy Saturday (Sabato Santo)

On Holy Saturday (Sabato Santo) in Caltanissetta, the atmosphere remains one of reflection and anticipation as the city awaits the celebration of the Resurrection. The day is primarily marked by a somber, contemplative mood, as there are no major processions or public events during the daytime. Holy Saturday is traditionally a day of silence, prayer, and preparation in the Christian calendar, as the faithful meditate on Christ's death and burial.

I partecipanti non includono solo i fogliamari, ma anche gli artigiani locali che rappresentano la Real Maestranza, insieme a clero, suore, monaci e pubblico. Molti dei fedeli camminano a piedi nudi come espressione di devozione, adempiendo voti o chiedendo la grazia divina. La processione è seguita da enormi folle, e la sua solennità riflette la profonda connessione spirituale che il popolo di Caltanissetta ha con questa tradizione secolare.

Venerdì Santo

Questo evento è una parte emotivamente intensa ed altamente simbolica della Settimana Santa della città, offrendo ai visitatori l'opportunità di assistere ad una delle espressioni di fede più potenti della Sicilia.

Sabato Santo

Il Sabato Santo a Caltanissetta, l'atmosfera rimane di riflessione ed attesa mentre la città aspetta la celebrazione della Resurrezione. La giornata è principalmente caratterizzata da un'atmosfera solenne e contemplativa, poiché non ci sono processioni o eventi pubblici significativi durante il giorno. Il Sabato Santo è tradizionalmente un giorno di silenzio, preghiera e preparazione nel calendario cristiano, in cui i fedeli meditano sulla morte e sulla sepoltura di Cristo.

In the evening, the focus shifts to the Easter Vigil, which is held at the Cathedral of Santa Maria La Nova. This service is one of the most significant in the Catholic liturgical year. The vigil begins with the blessing of the new fire and the lighting of the Paschal candle, symbolizing the light of Christ returning to the world. The service is accompanied by readings, prayers, and hymns, celebrating Christ's victory over death. This joyful event culminates with the announcement of the Resurrection, marking the transition from mourning to celebration.

Easter Vigil (Mass until midnight the night before Easter)

While Holy Saturday itself is quieter compared to the processions of the previous days, the Easter Vigil is an important spiritual event that prepares the city for the joyous celebrations of Easter Sunday. If visitors are in Caltanissetta during this time, they can take part in the vigil and experience the powerful liturgical rites that have been cherished traditions for centuries.

Easter Sunday (Pasqua)

On Easter Sunday in Caltanissetta, the atmosphere transforms from the solemnity of Holy Week into one of joy and celebration, as the city marks the Resurrection of Christ. The day begins with a solemn Mass in the Cathedral of Santa Maria la Nova, where the faithful gather to celebrate the culmination of the Easter season.

After the Mass, the highlight of the day is the Procession of the Resurrection, led by the Real Maestranza. In contrast to the somber black attire worn earlier in the week, the members of the Maestranza now wear white gloves, ties, and socks, symbolizing the joy and renewal of Easter. Accompanied by a lively marching band, they process through the streets toward the bishop's residence. The procession concludes in Piazza Garibaldi, where the bishop blesses the crowd, and doves are released into the sky, symbolizing peace and the Resurrection.

The Captain of the Real Maestranza, who plays a prominent role throughout Holy Week, formally returns the keys to the city to the Mayor, symbolizing the end of the Maestranza's ceremonial duties for the week. This event brings Caltanissetta's Holy Week to a close with a sense of renewal and spiritual triumph.

Durante la sera, l'attenzione si sposta verso la Veglia Pasquale, che si celebra nella Cattedrale di Santa Maria la Nova. Questa funzione è una delle più significative dell'anno liturgico cattolico. La veglia inizia con la benedizione del nuovo fuoco e l'accensione della candela pasquale, simbolo della luce di Cristo che ritorna nel mondo. La funzione è accompagnata da letture, preghiere ed inni che celebrano la vittoria di Cristo sulla morte. Questo evento gioioso culmina con l'annuncio della Resurrezione, segnando il passaggio dal lutto alla celebrazione.

Veglia Pasquale (Messa fino a mezzanotte la notte precedente la Pasqua)

Sebbene il Sabato Santo stesso sia più tranquillo rispetto alle processioni dei giorni precedenti, la Veglia Pasquale è un importante evento spirituale che prepara la città per le gioiose celebrazioni della Domenica di Pasqua. Se i visitatori si trovano a Caltanissetta in questo periodo, possono partecipare alla veglia e vivere i potenti riti liturgici che sono tradizioni venerate da secoli.

Domenica di Pasqua

La Domenica di Pasqua a Caltanissetta, l'atmosfera si trasforma passando dalla solennità della Settimana Santa alla gioia e alla celebrazione, mentre la città si prepara alla Resurrezione di Cristo. La giornata inizia con una Messa solenne nella Cattedrale di Santa Maria la Nova, dove i fedeli si riuniscono per celebrare il culmine della stagione pasquale.

Dopo la Messa, il momento culminante della giornata è la Processione della Resurrezione, guidata dalla Real Maestranza. In contrasto con i cupi abiti neri indossati all'inizio della settimana, i membri della Maestranza ora indossano guanti, cravatte e calze bianche, simboleggiando la gioia e la rinascita della Pasqua. Accompagnati da una vivace banda musicale, attraversano le strade verso la residenza del vescovo. La processione si conclude in Piazza Garibaldi, dove il vescovo benedice la folla e vengono liberate delle colombe in cielo, simboleggiando la pace e la Resurrezione.

Il Capitano della Real Maestranza, che gioca un ruolo importante durante tutta la Settimana Santa, restituisce formalmente le chiavi della città al Sindaco, simboleggiando la fine dei doveri cerimoniali della Maestranza per la settimana. Questo evento segna la conclusione della Settimana Santa di Caltanissetta, portando un senso di rinnovamento e trionfo spirituale.

Processione della Domenica di Pasqua

Holy Monday

Holy Monday is part of the Easter Octave, which extends the observance of the Resurrection for eight days. Joy and Christ's victory over death continue to be the focus. It is a national holiday in Italy, a day Italians go out and have a picnic or celebrate with family and friends outdoors.

Il Lunedì Santo (Lunedì dell'Angelo, noto anche come La Pasquetta)

Il Lunedì Santo fa parte dell'Ottava di Pasqua, che estende l'osservanza della Resurrezione per otto giorni. La gioia e la vittoria di Cristo sulla morte continuano ad essere al centro dell'attenzione. È una festa nazionale in Italia, un giorno durante il quale gli italiani escono e fanno un picnic o festeggiano all'aperto con la famiglia e gli amici.

Easter Treats

People across Italy celebrate Easter by enjoying a variety of food traditions that vary by region, but there are several culinary delights that are commonly enjoyed. Let me give you a rundown of the most popular Easter foods in Sicily.

Colomba di Pasqua: The Colomba di Pasqua is a traditional Italian Easter cake, shaped like a dove to symbolize peace and renewal. It is made with a rich, soft dough infused with candied fruit and topped with a crunchy almond glaze, making it a popular sweet treat during Easter celebrations across Italy.

Capretto al Forno (Roast Kid): To prepare a traditional Easter dish called roast kid (young goat), people use herbs, garlic, and sometimes lemon, and they roast it until it becomes tender and flavorful.

Pizza Rustica: Also known as "Torta Pasqualina," this is a savory pie filled with a mixture of ricotta cheese, spinach or other greens, and sometimes eggs. It has a rich, buttery crust, and people frequently enjoy it as a starter or side dish.

Frittata di Agnello (Lamb Frittata): This dish features lamb, usually cooked with onions, herbs, and eggs, to make a savory frittata.

Crespelle (Sicilian Pancakes): Thin pancakes filled with various ingredients like ricotta cheese, spinach, or ham, and then baked with a tomato sauce.

Pupi cu l'Ogghiu (Puppets with Oil): Pupi cu l'Ogghiu are traditional Sicilian cookies made from a simple dough of flour, sugar, and olive oil, typically shaped into figures like animals or puppets. These cookies are popular during festive times, especially during Easter, and are often decorated with vibrant colors or hard-boiled eggs.

Lamb Dishes: Various lamb recipes, prepared with local herbs and spices, are common during Easter in Sicily, including stews, grilled lamb, and braised lamb.

Uova di Pasqua (Chocolate Easter Eggs): In modern times, chocolate Easter eggs have become a widespread tradition across Italy. However, the eggs in Italy differ from what we envision in America. You can find chocolate eggs that are as big as your purse or even your suitcase. They are hollow, and they have toys inside, stuffed animals, and almost like an Easter basket inside of an egg. They can cost 60, 100, even 500 euros. It is a unique tradition.

I Dolci Pasquali

Le persone in tutta Italia celebrano la Pasqua con una varietà di tradizioni culinarie che variano da regione a regione, ma ci sono diversi piatti che sono comunemente apprezzati. Ecco alcuni dei cibi pasquali più popolari in Sicilia.

Colomba di Pasqua: La Colomba di Pasqua è una torta tradizionale italiana a forma di colomba, simbolo di pace e rinascita. È preparata con un impasto ricco e morbido, aromatizzato con frutta candita e ricoperta da una croccante glassa di mandorle, rendendola un dolce popolare durante le celebrazioni pasquali in tutta Italia.

Capretto al Forno: Per preparare un piatto tradizionale di Pasqua chiamato capretto al forno, le persone usano erbe, aglio e a volte limone, e lo fanno arrostire fino a quando diventa tenero e saporito.

Pizza Rustica: Anche conosciuta come "Torta Pasqualina", è una torta salata ripiena di un misto di ricotta, spinaci o altre verdure e talvolta uova. Ha una crosta ricca e burrosa e le persone spesso la consumano come antipasto o contorno.

Frittata di Agnello: Questo piatto presenta l'agnello, cucinato generalmente con cipolle, erbe e uova, per creare una frittata saporita.

Crespelle: Frittelle sottili ripiene di vari ingredienti come ricotta, spinaci o prosciutto, e poi cotte al forno con salsa di pomodoro.

Pupi cu l'Ogghiu (Marionette con l'Olio): I Pupi cu l'Ogghiu sono biscotti tradizionali siciliani preparati con un impasto semplice a base di farina, zucchero ed olio d'oliva, solitamente modellati in forme di animali o burattini. Questi biscotti sono popolari durante i periodi festivi, in particolare durante la Pasqua, e vengono spesso decorati con colori vivaci o uova sode.

Piatti di Agnello: Numerose ricette a base di agnello, preparate con erbe e spezie locali, sono comuni durante la Pasqua in Sicilia, inclusi stufati, agnello alla griglia ed agnello brasato.

Uova di Pasqua: Oggigiorno, le uova di cioccolato sono una tradizione diffusa in tutta Italia durante la Pasqua. Tuttavia, le uova in Italia sono diverse da quelle che ci immaginiamo in America. Puoi trovare uova di cioccolato che sono grandi quanto la tua borsa o anche la tua valigia. Sono vuote, ma all'interno ci sono giocattoli, peluche e quasi un cestino pasquale dentro un uovo. Possono costare 60, 100 o anche 500 euro. Si tratta di una tradizione unica.

In Caltanissetta for Holy Week?

Consider visiting nearby Holy Week events for a deeper experience of the region's rich traditions.

These cities are nearby but offer unique experiences and events this week. You can visit four towns, visit some sites and enjoy their celebrations.

Enna: Located 34 kilometers (21 miles) from Caltanissetta, Enna is famous for its evocative Procession of the Dead Christ on Good Friday, featuring thousands of hooded members of religious brotherhoods. Its elevated position provides dramatic views and a striking backdrop for the solemn torch-lit procession.

Gela: 60 kilometers (37 miles) from Caltanissetta, Gela celebrates Holy Week with traditional processions, such as the Processione del Venerdì Santo (Good Friday Procession). This coastal town offers a unique perspective on Sicilian Easter traditions.

Caltagirone: 62 kilometers (39 miles) away, Caltagirone is known for its artistic and cultural heritage, which blends into its Holy Week traditions. The Procession of the Dead Christ: Caltagirone is known for its Baroque architecture, which serves as a stunning backdrop for the solemn Good Friday procession.

During this event, a life-sized statue of Christ in a glass coffin is carried through the streets, accompanied by religious brotherhoods and townspeople dressed in traditional robes. The atmosphere is one of deep reverence and reflection, enhanced by the candlelit streets and mournful music played by local bands. This unique procession embodies centuries of tradition and provides a powerful experience for visitors.

A Caltanissetta per la Settimana Santa?

Considerate di visitare gli eventi della Settimana Santa nelle vicinanze per un'esperienza più profonda delle ricche tradizioni della regione.

Queste città sono nelle vicinanze ed offrono esperienze ed eventi unici durante questa settimana. Potete visitare quattro città, visitare alcuni siti e godere delle loro celebrazioni.

Enna. Situata a 34 chilometri (21 miglia) da Caltanissetta, Enna è famosa per la sua suggestiva Processione del Cristo Morto il Venerdì Santo, che vede migliaia di membri incappucciati delle confraternite religiose. La sua posizione elevata offre vedute spettacolari ed un suggestivo scenario per la solenne processione illuminata dalle torce.

Gela. A 60 chilometri (37 miglia) da Caltanissetta, Gela celebra la Settimana Santa con processioni tradizionali, come la Processione del Venerdì Santo. Questa cittadina costiera offre una prospettiva unica sulle tradizioni pasquali siciliane.

Caltagirone. Lontana 62 chilometri (39 miglia), Caltagirone è celebre per il suo patrimonio artistico e culturale che si intreccia con le tradizioni della Settimana Santa. La Processione del Cristo Morto: Caltagirone è conosciuta per la sua architettura barocca, che serve da scenario straordinario per la solenne processione del Venerdì Santo.

Durante questo evento, una statua di Cristo a grandezza naturale, posta in una bara di vetro, viene portata per le strade, accompagnata da confraternite religiose e cittadini vestiti con abiti tradizionali. L'atmosfera è di profonda reverenza e riflessione, arricchita dalle strade illuminate dalle candele e dalla musica triste suonata dalle bande locali. Questa processione unica incarna secoli di tradizione ed offre un'esperienza potente per i visitatori.

Caltanissetta Festivals and Sagre Throughout the Year

Festa di San Michele (St. Michael)

September 29

The Festa di San Michele is one of Caltanissetta's most important religious celebrations, dedicated to Saint Michael the Archangel, the city's patron saint. The tradition dates back to the 17th century, when Saint Michael was credited with miraculously saving Caltanissetta from a plague outbreak. During the festival, a statue of Saint Michael, created by Stefano Li Volsi, is carried through the streets in a grand procession. The statue, dressed in armor, represents Saint Michael defeating the devil, symbolizing the victory of good over evil. Expect music, street stalls, fireworks, and lively festivities, especially in Piazza Garibaldi, where the procession starts and finishes. Locals and visitors alike gather to enjoy food, music, and entertainment that fills the city streets.

Sagra del Pomodoro (Tomato Festival)

September

The Sagra del Pomodoro is a vibrant food festival dedicated to celebrating local tomato varieties, which are a staple of Sicilian cuisine. This festival highlights Caltanissetta's agricultural heritage, especially the production of tomatoes used in local dishes like sauces and salads.

During the event, visitors can expect food tastings, cooking demonstrations by local chefs, and opportunities to buy fresh tomatoes and related products. Local vendors also offer a variety of tomato-based products, including sauces, jams, and artisan goods. It's a great way to experience the local food culture while exploring the town's community spirit.

Feste e Sagre a Caltanissetta Durante l'Anno

Festa di San Michele

29 Settembre

La Festa di San Michele è una delle celebrazioni religiose più importanti di Caltanissetta, dedicata a San Michele Arcangelo, il santo patrono della città. La tradizione risale al XVII secolo, quando si crede che San Michele abbia miracolosamente salvato Caltanissetta da un'epidemia di peste. Durante la festa, una statua di San Michele, realizzata da Stefano Li Volsi, viene portata in processione per le strade. La statua, vestita con un'armatura, rappresenta San Michele che sconfigge il diavolo, simboleggiando la vittoria del bene sul male. Aspettatevi musica, bancarelle lungo le strade, fuochi d'artificio e festeggiamenti vivaci, soprattutto in Piazza Garibaldi, dove la processione inizia e termina. Sia i residenti che i visitatori si radunano per godere di cibo, musica ed intrattenimento che riempiono le strade della città.

Sagra del Pomodoro

Settembre

La Sagra del Pomodoro è una vivace festa gastronomica dedicata alla celebrazione delle varietà locali di pomodoro, un elemento fondamentale della cucina siciliana. Questa festa mette in evidenza il patrimonio agricolo di Caltanissetta, in particolare la produzione di pomodori utilizzati in piatti locali come salse ed insalate.

Durante l'evento, i visitatori possono aspettarsi degustazioni di cibo, dimostrazioni culinarie da parte di chef locali ed opportunità di acquistare pomodori freschi e prodotti correlati. I venditori locali offrono anche una varietà di prodotti a base di pomodoro, tra cui salse, marmellate e prodotti artigianali. È un'occasione ideale per vivere la cultura gastronomica locale mentre si esplora lo spirito comunitario della città.

Procession of the Three Saints

December 28

The Procession of the Three Saints is held annually to commemorate the devastating Messina earthquake of 1908, which severely affected eastern Sicily and southern Calabria but miraculously spared Caltanissetta. The three saints honored during this procession are Saint Michael, Saint Joseph, and Saint Anthony, each credited with protecting the city from the disaster.

The procession starts at the Church of Saint Michael and moves through the streets with the statues of the saints carried by local religious groups. The event is solemn yet hopeful, marking a day of remembrance and gratitude for Caltanissetta's preservation.

Processione dei Tre Santi

28 Dicembre

La Processione dei Tre Santi si tiene ogni anno per commemorare il devastante terremoto di Messina del 1908, che ha colpito duramente la Sicilia orientale e la Calabria meridionale, ma ha miracolosamente risparmiato Caltanissetta. I tre santi onorati durante questa processione sono San Michele, San Giuseppe e Sant'Antonio, ciascuno ritenuto di aver protetto la città dal disastro.

La processione parte dalla Chiesa di San Michele e si snoda per le strade, con le statue dei santi portate da gruppi religiosi locali. L'evento è solenne ma carico di speranza, segnando una giornata di ricordo e gratitudine per la salvezza di Caltanissetta.

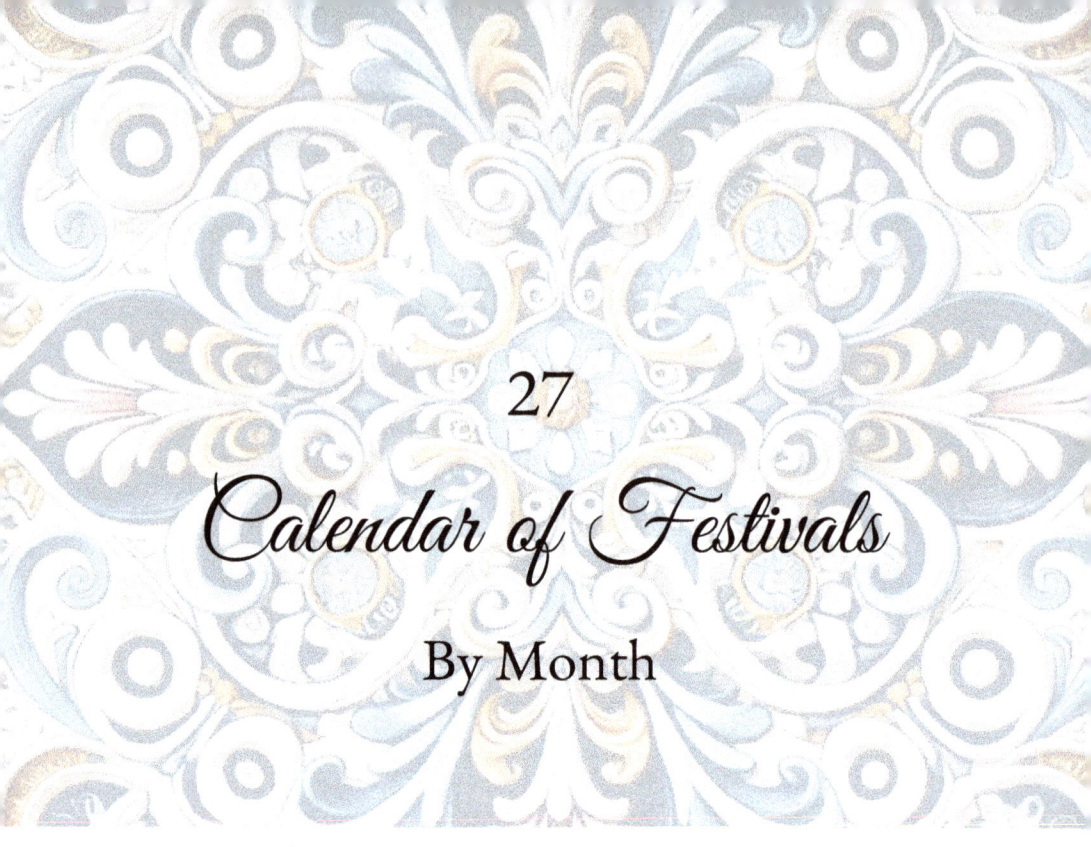

27

Calendar of Festivals

By Month

January

January 6: Epiphany and the Befana in Cefalu and throughout Italy

January 20: Festival of St. Sebastian (San Sebastino) in Syracusa and Acireale

February

February 3-5: Festival of St. Agatha (Sant'Agata) in Catania and Palermo

February 19: Festival of Saint Conrad (San Corrado) in Syracuse and Noto

February mid-month: Festival of the Almond Flower in Taormina

February: Carnival throughout Italy but included in Cefalu

Calendario delle Feste e Sagre

Gennaio

6 Gennaio: Epifania e la Befana a Cefalù e in tutta Italia

20 Gennaio: Festa di San Sebastiano a Siracusa e Acireale

Febbraio

3-5 Febbraio: Festa di Sant'Agata a Catania e Palermo

19 Febbraio: Festa di San Corrado a Siracusa e Noto

Metà febbraio: Festa del Fiore di Mandorlo a Taormina

Febbraio: Carnevale in tutta Italia ma incluso a Cefalù

Cloister in Monreale near Palermo

March

March 19, Saturday closest to March 19: Ride of St. Jospeh in Scicli

March (late March): Ricotta Cheese Festival in Piana degli Albanesi

April

April 23: Feast of St George the Great Martyr in Piana degli Albanesi

April Holy Week

- Good Friday: Feast of Our Lady of Sorrows in Naro

- Good Friday: Procession of the Mysteries in Trapani

- Holy Week: Acireale and Erice

- Easter: The Joy of Easter in Scicli

May

May 1: One Day Music Festival in Catania

May 1: The Tomato and Grape Festival in Scicli

May 1-3: Feast of the Holy Crucifix in Monreale

Weekends May to July: Fish Festival in Syracuse

Fridays in May: Sicilian Cart Festival in Taormina

First Sunday in May: Feast of St. Lucy of the Quails in Syracuse

2nd weekend in May: Cannolo Festival in Piana degli Albanesi

3rd weekend in May: Infiorata of Noto

3rd weekend in May: Trapani Comix and Games Festival in Trapani

Last Saturday in May: Festival of the Madonna in Scicli

Marzo

19 Marzo, Sabato più vicino al 19 marzo: Cavalcata di San Giuseppe a Scicli

Fine marzo: Sagra della Ricotta a Piana degli Albanesi

Aprile

23 Aprile: Festa di San Giorgio Megalomartire a Piana degli Albanesi

- Settimana Santa/ Venerdì Santo: Festa della Madonna Addolorata a Naro

- Venerdì Santo: Processione dei Misteri a Trapani

- Settimana Santa: Acireale ed Erice

- Pasqua: La Gioia della Pasqua a Scicli

Maggio

1 Maggio: One Day Music Festival a Catania

1 Maggio: Sagra del Pomodoro e dell'Uva a Scicli

1-3 Maggio: Festa del Santissimo Crocifisso a Monreale

Weekend da Maggio a Luglio: Sagra del Pesce a Siracusa

Venerdì di Maggio: Festival del Carretto Siciliano a Taormina

Prima domenica di Maggio: Festa di Santa Lucia delle Quaglie a SiracusaSecondo weekend di Maggio: Sagra del Cannolo a Piana degli Albanesi

Terzo weekend di Maggio: Infiorata di Noto

Terzo weekend di Maggio: Trapani Comix and Games Festival a Trapani

Ultimo sabato di Maggio: Festa della Madonna a Scicli

Last Sunday in May: Festival of Saint George in Ragusa

Late May and Early June: Festival of Kites in San Vito Lo Capo

Late May: Beer Catania Spring

June

June to September: Catania Summer Fest in Catania

June to September: Marranzano World Fest (Folk Music) in Catania

June 3: Feast of Saint Mary of the Letter in Messina

June 6-9: Etna Comics in Catania

June to August: Taormina Art Festival in Taormina

June 9: Feast of St. Pancras in Taormina

June 13: Feast of St. Anthony in Messina

June 15-17 Festival of St. Vito in San Vito Lo Capo

June 15-25 Feast of St. Calogero in Naro

June 18: Feast of St. Calogero in Agrigento

June 18-19: Feast of St. Calogero in Cesaro

June 24: Feast of St. John the Baptist in Ragusa and Naro

June 29: Feast of St. Peter and St. Paul in Castelbuono

Ultima domenica di Maggio: Festa di San Giorgio a Ragusa

Fine Maggio e inizio Giugno: Festival degli Aquiloni a San Vito Lo Capo

Fine Maggio: Beer Catania Spring

Giugno

Da Giugno a Settembre: Catania Summer Fest a Catania'

Da Giugno a Settembre: Marranzano World Fest (Musica Folk) a Catania

3 Giugno: Festa di Santa Maria della Lettera a Messina

6-9 Giugno: Etna Comics a Catania

Da Giugno ad Agosto: Taormina Art Festival a Taormina9 Giugno: Festa di San Pancrazio a Taormina

13 Giugno: Festa di Sant'Antonio a Messina

15-17 Giugno: Festa di San Vito a San Vito Lo Capo

15-25 Giugno: Festa di San Calogero a Naro

18 Giugno: Festa di San Calogero ad Agrigento

18-19 Giugno: Festa di San Calogero a Cesaro

24 Giugno: Festa di San Giovanni Battista a Ragusa e Naro

29 Giugno: Festa dei Santi Pietro e Paolo a Castelbuono

June with Dates that Vary

June: Caper Festival in Lipari

June: Lemon Festival in Acireale

June: Pentacost Fair in Noto (50 days after Easter)

June on Sunday of Corpus Christi (first Sunday after Pentacost): Infiorata in Cefalu and Piazza Armerina

Late June: Strawberry Festival in Maletto

Late June for two weeks: Sicilia Jazz Festival in Palermo

End of June: Palermo Pride in Palermo

July

July 10-15 Festival of St. Rosalia in Palermo

July 16: Festival of Our Lady of Mt. Carmel in Noto

July 25-27: Festival of St. Ann in Castelbuono

July 26: Festa di St. Vanera in Acireale

July and August: Monreale Summer Festival in Monreale

July and August: The Maletto Summer Festival in Maletto

July and August: Opera Festival in Trapani

Last weekend in July: Stragusto Street Food Festival in Trapani

Giugno con Date Variabili

Giugno: Sagra del Cappero a Lipari

Giugno: Sagra del Limone ad Acireale

Giugno: Fiera della Pentecoste a Noto (50 giorni dopo Pasqua)

Giugno, domenica del Corpus Domini (prima domenica dopo Pentecoste): Infiorata a Cefalù e Piazza Armerina

Fine Giugno: Sagra delle Fragole a Maletto

Fine Giugno per due settimane: Sicilia Jazz Festival a Palermo

Fine Giugno: Palermo Pride a Palermo

Luglio

10-15 Luglio: Festa di Santa Rosalia a Palermo

16 Luglio: Festa della Madonna del Carmelo a Noto

25-27 Luglio: Festa di Sant'Anna a Castelbuono

26 Luglio: Festa di Santa Venera ad Acireale

Luglio e Agosto: Festival Estivo di Monreale a Monreale

Luglio e Agosto: Festival Estivo di Maletto a Maletto

Luglio e Agosto: Festival dell'Opera a TrapaniUltimo weekend di Luglio: Stragusto Street Food Festival a Trapani

July with Dates that Vary

Ortygia Film Festival in Syracuse

Welcome Back Tony Scott Festival in Salemi

Festival of the Sea in Messina

August

August: Tiles of Light Festival throughout August in Scicli

August 2-6: Festival of the Crying Madonna in Cefalu

1st Saturday in August: Macaroni Festival in Librizzi

August 7: Festival of St. Albert in Trapani

August 8-11: Festivalle (Jazz Festival) in Agrigento

August 10: Festival of St. Lawrence in Piazza Armerina

August 10-14: Parade of Giants in Messina

2nd Sunday: Feast of Mary who Shows the Way in Bronte

August 12-14: Palio of the Normans in Piazza Armerina

August 15: Ferragosto, Feast of the Assumption of Mary throughout Italy and specifically in Messina

August 15: Feast of Our Lady of Victories in Piazza Armerina

August 15: Feast of Our Lady of the Chain in Librizzi

August 16: Festival of St. Mary in Trapani

August 24: Feast of St. Bartholomew in Lipari

August 29 to September 1: Festival of the Crying Madonna in Syracuse

Last week: The Feast of our Lady of Custonaci in Erice

Luglio con Date Variabili

Ortygia Film Festival a Siracusa

Welcome Back Tony Scott Festival a Salemi

Festa del Mare a Messina

Agosto

Agosto: Festival delle Tegole di Luce per tutto agosto a Scicli

2-6 Agosto: Festa della Madonna del Pianto a Cefalù

Primo sabato di Agosto: Sagra dei Maccheroni a Librizzi

7 Agosto: Festa di Sant'Alberto a Trapani

8-11 Agosto: Festivalle (Festival Jazz) ad Agrigento

10 Agosto: Festa di San Lorenzo a Piazza Armerina

10-14 Agosto: Sfilata dei Giganti a Messina

Seconda domenica: Festa di Maria che Indica la Via a Bronte

12-14 Agosto: Palio dei Normanni a Piazza Armerina

15 Agosto: Ferragosto, Festa dell'Assunzione di Maria in tutta Italia e specificamente a Messina

15 Agosto: Festa della Madonna delle Vittorie a Piazza Armerina

15 Agosto: Festa della Madonna della Catena a Librizzi

16 Agosto: Festa di Santa Maria a Trapani

24 Agosto: Festa di San Bartolomeo a Lipari

29 Agosto - 1 Settembre: Festa della Madonna delle Lacrime a Siracusa

Ultima settimana: Festa della Madonna di Custonaci a Erice

August with Dates that Vary

Taranta Jazz Festival in Scicli

Jazz Festival in Taormina

Opera Festival in Trapani

Eggplant Festival in Messina

Festival of Bread and Wine in Lipari

Ypisgrock Festival (Music Festival) in Castelbuono

September

September 2: Feast of St. Mary Hodegetria in Piana degli Albanesi

September 2: Feast of St. Julian in Erice

September 8: Feast of the Madonna of Health in San Vito Lo Capo

September 29: Feast of St. Michael the Archangel in Maletto, Caltanisetta and Librizzi

Throughout September: Sicilian Cart Festival in Taormina

September with Dates that Vary

Castelbuono Jazz Festival in Castelbuono

Grape Must Festival in Librizzi

Grape Harvest Festival in Bronte

Tomato Festival in Caltanisetta

Festival of Madonna of the Light in Cafalu

Monreale Organ Festival in Monreale

Agosto con Date Variabili

Taranta Jazz Festival a Scicli

Festival Jazz a Taormina

Festival dell'Opera a Trapani

Sagra delle Melanzane a Messina

Festa del Pane e del Vino a Lipari

Ypsigrock Festival (Festival Musicale) a Castelbuono

Settembre

2 Settembre: Festa di Santa Maria Odigitria a Piana degli Albanesi

2 Settembre: Festa di San Giuliano a Erice

8 Settembre: Festa della Madonna della Salute a San Vito Lo Capo

29 Settembre: Festa di San Michele Arcangelo a Maletto, Caltanissetta e Librizzi

Per tutto Settembre: Festival del Carretto Siciliano a Taormina

Settembre con Date Variabili

Castelbuono Jazz Festival a Castelbuono

Sagra del Mosto d'Uva a LibrizziSagra della Vendemmia a Bronte

Sagra del Pomodoro a Caltanissetta

Festa della Madonna della Luce a Cefalù

Festival dell'Organo di Monreale a Monreale

October

1st Two Weeks: Festival of the Ficodindia (Cactus fruit) and Mostarda (Grape Must) in Militello in Val di Catania.

October 26: Feast of St. Demetrius in Piana degli Albanesi

October with Dates that Vary

Wild Boar Festival in Ragusa

Ibla Buskers Festival in Ragusa

Stairs of Taste Food Festival in Ragusa

Taormina Gourmet in Taormina

Chestnut Festival in Maletto

Mushroom Festival in Castelbuono

Festival of Knowledge in Acireale

Sagra della Scaccia Ragusana (traditional bread) in Ragusa

November with Dates that Vary

The Morgana Puppet Festival in Palermo

The Medieval Festival in Trapani

December

December 6: Festival of St. Nicholas in Messina and Bronte

December 8: Feast of the Immaculate Conception in Noto

December 28: Procession of Three Saints in Caltinasetta

Throughout December: Nativity Scenes of Palermo & Christmas Market Monreale

Ottobre

Prime due settimane: Sagra del Ficodindia e della Mostarda a Militello in Val di Catania

26 Ottobre: Festa di San Demetrio a Piana degli Albanesi

Ottobre con Date Variabili

Sagra del Cinghiale a RagusaIbla Buskers Festival a Ragusa

Scale del Gusto Festival Gastronomico a Ragusa

Taormina Gourmet a Taormina

Sagra delle Castagne a Maletto

Sagra dei Funghi a Castelbuono

Festival della Conoscenza ad Acireale

Sagra della Scaccia Ragusana a Ragusa

Novembre con Date Variabili

Festival delle Marionette Morgana a Palermo

Festival Medievale a Trapani

Dicembre

6 Dicembre: Festa di San Nicola a Messina e Bronte

8 Dicembre: Festa dell'Immacolata Concezione a Noto

28 Dicembre: Processione dei Tre Santi a Caltanissetta

Per tutto Dicembre: Presepi di Palermo & Mercatino di Natale di Monreale

28

Alphabetical Listing

l'Indice Alfabetico delle Località

Acireale, Carnival, March

Aeolian Islands. Immersion Experience.

Agrigento, Festa di San Gerlando, February

Agrigento, Almond Blossom Festival, February

Bronte, Pistachio Festival, September

Caltagirone, Festa di Maria Santissima, August

Caltanissetta, Holy Week and Easter, March

Castelbuono, Festa di San Martino, November

Catania, Festa di Sant'Agata, February

Cefalu, Epiphany and La Befana, January

Cesaro, Black Pig and Porcini Festival, October

Egadi Islands. Immersion Experience

Erice, Summer Festival, July to August

Erice, Festa di Madonna Santissima di Custonaci, August

Lakes of Avola. Immersion Experience.

Librizzi, Macaroni Festival, August

Lipari, Festa di San Bartolomeo, August

Magna Via Francigena. Immersion Experience.

Maletto, Strawberry Festival, June

Messina, Parade of Giants, Ferragosto, August

Militello in Val di Catania, Festa di Santissimo Salvatore, August

Militello in Val di Catania, Festa della Madonna della Stella, September

Mondello Beach. Immersion Experience.

Monreale, Festa di San Castrense, February

Mount Etna, 4x4 Tour. Immersion Experience

Naro, Festa di San Calogero, June

Noto, Infiorata, May

Palermo, Palermo Jazz Festival, June

Palermo, Festa di Santa Rosalia, July

Piana degli Albanesi, Festival of the Cannolo, May

Piazza Armerina, Palio Dei Normanni, August,

Ragusa, Festa di San Giorgio, May

Salemi, Festa di San Giuseppe, March

San Vito Lo Capo, Cous Cous Festival, September

Scala dei Turchi. Immersion Experience.

Scicli, Festa della Madonna delle Milizie, May

Syracusa (Syracuse), Festa di Santa Lucia, December

Taormina, Festa di San Pancrazio, July

Taormina, Taormina Art Festival, June

Trapani, Stragusto Street Food Festival, July

Taormina, Taormina Art Festival, June

Trapani, Stragusto Street Food Festival, July

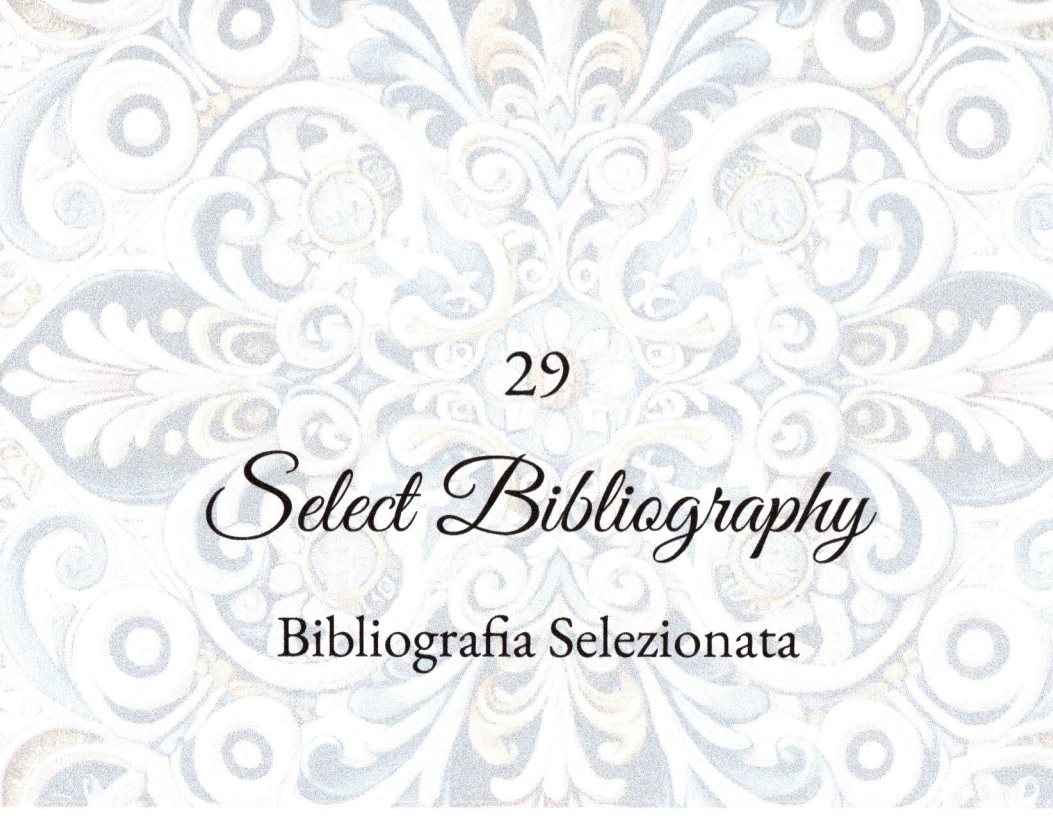

29

Select Bibliography

Bibliografia Selezionata

Ackerman, James. The Architecture of Michelangelo. Chicago: University of Chicago Press, 1961 (Pelican 1971).

Benjamin, Sandra. Sicily. Three Thousand Years of Human History. Steerforth Press. Hanover, New Hampshire. 2006.

Borsi, Franco. Bernini Architetto. Milan: Electa, 1980.

Burke, Peter. The Italian Renaissance: Culture and Society in Italy. Princeton: Princeton University Press, 1986.

Burckhardt, Jacob. The Civilization of the Renaissance in Italy. Barnes and Noble Books, 1999.

Giorgi, Rosa. Saints. A Year in Faith and Art. Abrams New York. 2005.

Lanciani, Rodolfo. Golden Days of the Renaissance. Boston: Houghton Mifflin, 1906.

Murray, Peter. The Architecture of the Italian Renaissance. New York: Schocken Books, 1920, 1986.

Nicholson, Peter. Encyclopedia of Architecture. New York: Franklin Watts, 1988.

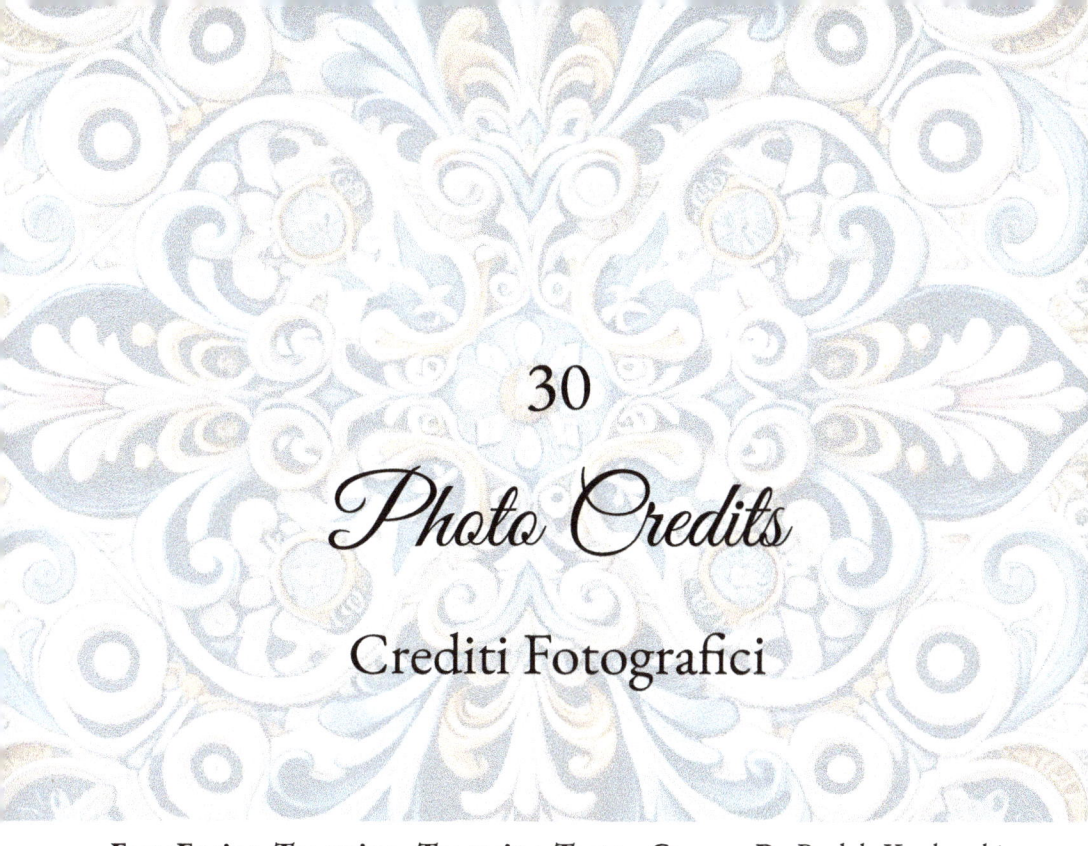

30

Photo Credits

Crediti Fotografici

Thank You & Please Leave a Review

Reviews Enhance a Book's Discoverability

Thank you for reading this Ultimate Festival & Tavel Guide. It is the fourth in the Travel Italy Series.

If the guide enhanced your travel planning, I'd greatly appreciate it if you could leave a review on Amazon. Your feedback not only helps other travelers, but also supports this book's success.

I sincerely hope you have enjoyed this tour through Italy via its festivals. I would love to hear about your own festival adventures! Connect with me on Instagram, where I share hundreds of videos from the festivals of Rome and Italy—perfect for a sneak peek before your trip. @katerinaferraraauthor

Thank you for being part of this journey, and I look forward to hearing about yours!

Wishing you the safest and happiest travels!

Katerina Ferrara

Grazie

Ti prego di lasciare una recensione...

Grazie per aver letto la Guida Definitiva ai Festival e ai Viaggi in Sicilia. È il primo libro della Serie Travel Italy.

Se la guida ha reso più piacevole la pianificazione del tuo viaggio, ti sarei davvero grata se potessi lasciare una recensione su Amazon. Il tuo feedback non solo aiuta altri viaggiatori, ma supporta anche il successo di questo libro.

Ti prego di lasciare una recensione qui: https://amzn.eu/d/13Nwcl7

Spero sinceramente che tu abbia goduto di questo tour attraverso la Sicilia attraverso i suoi festival. Mi piacerebbe tanto sentire le tue avventure festivaliere! Seguimi su Instagram, dove condivido centinaia di video dai festival della Sicilia e dell'Italia @katerinaferraraauthor

Per ancora più ispirazione di viaggio, visita il mio blog per approfondimenti sulle splendide spiagge della Sicilia e sulle gemme nascoste fuori dai sentieri battuti, che non sono coperte estensivamente in questa guida. https://katerinaferrara.com/blog/

Grazie per essere parte di questo viaggio, e non vedo l'ora di sentire il tuo! Ti auguro viaggi sicurissimi e felicissimi! Katerina Ferrara

About the Author: Katerina Ferrara

Katerina Ferrara is a published author and the founder of Immersion Travel Italy, a company dedicated to creating unforgettable travel experiences in Italy. With over 25 years of exploring Europe, Katerina has developed a deep love for immersing herself in the diverse cultures, traditions, and culinary delights of the places she visits. Fluent in Italian, she effortlessly connects with locals and travelers alike, bringing an insider's perspective to her travel writing.

Katerina jokes that she lives her life on a perpetual diet, not for vanity, but to prepare for the next irresistible festival in Italy. Her ultimate dream is to inspire **Festival Followers,** travelers who prioritize experiencing incredible festivals first and then explore the surrounding sites while immersing themselves in local traditions. She believes festivals offer a unique lens into a region's heart and culture, making them the perfect starting point for any adventure.

Katerina Ferrara è un'autrice pubblicata e fondatrice di Immersion Travel Italy, un'azienda dedicata a creare esperienze di viaggio indimenticabili in Italia. Con oltre 25 anni di esplorazioni in Europa, Katerina ha sviluppato un profondo amore per l'immersione nelle diverse culture, tradizioni e delizie culinarie dei luoghi che visita. Parlando fluentemente l'italiano, si connette senza sforzo sia con i locali che con i viaggiatori, portando una prospettiva da insider nei suoi scritti di viaggio.

Katerina scherza dicendo che vive la sua vita in perpetua dieta, non per vanità, ma per prepararsi al prossimo irresistibile festival in Italia! Il suo sogno più grande è quello di ispirare i **Festival Followers,** viaggiatori che mettono al primo posto l'esperienza di festival incredibili e poi esplorano i luoghi circostanti immergendosi nelle tradizioni locali. È convinta che i festival offrano una lente unica sul cuore e la cultura di una regione, rendendoli il punto di partenza perfetto per qualsiasi avventura.

An avid hiker and fitness enthusiast, Katerina incorporates her passion for staying active into her travels, often seeking out scenic trails, walking tours, and outdoor adventures that connect her to the natural beauty of a destination (while making room for just a little more gelato).

When she's not exploring new destinations or writing, Katerina enjoys sharing her travel insights and tips with fellow adventurers, inspiring them to delve deeper into the cultural richness of the places they visit and maybe even discover their own favorite festival.

Join Katerina's Immersion Travel Podcast on Spotify
Or also free on Apple Itunes: https://katerinaferrara.com/video-podcast/

Or Watch Katerina on her YouTube Channel at

https://katerinaferrara.com/video-podcast/

Appassionata di escursionismo e fitness enthusiast, Katerina incorpora la sua passione per lo stare in movimento nei suoi viaggi, sempre alla ricerca di sentieri panoramici, tour a piedi e avventure all'aria aperta che la connettono con la bellezza naturale di una destinazione (lasciando sempre un po' di spazio per un gelato in più!).

Quando non è in giro a esplorare nuove destinazioni o a scrivere, Katerina adora condividere i suoi consigli e le sue scoperte di viaggio con altri avventurieri, ispirandoli a immergersi più profondamente nella ricchezza culturale dei luoghi che visitano, e magari a scoprire anche il loro festival preferito!

Il Sito Web: https://katerinaferrara.com/
Follow the Immersion Travel Podcast on Spotify and Apple Itunes

https://katerinaferrara.com/video-podcast/

Katerina's YouTube Channel:

https://www.youtube.com/@ImmersionTravelItaly

www.ingramcontent.com/pod-product-compliance
Lightning Source LLC
Chambersburg PA
CBHW051256120626
46547CB00015B/1969